사회복지실천기술론

박정문

창지사

머리말

사회복지학은 실천·응용학문으로서 인접 학문들이 융·복합적으로 차용되면서 다양한 복지욕구를 충족시킬 수 있는 실무능력과 기법을 강조하는 학문이라고 할 수 있다.

수년간 사회복지실천론과 사회복지실천기술론을 강의하면서 급속한 변화를 겪고 있는 우리사회 내 여러 분야의 사회문제를 완화시키고 사회복지서비스의 질적인 향상을 가져올 수 있는 실천기술의 개입방법과 기법습득을 위한 교육이 강화되어야 한다는 필요성을 확인하게 되었다. 이를 위해 강의시간에 다양한 사회복지실천기법의 적용을 시도하게 되었으며 사회복지현장실습과 취업을 하게 된 학생들을 통해서 강의시간에 적용되는 실천기술과 기법 등이 효과적이었다는 것도 확인할 수 있었다.

이러한 배경 하에 본 저서는 사회복지실천의 원조과정에 따른 면담기법과 사회복지실천의 개입기술에 따른 사례를 중심으로 하면서 동시에 강의시간에 적용되었던 다양한 실천기법 등을 제시하고 있다.

본 저서의 구성은 총 4부, 16장으로 되어 있다. 1부는 사회복지실천기술과 전문적 기반으로 사회복지실천의 전문성과 관계형성의 기술을 다루었고, 2부는 실천대상에 따른 사회복지실천기술로서 개인대상, 집단대상, 가족대상, 지역사회대상의 사회복지실천기술을 다루었다. 그리고 3부는 사회복지실천모델과 실천기술로서 사례관리모델, 클라이언트모델, 과제중심모델, 심리사회모델, 인지행동주의모델, 위기개입모델, 정신분석모델 등의 실천기술을 다루고 있으며 4부는 기록기술과 사례연구의 실제로서 사회복지실천모델에 따른 사례연구와 다양한 사회복지실천기법의 적용사례를 서술하였다.

본 저서가 사회복지전공자들에게 사회복지학의 정체성 확립에 기여하고 훌륭한 전문사회복지사가 되고자 하는 많은 사회복지학도들과 사회복지에 관심이 있는 모든 분들에게 사회복지실천기법을 습득하고 현장에 적용할 수 있는 역량을 함양시키는 데 많은 도움이 되기를 바란다.

2015년 12월

대덕대학교 생금골에서

박 정 문

차 례

제2부 대상에 따른 사회복지실천기술

제3부 사회복지실천모델과 실천기술

CHAPTER 13 위기개입모델과 실천기술 / 259

CHAPTER 14 정신분석모델과 실천기술 / 275

제4부 기록과 사례연구의 실제

PART
01

사회복지실천기술과 전문적 기반

CHAPTER 01

사회복지실천기술의 전문성

제1장에서는 사회복지실천기술의 전문성에 대한 이해를 바탕으로 사회복지실천 기초지식과 기초기술, 현장영역과 사회복지사 역할을 이해하고 가치와 윤리적 딜레마의 대처기술을 파악한다.

학습목표

1. 사회복지실천기술의 전문성을 이해한다.
2. 사회복지실천기술의 지식기반과 기초기술을 이해한다.
3. 사회복지사의 현장영역과 전문가 역할을 이해한다.
4. 사회복지실천의 가치와 윤리적 딜레마의 대처기술을 파악한다.

01 사회복지실천기술의 정의

전문직에서 기술은 사회복지사가 실천 현장에서 사용하는 지식, 전문적 전문성, 판단 및 경험의 정도를 의미하며, 행동과 중재의 과정이고, 고도의 교육과 훈련을 필요로 하는 이론체계에 대한 능숙함이다(전재일·이성희 2004: 16-18).

슐만(Shulman, 1984)은 사회복지사가 갖춘 실천기술이 종합적으로 잘 활용될 때 긍정적인 원조관계가 형성되고, 긍정적인 원조관계는 사회복지실천의 결과에 영향을 준다고 하였다(손광훈, 2012: 80). 쉐퍼 외(Shaefer 등, 1997)도 사회복지사가 갖고 있는 기술은 클라이언트와 사회복지사 간의 관계에 영향을 주며, 협력적 관계가 실천의 성과에 긍정적인 영향을 준다고 보았다(엄명용 외, 2008: 20). 바커(Barker, 1991)는 사회복지실천기술은 사회복지사의 대화나 클라이언트의 문제, 욕구, 능력 등에 대한 사정, 자원개발과 사회구조를 변화시키는 데 있어서의 숙련성이라고 정의하고 있다(김용환 외 5인, 2013: 21). 이는 사회복지사는 "사람-문제-상황"의 특성과 욕구에 적합한 기술을 선택하고 조합하고 적용할 수 있어야 한다는 의미이다(배은숙 외 4인, 2014: 17).

존슨(Johnson, 1995)은 사회복지실천기술은 관심과 욕구에 맞춰 지식과 가치를 행동으로 전환하는 사회복지실천의 구성요소로서 특정 목표나 활동을 향한 복잡한 행위체제라고 하였다(전남련 외, 2012: 19). 류종훈(2006)은 모든 클라이언트의 문제를 모든 상황에 똑같은 방식으로 적용하는 테크닉이 아니라 사회복지사가 전문적으로 가지고 있는 가치와 전문적 지식을 바탕으로 한 일련의 행위라고 하였다(류종훈, 2006: 23). 커노여(Cournoyer, 2000)은 사회복지실천기술을 4가지 특성을 지닌 행위로 정의하고 있으며 이는 ① 사회복지실천의 가치, 윤리, 의무로부터 나와야 하며, ② 사회복지사의 핵심적 자질과 일치해야 하고, ③ 전문적 통합성의 특징을 반영해야 하고, ④ 사회복지실천 목적과 일치하는 것이어야 한다고 제시하고 있다(김인숙·김용석, 2002: 21-23).

그러므로 사회복지실천기술이란 "사회복지실천에서 사회복지사가 이론적인 체계를 갖추고 클라이언트의 변화를 위한 개입에 전문적인 지식과 가치를 기초하여 다양한 기술을 통합적으로 적용할 수 있는 능력"이라고(전남련 외, 2012: 20) 볼 수 있다.

02 사회복지실천기술의 지식기반과 기초기술

1) 사회복지실천기술의 지식기반

바틀렛(Bartlett, 1970)은 사회복지실천은 탄탄한 지식기반 위에서 이루어져야 하고, 지식은 실천을 선도해나가야 한다고 제시하고 있다(Johnson & Yanca, 2010 재인용).

사회복지실천지식을 김혜란 외(2006)는 기초지식과 전문지식으로 분류하였다. ① 기초지식은 사회과학 및 인접학문, ② 전문지식은 인간행동과 발달지식, 인간관계와 상호작용에 관한 지식, 이론과 모델에 관한 지식, 특정분야나 대상집단, 사회정책과 서비스, 사회복지사 자신에 관한 지식으로 구분하였다(김혜란 외, 2006: 24-25).

김융일 외(2000)는 일반적인 지식과 특수한 실천분야에 대한 지식으로 구분하였다. ① 일반적인 지식은 사회문제의 정책과 프로그램, 인간성장과 발달, 직접서비스 측면과 조사행정 측면, ② 특수한 실천분야에 대한 지식은 교정분야와 같은 특수한 실천분야, 특수한 기관에 대한 지식(사회복지기관 등), 특수한 클라이언트에 대한 지식(비행행동, 법정접촉 등), 특수한 접촉에 대한 지식(7대 관계론과 면접 지식)으로 구분하고 있다(김융일, 2000: 122-126).

또한 사회복지사가 갖추어야 할 예술적 기반은 동정과 용기, 진실된 인간이해, 창의성, 판단, 전문적 가치이고(전남련 외, 2012: 30-31), 과학적 지식은 사회적 조건과 사회문제에 관한 지식, 사회정책과 프로그램에 관한 지식 등이 포함된다(이종복 외, 2006: 19-21).

그러므로 사회복지사는 과학적 지식과 더불어 책임성 있는 자세로 경험적 지식을 공유하는 개방적인 태도를 가져야 하고 자신의 실천에 대한 책임성 있는 연구를 통해 사회복지지식의 발전에 기여할 수 있어야 한다(장수미 외, 2010: 22).

2) 사회복지실천을 위한 기초기술

사회복지실천을 위한 트레비식(Trevithich, 2000)의 50가지의 핵심기술을 살펴보면 다음과 같다(Trevithich, 2000; 2002).

면접 계획 및 준비, 라포 형성 및 관계수집, 환영 기술, 감정이입과 동정, 자기인식과 직관의 역할, 개방형 질문, 폐쇄형 질문, 무엇을 묻는 질문, 순환형 질문, 다른 말로 바꾸어 하기, 명확화하기, 요약하기, 피드백 주고받기, 인터뷰의 요지와 목적 고수하기, 촉구하기, 탐색하기, 침묵을 허용하고 활용하기, 자기 노출하기, 인터뷰 종결하기, 케이스를 종료하고 관계를 종결하기, 조언하기, 정보 제공하기, 설명하기, 격려와 확증 제공하기, 재보증하기, 설득 및 지시하기, 구체적 물질적 원조 제공하기, 지지 제공하기, 케어 제공하기, 모델링 및 사회기술훈련, 재구조화, 해석 제공하기, 적응, 상담기술, 불안억제, 임파워먼트와 인애블링 기술, 협상기술, 계약기술, 연계망기술, 파트너십 갖고 일하기, 중재기술, 옹호기술, 주장기술, 도전과 직면, 적대감, 공격성, 폭력 다루기, 보호 제공 및 통제하기, 전문적 경계 관리하기, 기록유지 기술, 반성적이고 효과적인 실천, 슈퍼비전을 창조적으로 활용하기가 포함된다.

사회복지실천의 기초기술을 엄명용 외(2008)는 다음과 같이 구분하고 있다(엄명용 · 노충래 · 김용석, 2008: 19-20).

〈표 1-1〉 사회복지실천의 기초 기술의 구분

구분	내 용
면담기술	의사소통 및 관여기술
사정기술	개인과 환경의 상호작용 맥락에서 문제나 어려움을 발견하는 기술
개입기술	문제나 어려움을 해결하는 기술
팀워크기술	문제해결을 위해 다른 전문직과 합동으로 노력하는 기술
지지망구축기술	개입 효과의 지속성을 유지함으로써 클라이언트의 자립을 유도하는 기술

구분	내 용
협상기술	클라이언트의 복지와 관련된 주변 체계와의 협상기술
평가 및 종결기술	클라이언트와 사회복지사의 협력적 노력의 결과를 평가하고 클라이언트의 자립생활을 위한 종결 기술

출처: 엄명용 외(2008). 사회복지실천기술론. p.19.

미국사회복지사협회(NASW, 1981)에서 제시하는 12가지 필수기술을 살펴보면 다음과 같다(Cournoyer, 김인숙 · 김용석 역, 2002: 장수미 외, 2010: 23-24).

〈표 1-2〉 사회복지사에게 필요한 12가지 실천기술

구분	내 용
1	전문적인 이해와 목적을 바탕으로 다른 사람의 말을 경청하기
2	사회력과 사정, 보고서 작성을 위해 관련된 사실과 정보를 수합하기
3	전문적 원조관계를 형성하고 발전시키며 자신을 도구로 활용하는 기술
4	언어적·비언어적 행동을 관찰하고 해석하며, 성격이론과 같은 관련 이론과 사정방법에 대한 지식을 활용하기
5	클라이언트와의 초기관계를 맺고 신뢰감을 획득하기
6	민감한 정서적 문제를 위협적이지 않은 지지적 방식으로 다루기
7	클라이언트를 위한 창의적인 해결책 만들어 내기
8	치료적 관계의 종결시기와 방법을 결정하고 실행하기
9	조사연구의 수행과 결과 해석, 전문적 자료를 해석하기
10	갈등관계에 놓인 양측을 중재하고 협상하기
11	조직 간의 연계서비스를 제공하기
12	후원자, 시민, 입법관계자 등에게 사회적 욕구를 해석하고 의사소통하기

출처: 장수미 외(2010). 사회복지실천기술론. pp.23-24.

이외에도 사회복지현장에서의 실천기술들로 로웬버그와 돌고프(Loewenberg & Dolgoff(1971)는 기본원조기술, 관여기술, 관찰기술, 커뮤니케이션기술 등을 들었고(김융일 외, 2001: 13). Barker(1991)는 사회복지사의 기술을 대화나 클라이언트의 문제, 요구, 능력 등에 대한 사정, 자원개발과 사회구조를 변화시키는 데 있어서의 숙련성이라고 제시하고 있다(전남련 외, 2012: 17)

따라서 사회복지실천기술은 반복할 때 습득되고 학습될 수 있으므로(장수미 외 7인, 2010: 24), 사회복지사는 사회복지실천기술의 기초지식을 갖추고 사회복지실천기술의 습득과 성장을 위해 지속적인 훈련과 연습을 하는 자세가 필요하다.

03 사회복지사의 현장 영역과 사회복지사의 전문가 역할

1) 사회복지시설의 종류

2015년 보건복지부 사회복지시설관리안내에서 제시하는 사회복지시설의 종류와 세부분류는 다음과 같다.

〈표 1-3〉 사회복지시설의 종류

소관부처	시설종류	세부종류		관련법
		생활시설	이용시설	
보건복지부	노인복지시설	•노인주거복지시설 •노인의료복지시설	•재가노인복지시설 •노인여가복지시설 •노인보호전문기관 •노인일자리지원기관	「노인복지법」
	복합노인복지시설	•농어촌 지역에 한해 「노인복지법」 제31조 노인복지시설을 종합적으로 배치한 복합노인복지시설을 설치·운영가능		「농어촌주민의 보건복지 증진을 위한 특별법」
	아동복지시설	•아동양육시설 •아동일시보호시설 •아동보호치료시설 •자립지원시설 •공동생활가정	•아동상담소 •아동전용시설 •지역아동센터	「아동복지법」

소관 부처	시설종류	세부종류		관련법
		생활시설	이용시설	
보건복지부	장애인복지시설	•장애유형별 거주시설 •중증장애인 거주시설 •장애영유아 거주시설 •장애인단기 거주시설 •장애인공동생활가정	•장애인지역사회재활시설 •장애인직업재활시설 •장애인의료재활시설 •장애인생산품판매시설	「장애인복지법」
	어린이집		•어린이집	「영유아보육법」
	정신보건시설	•정신요양시설 •사회복귀시설 중 •생활(주거)시설	•사회복귀시설 중 이용시설	「정신보건법」
	노숙인시설	•노숙인자활시설 •노숙인재활시설 •노숙인요양시설	•노숙인종합지원센터 •노숙인일시보호시설 •노숙인급식시설 •노숙인진료시설 •쪽방상담소	「노숙인 등의 복지 및 자립지원에 관한 법률」
	사회복지관 결핵·한센시설	•결핵·한센시설	•사회복지관 •상담보호센터	「사회복지사업법」
	지역자활센터		•지역자활센터	「국민기초생활보장법」
여성가족부	생매매피해지원시설	•일반지원시설 •청소년지원시설 •외국인여성지원시설	•자활지원센터	「성매매 방지 및 피해자 보호 등에 관한 법률」
	성폭력피해보호시설	•일반지원시설 •청소년지원시설 •외국인여성지원시설	•성폭력피해상담소	「성폭력 방지 및 피해자 보호 등에 관한 법률」
	가정폭력보호시설	•가정폭력피해자보호 시설	•가정폭력상담소	「가정폭력 방지 및 피해자 보호 등에 관한 법률」
	한부모가족복지시설	•모자가족복지시설 (기본, 공동, 자립) •부자가족복지시설 (기본, 공동, 자립) •미혼모자가족복지시설 (기본, 공동) •일시지원복지시설	•한부모가족복지상담소	「한부모가족지원법」
	다문화가족지원센터		•다문화가족지원센터	「다문화가족지원법」

출처: 보건복지부(2015), 2015 사회복지시설관리안내

2) 사회복지실무경험 인정범위 내 직종

한국사회복지협의회 사회복지사 자격관리센터(2010년)에서 제시하는 실무인정 범위와 직종을 살펴보면 다음의 〈표 1-4〉와 같다.

〈표 1-4〉 사회복지사업 실무경험 인정 직종

2010.03.09. 기준

관련법 또는 사업명	기관 및 단체		직종
사회복지사업법	종합사회복지관	종합사회복지관	관장, 사무분야의 책임자, 사회복지사
	부랑인시설	부랑인시설	시설장, 상담요원, 사회복지사 생활복지사, 생활지도원
		노숙인쉼터	
		상담보호센터	
	결핵·한센시설	결핵·한센시설	사회복지사
	지역사회복지 (실무)협의체	지역사회복지 (실무)협의체	사회복지사, 간사, 코디네이터
	사회복지법인	사회복지법인	사회복지사, 간사
	사회복지협의회	사회복지협의회	사회복지사, 간사
국민기초생활보장법	중앙(지역)자활센터	중앙(지역)자활센터	센터장, 사회복지사
아동복지법	아동복지시설	아동양육시설	시설장, 총무, 보육사, 생활복지사, 상담지도원, 자립지원전담요원, 사회복지사
		아동일시보호시설	
		아동보호치료시설	
		아동직업훈련시설	
		자립지원시설	
		아동단기보호시설	
		아동상담소	
		아동전용시설	
		아동복지관	
		공동생활가정	
		지역아동센터	시설장,생활복지사,사회복지사, 아동복지교사(아동청소년지도교사, 야간복지교사,실무지원교사, 지역사회복지사만인정)
	아동보호전문기관	아동보호전문기관	시설장, 상담원, 사회복지사
	가정위탁지원센터	가정위탁지원센터	센터장, 상담원, 사회복지사

관련법 또는 사업명	기관 및 단체		직종
노인복지법	노인복지시설	노인주거복지시설	시설장, 사회복지사
		노인의료복지시설	시설장, 사회복지사
		노인여가복지시설	시설장, 상담지도원, 사회복지사
		재가노인복지시설	시설장, 사회복지사
		노인보호전문기관	기관장, 상담원, 사회복지사
	노인일자리전담기관	시니어클럽	사회복지사
	치매상담센터	치매상담센터	센터장, 상담원, 사회복지사
장애인복지법	장애인복지시설	장애인생활시설	시설장, 종무, 사회재활교사, 직업훈련교사, 시설훈련교사, 생활지도원, 사회복지사
		장애인유료복지시설	
		장애인지역사회재활시설 (장애인복지관등)	시설장, 사무국장, 사회복지사 1~5급
		장애인직업재활시설	시설장, 사무국장, 직업훈련교사, 사회복지사
		장애인 생산품 판매시설	시설장, 사회복지사
	중증장애인 자립생활지원센터	중증장애인자립생활지원센터	센터장,사회복지사
한부모가족지원법	한부모가족 복지시설	모(부)자보호시설	시설장, 사무국장, 생활복지사 생활지도원, 사회복지사
		모(부)자자립시설	
		미혼모자시설	
		미혼모자 공동생활가정	
		모(부)자 공동생활가정	
		미혼모 공동생활가정	
		일시보호시설	
		여성복지관	
		한부모가족복지상담소	소장, 상담원, 사회복지사
영유아보육법	보육시설	국공립보육시설	시설장, 사회복지사, 보육교사
		법인보육시설	
		직장보육시설	
		가정보육시설	
		부모협동보육시설	
		민간보육시설	
	보육정보센터	보육정보센터	센터장, 보육전문요원, 사회복지사

관련법 또는 사업명	기관 및 단체		직종
성매매방지 및 피해자보호 등에 관한 법률	지원시설	일반지원시설	시설장, 사무국장, 상담원, 사회복지사
		청소년지원시설	
		외국인여성지원시설	
		자활지원센터	
	성매매피해상담소	성매매피해상담소	시설장, 사무국장, 상담원, 사회복지사
	성매매방지중앙지원센터	성매매방지중앙지원센터	센터장, 팀장, 사회복지사
정신보건법	사회복귀시설	정신질환자생활시설	시설장, 전문요원, 재활활동요원, 사회복지사
		정신질환자 지역사회재활시설	
		정신질환자 직업재활시설	
		중독자재활시설	
		정신질환자 생산품판매시설	
		정신질환자 종합재활시설	
	국,공립정신병원	국,공립정신병원	사회복지사
	정신요양시설	정신요양시설	시설장, 사무국장, 전문요원, 생활지도원, 생활복지사, 작업지도원 (사회복지사자격증소지자)
	정신보건센터	정신보건센터	정신보건사회복지사
성폭력범죄의 처벌 및 피해자보호 등에 관한 법률	성폭력피해상담소	성폭력피해상담소	상담소장, 상담원, 사회복지사
	성폭력피해자보호시설	성폭력피해자 보호시설	시설장, 상담원, 사회복지사
입양촉진 및 절차에 관한 특례법	입양기관	입양기관	아동상담원, 사회복지사
가정폭력방지 및 피해자보호 등에 관한 법률	가정폭력피해자 보호시설	단(장)기보호시설	시설장, 상담원, 생활지도원, 사회복지사
		외국인보호시설	
		장애인보호시설	
	가정폭력피해 상담소	가정폭력피해상담소	상담소장, 상담원, 사회복지사
농어촌주민의 보건복지증진을 위한 특별법	복합노인복지시설	복합노인복지시설	시설장, 사회복지사

관련법 또는 사업명	기관 및 단체		직종
다문화가족지원법	다문화가족지원센터	다문화가족지원센터	사회복지사
자원봉사활동기본법	자원봉사센터		센터장, 사회복지사, 코디네이터
청소년복지지원법	청소년쉼터		사회복지사
청소년활동진흥법	청소년수련관		사회복지사
의료법	병(의)원		의료사회복지사
건강가정기본법	건강가정지원센터		사회복지사
장기 등 이식에 관한법률	장기이식관리, 등록기관		사회복지사
교육복지투자우선 지역지원사업	초,중,고등학교		지역사회교육전문가, 프로젝트 조정자
노인돌봄서비스사업 (구.독거노인생활관리사파견사업)	사회복지시설 등		노인돌봄서비스관리자

※참고: 사회적일자리 창출의 일환으로 사회복지업무를 담당하는 행정인턴의 경우 경력 인정

※참고: 직장체험연수, 시설관리, 운전직, 조리원, 영양사, 운전사, 위생원 등 기능직종의 경력은 인정 불가

출처: 한국사회복지사협회 사회복지사 자격관리센터 홈페이지: [국가시험] 실무경력 인정범위 게시판에서 발췌

3) 사회복지사의 역할

사회복지전문가로사의 역할은 학자들마다 다양하게 구분하고 있다 이를 살펴보면 다음과 같다.

첫째, 자스트로(Zastrow, 1999: 14-16)는 사회복지사의 역할을 사회복지사의 역할을, 가능하게 하는 사람, 중개인, 클라이언트를 옹호하는 사람, 클라이언트의 권능을 신장시키는 사람, 사회운동가인 동시에 행동가, 중재인, 협상하는 사람, 가르치는 사람, 제안자 또는 주창자, 조사연구자, 집단촉진자 등 13가지로 나누었고, 시포린(Siporin)은 사회복지사의 역할을 상담가, 충고자, 가능하게 하는 사람, 노련한 문제해결자, 분쟁해결의 조정자, 중개인, 의뢰자, 촉진자, 중재자, 토의 리더, 안내자, 자원자, 조정자, 행정가, 사업경영자, 자문을 하는 사람 등으로 나누었다(류종훈, 2006: 23 재인용).

둘째, 윤현숙 외(2001)는 사회복지사의 역할은 ① 사람들의 문제해결과 처리능력을 향상시키고 더욱 효과적으로 이용할 수 있도록 돕기, ② 사람들과 자원체계들 사이에 최초의 연결을 수립하기, ③ 사람들과 자원체계들 사이의 상호작용을 촉진시키며 새로운 관계를 수정하고 수립하기, ④ 자원체계 내 사람들 사이의 상호작용을 촉진시키며 관계를 수정하고 수립하기, ⑤ 사회정책의 개발과 수정에 기여하기, ⑥ 물질적 자원을 분배하기, ⑦ 사회통제의 매개인 역할을 수행한다고 제시하고 있다 (윤현숙 외, 2001: 13-14).

셋째, 헵웍스, 루니와 라이슨(Hepworth, Rooney & Larsen, 1997)는 ① 직접 서비스 제공자: 개인적인 개별사회사업 혹은 상담 · 집단활동 서비스 · 부부, 가족치료 · 정보의 제공자 및 교육자 혹은 배포자이고, ② 체계와 연결하는 역할: 중개자 · 중재자/심판자 · 사례관리자/조정자 · 클라이언트 옹호자, ③ 체계유지 및 강화 역할: 조직분석가 · 촉진자 · 팀성원 · 자문가, ④ 연구자 · 조사 활용자, ⑤ 체계개발역할: 프로그램개발자 · 기획가 · 정책과 절차개발자 · 옹호자로 구분하고 있다.

넷째, 밀레이, 멜리아와 뒤브라와(Miley, Melia & DubBois, 2001: 15-19)는 ① 미시차원: 조력자, 중개자, 교사, ② 중범위 차원: 촉진자, 중재자, 훈련자, ③ 거시차원: 계획가, 행동가, 현장개입가, ④ 전문가집단 차원(사회복지 전문가 집단): 동료, 촉매자, 연구자 · 학자의 역할로 구분하고 있다.

04 사회복지실천의 가치와 윤리적 딜레마

1) 사회복지실천의 가치

사회복지실천은 지식과 기술만으로 충분한 것이 아니라 가치가 선행되어야 한다. 왜냐하면 가치를 바탕으로 지식과 기술을 선택하기 때문이다(최선화, 2013: 271). 레비(Levy, 1973)는 압테카(Aptekar, 1964)의 글을 인용하여 "사회복지실천의 개념틀, 즉 개념의 구성요소들은 가치의 집합체이다."라고 설명하였다. 이는 사회복지실천기술에서 사회복지실천의 가치는 아무리 강조해도 부족함이 없을 정도로 중요한 개념이라는 것을 의미한다. 사회복지실천은 가치에 기초하고 가치의 정신에 따라 복잡하고, 신중하게 개입해야 하는 중재의 방식을 통해 상처받기 쉬운 나약한 사람들을 돕기 위해 노력하는 일에 최선을 다하는 것(Timms, 1983)이며, 사회복지사와 함께 일하는 클라이언트, 동료, 그리고 넓은 사회 속에 함께 일하는 다양한 사회구성원들과의 관계에 영향을 미치면서(Hamilton, 1940), 어떤 유형의 클라이언트를 자신의 클라이언트로 받아들일 것인지에 관한 의사결정을 하는 것뿐만 아니라 개인, 가족, 집단, 지역사회 등을 대상으로 사회복지실천을 하는 데 있어 자신들의 중재내용이나 개입방법을 결정하는 일에도 영향을 미치게 된다는 것이다(Varly, 1968; 오혜경, 2005: 12-16).

레비(Levy, 1973, 1976, 1984)에 의하면 사회복지실천전문가들이 반드시 다루어야 할 가치는 ① 클라이언트에 대한 개념, ② 클라이언트와 함께한 사회복지실천의 결과, ③ 클라이언트를 다루는 방법, ④ 포괄적인 가치 즉 사회적 가치, 조직적인 가치, 제도적인 가치, 전문적인 가치, 인간서비스 실천가치라고 제시하고 있다(오혜경, 2005: 63-65). 그리고 사회복지실천에 있어 전문직의 가치로 가장 많이 거론되는 가치는 ① 개인의 존엄성과 독특성에 대한 존중, ② 클라이언트의 자기결정의 원리, ③ 사회적 평등성의 원리이다(엄명용 외, 2005: 57-59).

2) 사회복지실천의 가치갈등

사회복지실천의 가치갈등은 ① 두 개 이상의 가치와 직면했을 때 일어나는 가치 상충의 갈등이 있으며, ② 기관에 대한 의무와 클라이언트에 대한 의무 사이에서의 의무상충의 갈등, ③ 클라이언트의 다중성, ④ 윤리적 결정의 결과가 모호할 때 일어나는 선택의 딜레마, ⑤ 사회복지사와 클라이언트의 힘 또는 권력의 불균형 등이 있을 때 가치의 갈등이 발생한다(양옥경 외, 2007: 96-98).

사회복지사들이 이러한 가치 갈등에서 벗어나기 위해서는 자기훈련과 자기경험을 쌓아 나가야 한다. 그리고 사회적 기능수행에 기본적으로 바람직한 가치는 무엇이며, 자신의 개인적 가치관은 무엇인가 분별할 수 있어야 한다. 항상 사회의 법이나 도덕, 사회규범 등에 익숙해 있어 갈등이나 모순에 대한 올바른 가치판단을 내릴 수 있어야 한다(윤찬중, 2005: 25).

사회복지사들이 가치 갈등에서 적절한 선택을 하고 자신의 장단점, 한계점, 극복해야 할 과제 등을 점검해 볼 수 있도록 자기분석과 자기성찰에 대한 관심을 가져야 한다. 사회복지사의 자기성찰에 대한 질문을 제시하면 다음과 같다(Brill, 1977; 엄명용 외, 2008: 36)

〈표 1-5〉 사회복지사의 자세향상을 위한 질문들

1. 나는 나 자신에 대해 어떻게 생각하고 있는가?
2. 나는 나 자신의 기본적인 욕구(예: 신체적, 정신적, 사회적, 영적, 지적 욕구)를 어떻게 다루고 있는가?
3. 나의 가치관은 어떤 것이며 이것이 나의 행동 및 타인과의 관계를 어떻게 규정짓는가?
4. 나는 내가 살고 있는 사회와 직장과 어떻게 관계하고 있는가?
5. 나의 생활양식은 어떠한가?
6. 나의 기본적인 철학관은 무엇인가?
7. 나는 내가 상대하는 사람들에게 나 자신을 어떻게 보여주고 있는가?

출처: Brill, N.(1977). *Working with People: The Helping Process* (6th ed., pp.19-20). New York: Longman; 엄명용(2008). p.36, 재인용.

그리고 사회복지가치 갈등에 대한 해결책을 자스트로우(Zastrow, 1995)는 다음의 5가지 지침으로 제시하고 있다(엄명용, 2007: 98-101). ① 가치갈등이 존재한다는 것을 인식하기, ② 사회복지사가 자신의 가치를 밝히고 클라이언트도 자신의 가치를 밝히기, ③ 클라이언트 자신의 가치에 부합되는 해결책을 모색하기, ④ 타인의 요구를 침해하지 않는 한 클라이언트가 원하는 것을 하도록 허용하기(Glasser, 1965), ⑤ 사회복지사는 누가 가치 딜레마를 갖고 있는지를 아는 것 등이 포함된다.

〈표 1-6〉 선택에 영향을 미치는 가치에 대한 사례

▣ 사례 1

Smith 부인은 지난 2년간 당신의 클라이언트였다. 그녀는 결혼생활을 계속 유지하기 위하여 소원한 관계에 있는 남편에게로 돌아갈 것을 밝혔다. 알코올 중독자인 그녀의 남편은 그녀에게 수차례나 신체적 학대를 가했었다. 지난번 그녀는 부러진 손목으로 인하여 치료까지 받았다. 지난달 그녀는 남편과 별거하여 매맞는 여성을 위한 쉼터로 왔다

➤ 적절한 개입방법
클라이언트로 하여금 여러 대안들 중에서 선택을 할 수 있도록 하는 것이다. 즉 남편에게 돌아갈 경우와 그대로 쉼터에 있게 될 경우 발생하게 될 상황에 대하여 Smith 부인과 의논하고, 결정권은 Smith 부인에게 일임한다.

▣ 사례 2

Brown 부인은 6개월 전 남편에게 버림을 받은 후로 네 아이를 홀로 키우고 있다. 최근 그녀의 집주인이 밀린 집세를 요구하는데 그녀의 기초생활보조비가 도착하지 않아 매우 화가 나 있다. 더구나 방 천장에서 회반죽이 떨어져서 아이들의 안전에 위협이 있지만 집주인은 수리를 거부하고 있다. 그녀는 총을 샀으며 만일 집 주인이 또다시 자기를 괴롭히면 총으로 집주인을 죽이겠다고 당신에게 말했다.

➤ 적절한 개입방법
개인존중이라는 전문적 가치를 극대화하고 생명이 위협받을 때 자기결정권이 거부되어야 한다는 사실을 인정하고 있기 때문에 Brown 부인의 분노를 인정하며 문제해결을 위한 다른 방법을 모색한다. 그러나 만일 계속 위협을 한다면 당신은 그녀의 행동을 막아야 한다는 사실을 그녀에게 알린다.

출처: Elaine P. Congress, 강선경 · 김욱 역(2004). 사회복지가치와 윤리. pp.37-45.

3) 사회복지실천의 윤리

가치란 무엇이 좋고 바람직한지에 관심을 두는 반면, 윤리란 무엇이 옳고 바른지에 대한 관심을 둔다(Lowenberg & Dolgoff & Harringron, 2000). 가치가 믿음이라면 윤리는 판단이다. 윤리란 어떤 행동의 옳고 그름에 대한 판단이다. 특히 사회복지실천은 사회적으로 취약한 사람을 대상으로 하는 전문직이므로 클라이언트의 인격과 인권을 존중하는 윤리성이 강하게 요청된다(손광훈, 2012: 53).

로웬버그와 돌고프(Lowenberg & Dolgoff, 1966)는 사회복지실천윤리를 "사회복지실무자들로 하여금 무엇이 윤리적으로 올바른 실천방법인가를 인식할 수 있게 도와주며 전문적 시회복지실천상황에서 초래되는 윤리적 측면과 관련된 올바른 실천행위를 결정하고 행동에 옮길 수 있는 방법"이라고 제시하고 있다.

사회복지사 윤리강령은 사회복지사가 전문적인 실천을 하는 데 있어 다양한 사람들과 관계를 맺게 되는 경우에 대한 지침과 안내를 제공하고 있다(오혜경, 2005: 99).

〈표 1-7〉 NASW윤리강령의 핵심가치와 윤리적 원칙

구분	윤리강령의 핵심가치	윤리적 원칙
가치 1	서비스	사회복지사의 일차적 목적은 어려움에 처한 사람들을 돕고 사회문제를 다루는 것이다.
가치 2	사회정의	사회복지사는 사회적 불의에 도전한다.
가치 3	개인의 존엄성과 가치	사회복지사는 타고난 인간의 존엄성과 가치를 존중한다.
가치 4	인간관계의 중요성	사회복지사는 인간관계의 중요성을 인식하여야 한다.
가치 5	성실성	사회복지사는 신뢰받을 수 있게 행동한다.
가치 6	역량	사회복지사는 자신의 능력범위 내에서 실천 활동을 해야 하며, 자신의 전문적 기술을 개발하고 향상시켜야 한다.

출처: NASW(1999). 이원숙(2008). 사회복지실천기술론. p.95 재구성.

우리나라의 사회복지사가 준수해야 할 윤리기준은 2001년 12월 15일 개정된 사회복지사 윤리강령이며 이것이 현재 사용하고 있는 사회복지사 윤리강령이다. 사회복지사 윤리강령은 ① 전문, ② 윤리기준으로 구분되어 있으며, 윤리기준은 ① 사회복지사의 기본적 윤리기준(전문가로서의 자세, 전문성 개발 위한 노력, 경제적 이득에 대한 태도), ② 사회복지사의 클라이언트에 대한 윤리기준(클라이언트의 관계. 동료의 클라이언트의 관계), ③ 사회복지사의 동료에 대한 윤리기준(동료, 슈퍼바이저), ④ 사회복지사의 사회에 대한 윤리기준, ⑤ 사회복지사의 기관에 대한 윤리기준으로 구성되어 있다.

미국사회복지교육협의회(NASW)에서 제시하는 윤리강령의 원칙은 다음과 같다(NASW, 1997). ① 사회복지사는 욕구를 가진 사람을 돕고 사회문제에 개입하는 것을 주요 목적으로 한다. ② 사회복지사는 사회정의를 이루고자 도전한다. ③ 사회복지사는 타고난 개인의 가치와 권위를 존중한다. ④ 사회복지사는 인간관계의 중요성을 인식한다. ⑤ 사회복지사는 신뢰감 있는 태도를 갖는다. ⑥ 사회복지사는 전문적 능력을 가진 분야에서 전문적 숙련성을 개발하고 향상시킨다.

4) 사회복지실천의 윤리적 딜레마와 대처기술

윤리적 딜레마는 두 가지 이상의 상충되는 가치에서 어느 한 가지 가치를 선택했을 때 그 선택이 다른 사람에게 바람직하지 못한 결과를 초래하게 될 때 발생한다.

사회복지사가 윤리적 결정을 내리기 위해서는 일차적으로는 자신의 가치관을 인식하도록 하는 부단한 훈련을 해야 하며 윤리적 의사결정에 대한 학습이 요구된다(전재일 외, 2007: 59-60).

〈표 1-8〉 윤리적 의사결정의 우선순위

윤리원칙	로웬버그와 돌고프 (Loewenberg & Dolgof)	리머 (Reamer)	양옥경	이효선
윤리원칙 1	생명보호의 원칙	기본재화우선의 원칙	생명보호	생명보호 원칙
윤리원칙 2	평등과 불평등의 원칙	개인의 행복추구권	자기결정권	자기결정권
윤리원칙 3	지치(자율)과 자유의 원칙	개인의 자기결정권	비밀보장과 알 권리	사회정의
윤리원칙 4	최소한 해악의 원칙	규칙준수	균등한 기회제공	비밀보장과 알 권리
윤리원칙 5	생활(삶)의 원칙	공익우선의 원칙	규칙준수	공익우선의 원칙
윤리원칙 6	사생활과 비밀의 원칙			
윤리원칙 7	진실과 사실을 완전히 알릴 원칙			

출처: 이효선(2003). p.181 참조, 이원숙(2008). p.108 재인용.

윤리적 딜레마를 극복하기 위한 대안으로 로웬버그와 돌고프(Loewenberg & Dolgoff, 1996)의 윤리원칙, 사이에로와 코팔라(Sileo & Kopala, 1993)의 A-B-C-D-E 전략, 콩그레이스(Congress, 1999)의 ETHIC모델을 제시하면 다음과 같다.

첫째, 로웬버그와 돌고프(Loewenberg & Dolgoff, 1996)는 7가지 윤리원칙을 제시하였고, 사회복지사들이 최선의 윤리적 결정을 하기 위해서는 적용 가능한 일반결정모델과 세 가지 윤리적 심사표를 제시했다(김상균 외, 2001: 150-152, Loewenberg & Dolgoff, 1996; 김혜란 외, 2006: 30-31).

둘째, 사이에로와 코팔라(Sileo & Kopala, 1993)는 윤리적 딜레마에 부딪쳤을 때 순차적으로 고려해보는 A-B-C-D-E 전략을 다음과 같이 제시하였다(Hill & O'Brien, 2001: 104-107 재구성). ① 평가(Assessment)는 상담자가 내담자의 상황을 평가한다. ② 도움되기(Benefit)는 내담자와 다른 인물에 도움이 되는 것을 생각한다. ③ 결과와 자문(Consequences and Consultation) 윤리적, 법적, 감정적, 치료적 결과를 고려한다. ④ 의무(Duty)는 누구에게 있는지 고려한다. ⑤ 교육(Education)상담자 자신의 교육을 재검토한다.

셋째 콩그레이스(Congress, 1999)는 가치, 윤리적 강령, 관련법 및 실천적 맥락으로 고려하여 상이한 결정들의 잠재적 결과들에 대한 가설을 설정하고 분석하여 특정 경우 선호되는 대안을 결정하며(김상균 외, 2002: 153), 사회복지사로 하여금 효과적으로 윤리적 결정을 내리도록 규칙을 제안한 첫머리글자만 따서 쉽게 만들어진 ETHIC모델을 개발하였다. 이를 제시하면 다음의 〈표 1-9〉와 같다(Congress, 1999; 오혜경, 2005: 140).

〈표 1-9〉 윤리적 의사결정의 ETHIC모델의 작성 순서

➤ E: Examine relevant personal, social, agency, client and professional values.
사회복지사의 개인적 가치, 사회적 가치, 기관의 가치, 클라이언트의 가치, 전문가의 가치를 검토한다.

➤ T: Think about what ethical standard of the NASW code of Ethics applies to the situation, as well as about relevant laws and case decisions.
특정 상황, 관련법률, 사례결정 등에 사회복지사 윤리강령의 윤리기준을 적응하는 문제를 고려한다.

➤ H: Hypothesize about possible consequences of different decisions.
각기 다른 결정으로 나타날 수 있는 가능한 결과에 대해 가설을 설정한다.

➤ I: Identify who will benefit and who will be harmed in view of social work's commitment to the most vulnerable.
사회복지실천에서 가장 상처받기 쉬운 사람에게 사회복지실천 개입이 우선적으로 수행되었을 때, 이로 인해 혜택을 입는 사람은 누구이며, 혹은 이 경우 피해를 입게 될 사람은 누구인지를 확인한다.

➤C: Consult with supervisor and colleagues about the most ethical choice.
가장 윤리적인 선택에 관해 슈바이저와 동료들로부터 자문을 구한다.

출처: 오혜경(2005). 사회복지윤리와 철학. pp.140-144 재구성.

〈표 1-10〉 ETHIC 모델의 적용사례

▣ 사례

콜린 부인은 흑인여성으로 사회보장비와 적은 액수의 수당으로 살고 있다. 다른 사람의 도움 없이 살면서 지난해 여러 번 쓰러져 계속 부상을 당했다. 이후 휠체어를 이용해야만 했고 하루 8시간씩의 가정보호서비스를 받고 있다. 콜린 부인은 가정보호서비스의 보호제공자와 갈등을 겪고 있어 담당기관에 보호자를 바꿔 줄 것을 요구하고 있다. 최근에는 이웃사람이 쇼핑을 도와주었고 콜린 부인은 결혼을 하지 않았기 때문에 친척 혹은 친구 등 누구도 도울 사람이 없는 상황이다.

가정보호서비스기관에서는 콜린 부인이 집에 홀로 있으면 위험하므로 양로시설에 입소시키도록 제안을 하였다. 콜린 부인은 70년간 살아온 집과 이웃을 떠나는 것에 대해 정신적으로 우려하고 있으며 새로운 곳으로 거처를 옮기는 것을 원하지 않고 있다. 콜린 부인은 스스로 생활을 할 수 있다고 주장하지만 부상 이후 건강상태가 회복되지 않고 있으며 또 다른 부상을 입게 되면 회복가능성이 거의 없을 것이라 했다. 의사는 기관과 함께 콜린 부인은 24시간 가정보호서비스에서 제공하는 보호가 반드시 필요한데, 이러한 보호도 콜린 부인의 상태에는 충분하지 않다는 것에 동의하였다.

➤ ETHIC 모델 적용

–E: 사회복지사의 개인적 가치로는 콜린 부인의 심각한 건강문제를 고려하여 건강보호제공자의 의견을 받아들일 것을 고려했으나 콜린 부인이 독립적인 생활을 원하고 있음을 알게 되었다.

–T: 클라이언트의 자가결정을 지지한다. 하지만 콜린 부인이 집에 홀로 있을 경우 위험한 일이 나타날지를 생각한다.

–H: ① 첫 번째 시나리오는 콜린 부인을 즉각적으로 요양원에 보내는 방안이다. 독립해서 살던 노인은 요양원을 거부하는 것으로 알고 있다.

② 두 번째 시나리오는 가정보호서비스 외에도 보호자의 도움을 받으면서 콜린 부인이 지속적으로 자신의 집에서 살 수 있도록 하는 방법이다.

③ 세 번째 시나리오는 가정보호서비스 기관은 지속적으로 같은 수준의 보호서비스를 제공하는 것이다.

–I: 콜린 부인이 원하는 대로 살면 콜린 부인이 최대 이익을 얻는 사람일 것이다.

–C: 사회복지사의 동료와 함께 토론을 하였다. 콜린 부인이 계속 집에서 살도록 하자는 의견과 건강상태를 고려하면 요양원이 최고의 환경을 제공하는 것이라는 의견들이 있었다. 따라서 사회복지사는 콜린 부인이 자신이 원하는 가정보호서비스를 선택하는 일을 돕기 위해 기관의 기금 활용이 가능한지 확인해 보기로 하였다.

⇒ 6개월 후 콜린 부인이 불 관리를 못하여 아파트에 화재가 생겨 소방차가 출동하게 되었으며, 콜린 부인에 대한 재평가를 하게 되었고, 부인이 머물 생활시설들을 방문하고 여러 시설들 가운데 스스로 선택하고 결정하도록 하였다.

출처: 오혜경(2005). 사회복지윤리와 철학. pp.256-262 재구성.

연구문제

1. 현재까지 살아오면서 가족, 친구, 이웃, 동료 등에게 거짓말을 했었던 상황을 기억해보고 그 거짓말이 정당화될 수 있는지에 대해서 논하시오. (기술하고 다른 학생들과 비교 검토할 것)

1. 거짓말을 했었던 상황

2. 거짓말에 대한 정당화 여부의 논의

2. 다음의 사례를 읽고 사회복지사는 어떤 판단을 내리는 것이 좋을지에 대해서 논하시오. (기술하고 다른 학생들과 토의할 것)

▣ 사례 1

철수는 지독한 고통을 겪고 있다. 그의 암은 이제는 통증 조절이 되지 않기 때문에 편안함이라고는 전혀 기대할 수가 없으며 극도의 고통 속에 시간을 보내게 되었다. 그는 말기에 있으며 온갖 수술을 다해 보았으나 치료는 기대할 수 없다는 것을 알게 되었다. 그는 마지막 선택으로 자신을 돌보아 준 가족과 의사에게 안락사를 원한다고 했다.

1. 안락사의 찬성 이유

2. 안락사 반대 이유

3. 다른 의견

■ 사례 2

스미스씨 부인은 지난 2년 동안 (쉼터에서) 당신의 클라이언트로 있었으나 결혼생활을 위해서 소원한 관계에 있는 남편에게로 돌아갈 것을 밝혔다. 알코올중독자였던 남편은 그녀에게 수차례나 신체적인 학대를 가했었다. 지난번 그녀는 부러진 손목으로 인하여 치료까지 받았다. 지난달 그녀는 남편과 별거하여 매맞는 여성을 위한 쉼터로 왔다. 어떤 개입방법이 최선인가?

■ 사례 3

정신과 클리닉에서 상담을 받고 있는 당신의 클라이언트 존은 여자 친구와 헤어진 후 일도 안하고 심한 우울증에 빠졌다. 그는 수면제를 모으고 오늘 그것을 모두 먹을 계획이라고 당신에게 말했다. 당신은 어떻게 하겠는가?

출처: 사례 2와 사례 3은 Elaine P. Congress, 강선경·김욱역(2005). pp.37-41에서 발췌.

확인문제

1. 사회복지실천기술의 정의를 설명하시오.

2. 사회복지사의 역할에 대해서 설명하시오.

3. 사회복지실천의 기초기술에 대해서 설명하시오.

4. 사회복지가치를 설명하시오.

5. 콩그레이스(Congress, 1999)가 제안하고 있는 윤리적 결정 ETHIC모델을 설명하시오.

CHAPTER 02

사회복지실천의 관계형성기술

제2장에서는 사회복지원조관계형성의 기본요소와 관계의 7대 원칙 그리고 변화를 방해하는 관계에 대한 대처기술과 사회복지사의 소진에 대한 내용을 다루고 있어 전문사회복지사의 관계형성기술과 대처능력을 향상시킬 수 있다.

학습목표

1. 사회복지실천의 원조관계형성의 기본요소를 알 수 있다.
2. 사회복지실천 관계의 7대 원칙과 실천기술을 알 수 있다.
3. 변화를 방해하는 관계에 대한 기술을 설명할 수 있다.
4. 사회복지사의 소진과 대처기술을 설명할 수 있다.

01 원조관계형성 기술의 기본요소

사회복지실천과정에서 관계란 일반 개인 간의 관계와 달리 사회복지사와 클라이언트와의 원조적인 관계를 말한다. 펄먼(Perlman, 1979)은 관계를 '개입의 수단'으로서 치료적 도구로서 관계는 의사소통의 통로가 되어 변화의 매개체가 됨을 강조했다(임정현, 2011: 68). 사회복지사와 클라이언트의 관계는 사회복지실천의 전 과정에 대한 전문적인 책임을 지면서(양옥경 외, 2005: 129), 사회복지실천의 본질과 가치를 실현하는 수단으로 사용되었다 사회복지사가 클라이언트와 좋은 관계를 발전시키는 것이야말로 실천노력에서 필수적인 요소이며, '좋은 관계'란 자극과 영양이 되고, 타인의 개성을 존중하고 키워주며 안전한 느낌과 일치성을 제공하는 것이다(Johnson, 1995: 167 재인용).

1) 전문적인 관계의 기본요소

사회복지실천에서의 전문적 관계의 기본요소들을 제시하면 다음과 같다(Compton & Galaway, 1994: 272-288; 양옥경 외 2005: 130-136; 엄명용 외, 2014: 247-255).

(1) 타인에 대한 관심

원조관계에서 타인에 대한 관심이란 '책임감, 배려, 존중, 타인에 대한 이해 및 그들의 보다 나은 삶에 대한 바람'(Fromn, 1956; 양옥경 외 2005: 130)이라고 할 수 있다.

(2) 헌신과 의무

헌신과 의무는 돕는 과정에서 책임감을 의미하는 것이며, 전문적인 관계에서 관계의 목적을 이루기 위해서는 사회복지사뿐 아니라 클라이언트 역시 헌신과 의무로 맺어져야 한다.

(3) 권위와 권한

전문가의 개입목적을 오해한 경우 클라이언트는 종종 사회복지사에 대한 반감과 불신을 나타내기 마련이며, 이로 인해 관계 자체에 저항을 표출하게 되고 결국 관계형성이 어려워진다. 그러므로 사회복지사는 그들이 어떤 권위와 권한을 가지고 있으며, 어느 정도의 범위 내에서, 어떻게 사용할 수 있는지에 대해 클라이언트에게 분명히 설명해야 한다.

(4) 진실성과 일치성

진실성과 일치성은 관계를 맺을 때 일관성 있고 정직한 개방성을 유지하고, 대화의 내용과 행동이 항상 일치하면서도 전문가로서의 자아와 가치체계에 부합하여야 한다.

(5) 대응과 직면

대응 혹은 직면이란 사회복지사가 클라이언트의 이야기를 경청해 온 결과, 어떤 모순점이나 다른 점이 발견되면 클라이언트에게 이야기해 주는 것이다. 사회복지사가 클라이언트의 모순점을 극복할 수 있도록 도와줄 수 있는 능력이다.

(6) 직접성

사회복지사의 직접성은 클라이언트가 현재 일어나고 있는 상호작용 속에서 당면하고 경험하는 행동, 감정 그리고 사고에 있어서의 현실을 정확히 묘사하고 명료화하고 자신이 처한 현실을 직접 수정할 수 있는 능력이다.

(7) 무조건적 긍정적인 관심

사회복지사의 무조건적 관심으로 클라이언트는 방어하지 않고 불안감도 감소하여 자기의 내면세계를 탐색할 수 있는 면담에 임하게 되고, 변화하는 새로운 자기에 대한 긍정적 수용을 하게 된다.

(8) 자기노출

사회복지사의 자기노출은 자신의 감정과 자신의 경험을 이야기하는 것이며, 라포를 강화하고 신뢰를 증가시켜(Hepworth & Larsen, 1986: 113), 클라이언트의 자기 노출이 증가할 수 있다(Anderson & Mandell, 1989).

(9) 이해

이해란 상담 내지 모든 인간관계의 기본적인 기술로서 상대방의 마음을 읽고 상대방의 눈을 통해 세상을 볼 수 있는 능력이다. 사회복지사의 이해는 클라이언트에게 충분히 의사소통을 통해 전달할 수 있는 능력의 표현을 의미한다.

(10) 구체성

클라이언트로 하여금 그의 행동, 사고 그리고 감정을 그 자신의 독자적인 방법으로 정확하게 묘사 내지 표현할 수 있게 도와줄 수 있는 능력이다.

2) 사회복지사의 전문가적 자질

사회복지사의 전문가적 자질요소를 제시하면 다음과 같다(Compton & Galaway, 1994: 290-295; 양옥경, 2014: 149-151).

(1) 성숙함

사회복지사의 성숙함은 다른 모든 자질을 이끌어내는 바탕이 된다. 유능한 사회복지사는 성숙해 가는 과정 속에서 자신을 성장시키고 발전하는 인간으로 키워가는 사람이다.

(2) 창조성

창조성은 기존의 것을 거부하는 것이 아니라 문제상황에 대한 해결책에 개방성과 기존의 해결책을 전부로 여기지 않고 최선의 해결책을 찾으려는 자세이다.

(3) 자기를 관찰하는 능력

자신의 목표에 관하여 깊이 숙고하고, 자기 자신을 믿고 존중하며, 그러면서도 한발 물러서서 자신을 복잡한 개입활동의 한 부분으로 관찰할 수 있는 능력을 말한다.

(4) 도우려는 열망

도우려는 열망은 클라이언트가 자신의 삶을 스스로 선택하고 통제하는 능력을 향상시키도록 도우려는 열망으로서 전문가의 필수적인 자질이라 할 수 있다.

(5) 용기

용기는 전문적 관계에서 자신뿐만 아니라 다른 사람과 관련하여 위험을 받아들이는 것으로 커다란 용기를 말한다.

(6) 민감성

민감성은 선입견과 고정관념의 틀에서 벗어나 클라이언트의 감정과 사고에 사회복지사 자신을 투입시키는 능력이 요구된다.

(7) 인간적인 자질

사회복지사의 클라이언트의 고통을 존중하는 마음, 자신과 다른 인생경험 · 행동양식 · 가치관에 대한 포옹, 장기목표를 가지고 일할 수 있는 끈기, 클라이언트가 스스로 결정하고 행동할 수 있도록 수동적인 자세를 취할 수 있는 것 등을 들 수 있다(김기석 역, 1978: 57).

클라이언트는 위기나 심한 스트레스에 처해 있을 가능성이 많고, 사회복지사는 위기나 스트레스에 직면한 개인들을 원조할 수 있는 양질의 대인관계기술을 갖추고 있어야 하며, 이러한 대인관계기술은 관계형성을 도울 뿐만 아니라 추후 이루어질 다양한 개입들의 효과성을 높이는 데 기여한다(정원철, 2005: 56).

02 사회복지실천관계론의 7대 원칙과 실천기술

사회복지실천과정에서 사회복지사와 클라이언트의 관계는 통제된 관계이고 서로 합의된 목적을 지니고 있다. 사회복지사와 클라이언트의 원조관계는 클라이언트에게 자기존중과 자신이 가치 있는 존재라는 느낌을 갖게 하는 긍정적인 변화의 원인이 되기도 한다(금기윤 외, 2013: 29). 사회복지사와 클라이언트의 긍정적인 원조관계형성을 위한 비에스텍(Biestek, 1957)의 관계의 7대 원칙과 실천기술을 제시하면 다음과 같다(김만두, 1992; 양옥경 외, 2005: 136-145; 엄명용 외, 2007: 208-229; 김용환 외, 2013: 41-53).

〈표 2-1〉 사회복지실천의 관계원칙과 클라이언트의 욕구

관계의 요소	관계의 기본 원칙
개별화 (individualization)	모든 클라이언트는 개별적인 욕구를 가진 존재로써 개별화한다
의도적인 감정표현 (purposeful expression of feeling)	클라이언트의 자유로운 감정을 표현하도록 한다.
통제된 정서적 관여 (controlled emotional involvement)	클라이언트의 표현된 감정과 이해로 반응한다.
수용 (acceptance)	클라이언트를 있는 그대로 인정한다.
비심판적 태도 (non-judgmental attitudes)	클라이언트를 심판하거나 비난하지 않는다.

관계의 요소	관계의 기본 원칙
클라이언트의 자기결정 (self-determination)	클라이언트 스스로의 자기결정을 존중한다.
비밀보장 (confidentiality)	클라이언트의 비밀을 보장한다.

출처: 엄명용 외(2014). 사회복지실천의 이해. p.208 재인용.

1) 개별화(individualization)

(1) 개념

개별화는 모든 클라이언트는 다른 사람과 다르며 각 클라이언트의 감정, 사고, 행동, 독특한 생활양식 경험 등은 각기 존중되어야 할 권리가 있다는 것이다.

(2) 사회복지사의 기술

사회복지사는 클라이언트의 외모, 성별, 교육정도와 특정 클라이언트 집단에 대한 태도에 대한 편견과 선입관으로부터 탈피해야 하고 편견과 선입견에 대한 자기인식을 가지고 있어야 한다. 그리고 인간행동에 관한 지식과 이해를 지닐 것, 경청하고 관찰하는 능력, 클라이언트와 보조를 맞추려는 활동능력, 인간의 복잡하고 미묘한 감정을 헤아리는 능력, 관점을 유지하는 능력이 요구된다. 또한 개별화의 수단으로는 클라이언트에 대한 세심한 배려, 클라이언트에게 면접시간 엄수를 강조할 것, 면접의 사전 준비 등이 있다.

▣ 사례

노인복지시설에서 자원봉사를 하고 있다. 모두 오전에 방청소를 한 후에 식사를 하기로 하였다. 그런데 노인 한 분이 청소보다도 먼저 식사를 원했다. 사회복지사는 이 노인에게 먼저 식사를 하도록 하였다.

2) 의도적인 감정표현(purposeful expression of feeling)

(1) 개념

의도적인 감정표현은 클라이언트가 자신의 감정을 특히 부정적인 억압된 감정을 자유롭게 표현하도록 하는 것이다.

(2) 사회복지사의 기술

클라이언트가 자신의 감정을 자유롭게 표현할 수 있도록 안정된 환경 조성, 허용적인 태도와 편안한 분위기 마련, 정서적 지지 제공, 클라이언트의 감정환기를 위한 노력을 제공해야 한다. 제한해야 할 감정표현은 기관에서 처리될 수 없거나 클라이언트가 표현할 준비가 되지 않은 감정, 사회복지사에게 책임을 전가할 위험성이 있는 감정, 사회복지사의 감정을 끌거나 수용을 시험하는 감정표현 등이 이에 해당한다(전재일 외, 2002; 박용환 외 2013: 44).

▣ 사례

시동생은 사업자금을 마련하기 위해 남편의 직장과 집을 찾아와 괴롭히기까지 했다. 이에 남편은 동생에게 1억 원의 사업자금을 지원하였고 동생은 지원금을 모두 증권으로 손실하게 되었다. 이에 부인은 남편에 대해 불만이 많게 되었다. 사회복지사는 부인에게 의자에 남편이 앉아있다고 생각하고 의자를 앞에 두고 종이막대로 원하는 대로 때리라고 하였다. 부인은 그 동안의 불만을 나타내며 부정적인 감정을 표현하였다.

3) 통제된 정서적 관여(controlled emotional involvement)

(1) 개념

통제된 정서적 관여는 클라이언트의 감정에 대한 사회복지사의 민감성과 그 감정들이 의미하는 것에 대한 이해, 그리고 클라이언트의 감정에 대한 의도적이고 적절한 반응이다.

(2) 사회복지사의 기술

사회복지사의 통제된 정서적 관여의 구성요소는 민감성, 감정이입적 이해, 의도적이고 적절한 반응이다.

민감성은 클라이언트의 언어적, 비언어적으로 전달하는 감정을 주의 깊게 보고 듣는 것이다. 클라이언트의 얼굴이나 손놀림, 억양, 옷차림, 자세, 머뭇거림 등에 숨겨진 감정을 관찰하고 경청하는 것이다.

감정이입적 이해는 사회복지사가 클라이언트가 표현한 감정을 문제와 관련지어서 이해하는 것이다. 이를 위해서 사회복지사는 인간행동에 대한 지식과 자신의 생활 경험, 사회복지실천 경험 등을 바탕으로 자기훈련을 통해 자신의 욕구와 감정을 자각하고 관리하여 감정을 왜곡하지 않도록 주의해야 한다.

사회복지사의 반응은 사회복지사의 지식체계와 실천목적에 의해서 나타나게 되는 태도이다. 사회복지사의 정서적 반응은 의도적인 것이면서도 내면에서 우러나오는 것이어야 하며 클라이언트의 감정과 동일화하는 것으로서 클라이언트의 감정을 분담하는 것이다.

▣ 사례

사고로 인하여 한 쪽 다리가 짧은 클라이언트는 사춘기로서 고민이 많았다. 이에 사회복지사는 자신의 팔 길이를 다르게 보여주면서"나 역시 다르지? 너 혼자만 다른 것이 아니야. 세상에는 같은 것보다 다른 것이 더 많단다. 나중에 결혼식장에 넘어지지 않고 들어가면 되는 거지."라며 반응했다(박세명 외, 2008: 120).

4) 수용(acceptance)

(1) 개념

수용은 클라이언트를 있는 그대로 받아들여, 클라이언트의 강점과 약점, 바람직한 성격과 그렇지 못한 성격, 긍정적인 감정과 부정적인 감정, 건설적이거나 파괴적인 태도 및 행동 등을 인정하고 존중하며, 인간적인 입장에서 따뜻함, 수용, 이해를 제공하는 것이다.

(2) 사회복지사의 기술

수용의 기술은 무조건적 수용과 무차별적 동의는 아니다. 예를 들면 친구와의 갈등으로 자퇴하고 싶다는 대학생에게 "정말로 자퇴를 하고 싶을 정도로 힘든 상황이네요."라고 수용을 하는 것이지 자퇴를 하라고 승인하는 것은 아니다.

사회복지사가 클라이언트를 수용하게 되면 클라이언트는 방어적인 태도가 필요 없음을 알고 현실을 객관적으로 바라볼 수 있게 된다.

수용을 방해하는 요인은 인간의 행동과 성장발달에 관한 지식이 충분하지 못한 경우, 사회복지사의 가치관이 개입된 경우, 사회복지사의 자기인식의 부족, 편견이나 선입관, 말로만 하는 재보증, 수용과 동의사이의 혼동, 클라이언트를 존경할 수 없게 되었을 경우이다.

▣ 사례

신영(가명)이는 공격적이고 예민한 성격으로 친구들이 가까이 하기를 꺼려하는 학생이다. 혼자서 외로움을 타니 성격이 왜곡되어 성적도 더 나빠지고 이로 인해 가족과도 자주 다투게 되었다. 사회복지사는 신영이의 불만과 짜증을 모두 받아주며 항상 존중해 주는 자세로 상담을 계속해 주었다. 한 학기가 지난 후 신영이는 표정도 밝아지고 성적도 좋아졌다. 자신을 인정해 주고 변함없이 보살펴 준 사회복지사에게 고마움을 표시한 것이다.

5) 비심판적 태도(non-judgmental attitudes)

(1) 개념

비심판적 태도는 클라이언트가 유죄인가 무죄인가 또는 문제나 욕구의 원인에 대한 클라이언트의 책임 정도나 잘못의 여부를 따져서는 안 된다는 것을 의미하며, 클라이언트의 태도, 가치기준, 행동에 관한 평가적인 판단을 한다는 확신에 기초를 두고 있다.

(2) 사회복지사의 기술

사회복지사의 클라이언트에 대한 비심판적인 태도가 클라이언트에게 전달되어야 한다. 클라이언트는 비난받는 것에 대해서 매우 민감하여 비난을 방어하느라 시간을 소모하게 되지만 사회복지사가 자신의 잘못을 심판하는 데 관심을 두지 않는다고 알게 되면 비난의 두려움에서 벗어나 자유롭게 자신의 문제와 욕구에 충실하게 되어 사회복지사가 클라이언트의 행동, 태도, 가치표준 등을 객관적으로 평가하게 된다. 비심판적 태도 전달을 저해하는 요인은 클라이언트의 행위와 진술에 대해 편견과 선입관을 가지고 빠른 결론을 내리는 것, 다른 사람과 비교하거나 일정한 유형으로 분류하려는 것 등이다.

▣ 사례

취업시험에 여러 번 떨어진 클라이언트에게 사회복지사는"당신이 무능해서가 아니고 인생의 실패가 아닙니다. 혹시 적성에 맞는 직업인가를 다시 확인하시고 도전해 보세요."라고 말한다.

6) 클라이언트의 자기결정(self-determination)

(1) 개념

클라이언트가 자신의 삶에 대해 스스로 결정할 수 있는 권리와 욕구를 가진다는 원리를 바탕으로 클라이언트가 모든 의사결정과정에 참여하여 선택하고 결정하는 자유를 누리는 것을 말한다.

(2) 사회복지사의 기술

첫째, 클라이언트가 명백한 전망을 가지고 자신의 문제나 욕구를 이해하도록 돕는 것이다.

둘째, 클라이언트가 지역사회내의 적절한 자원을 알도록 하는 것이다.

셋째, 클라이언트 자신의 잠재자원을 활용하도록 자극하는 것이다.

넷째, 클라이언트가 성장할 수 있고 그 자신의 문제를 해결하는 데 관련되는 환경을 조성하는 것이다.

그리고 자기결정을 저해하는 요인은,

첫째, 사회복지사가 문제해결의 중요한 책임을 맡고 클라이언트에게는 종속적인 역할만 하도록 허용하는 것

둘째, 클라이언트가 요구하는 서비스에 관계없이 클라이언트의 사회적 · 정서적 생활의 사소한 면을 도우려고 하는 것

셋째, 직접적으로나 간접적으로 클라이언트를 조정하려는 것

넷째, 통제적인 방식으로 설득하는 것이다. 자기결정의 한계는 클라이언트의 능력에 의한 제한, 법률에 의한 제한, 도덕에 의한 제한, 기관의 기능에 의한 제한이다(전재일 외, 2007: 197-198).

▣ 사례

가족복지기관의 한 클라이언트는 생활보장비를 받으면서 가정도우미로 돈을 벌고 있고 실업자였던 아들도 최근 취업을 하여 가정경제에 도움이 되고 있다. 수입에 대해서 세금보고를 하지 않고 담당기관에도 알리지 않고 계속 기초생활비의 대상자로 혜택을 받고 있다. 이에 사회복지사는 클라이언트와 논의하되 결정은 클라이언트가 해야 함을 인식시킨다.

7) 비밀보장(confidentiality)

(1) 개념

비밀보장은 클라이언트가 사적인 자신의 비밀을 간직하려는 욕구이며 비밀을 보전하는 데 목적이 있는 것이 아니라 클라이언트의 다른 권리를 보호하기 위한

수단이다. 클라이언트의 기본적 권리에 기초를 두고 있다. 이것은 사회복지사의 윤리적 의무이며 효과적인 사회복지 서비스를 위하여 필요하다. 그러나 클라이언트의 권리가 절대적인 것은 아니다.

(2) 사회복지사의 기술

비밀정보의 종류는 자연적 비밀, 약속된 비밀, 위임된 비밀, 집단비밀 등으로 구분해서 볼 수 있다.

첫째, 자연적 비밀은 알려지면 개인의 명예를 손상시키는 것이고,

둘째, 계약적 비밀은 폭로하지 않겠다고 보증하거나 약속을 하는 것이며, 노출되지 않을 것이 사전에 명백히 이해될 때 전달되는 비밀을 의미한다.

셋째, 이외에도 집단비밀이 있으며 집단비밀은 사회복지사에게만 전달되는 것이 아니라 사회복지기관에도 전달된다. 집단비밀은 클라이언트를 도와주는 사회복지사뿐만 아니라 클라이언트를 돕는 과정에서 불가피하게 다른 사람에게 알려지게 될 경우 이러한 사람들의 집단 내에서 보존되어야 하며 그 이상 불필요하게 확대하여 비밀이 노출되어서는 안 되는 것을 말한다(전재일 외, 2007: 199-200).

이상과 같이 효과적인 사회복지실천서비스를 위해서는 클라이언트의 사적인 정보에 대한 비밀보장은 반드시 이루어져야 한다.

▣ 사례

– 캘리포니아 대학교 대학생인 클라이언트가 자신의 과거 여자 친구인 p양을 살해할 계획이라고 사회복지사에게 상담을 하였다. 사회복사는 학교에 알렸고 경찰은 클라이언트를 심문한 후 방면시켰다. 몇 개월 후 클라이언트는 p양을 죽였고 그녀의 부모는 딸에 대한 위험을 자신의 딸에게 알리지 않았다는 이유로 캘리포니아 대학을 상대로 소송을 걸었다.

법원은 대학에게 호의적인 판결을 내렸지만 상급법원에서는 그 판결이 뒤바뀌었다. 합의체 재판부의 다수의견은"보호받을 수 있는 비밀보장의 특권은 공적인 위험이 시작할 때 끝난다."라고 결정하였다.

출처: 강선경 · 김욱(2005). Elaine P. Congress. 사회복지가치와 윤리. p.70.

03 변화를 방해하는 관계에 대한 기술

사회복지실천은 사회복지사와 클라이언트의 관계를 기반으로 이루어지며, 관계는 실천의 통로이자 수단이고, 클라이언트의 변화를 가져오는 핵심적 요소이다. 사회복지사와 클라이언트의 관계는 사회복지실천과정에서 치료적 관계이자 전문적 관계 또는 협력적 관계이기도 하다(Trevithick, 2003; 임정현, 2011: 70). 클라이언트의 긍정적인 변화를 방해하는 요소에 대한 관계기술을 살펴보면 다음과 같다(양옥경 외, 2005: 146-152; 엄명용 외 2008: 178-185; 금기윤 외, 2013: 42-49).

1) 클라이언트의 불신에 대한 기술

사회복지사에 대한 클라이언트의 불신은 사회복지사와의 관계 이전에 다른 중요한 타인과의 관계에서 비롯된다(양옥경 외, 2014: 161). 불신은 상대방이 특정 행동을 완벽하게 수행하지 않을 것이며, 책임 있는 행동도 하지 않을 것이라는 기대라고 정의하였다. 불신은 상대방의 행동에 대한 두려움, 냉소주의, 경계에 대한 필요성, 상대방의 부정적 행동에 대한 감시와 통제성 등을 포함하며, 상대방에게 기대되는 부정적 행동으로부터 자신을 보호하고자 하는 심리적 상태이다(Barber, 1983; 홍성원, 2010: 10). 격려와 인정을 받아보지 못한 클라이언트는 비난, 거부, 상처를 예상하여 방어적인 태도를 보이기 때문에 클라이언트의 자기노출이 어려워지고 변화는 기대할 수 없게 된다(양옥경 외, 2014: 162).

클라이언트의 불신을 다루는 기술로 클라이언트로부터의 불신을 제거할 수 있고 치료에 도움을 줄 수 있는 신뢰관계를 형성할 수 있다.

2) 전이와 역전이에 대한 기술

사회복지실천에서 사회복지사와 클라이언트의 관계 유지에 위협이 되는 사항으로 전이 반응과 역전이 반응을 다음과 같이 제시하였다(Hepworth & Larsen, 1993: 600-601; 김기태 외, 2002: 128-132; 권향임 외, 2015: 228-231).

(1) 클라이언트의 전이

전이는 클라이언트가 어린 시절 누군가에 대한 바람, 원망, 사랑, 두려움의 감정들을 사회복지사에게 보이는 것이다(이근후 역, 1992: 42). 전이 반응은 클라이언트가 이전 경험을 토대로 현재 경험을 과도하게 일반화해서 왜곡된 인식을 갖게 하며, 이는 대인관계상의 어려움을 자아낸다. 전이 반응은 관계상의 장애가 됨과 동시에, 치료적 관계에서 성장을 위한 하나의 기회를 나타내기도 한다. 다음은 전이반응을 다룸에 있어 필요한 지침들이다(김기태 외, 2002: 129-130).

① 클라이언트의 반응이 전혀 비현실적인 것이 아니라 사회복지사가 자신의 행동에 의해서도 양산될 수 있다는 가능성을 배제하지 않는다.

② 과거에 중요한 타인이 자신에게 했던 식의 반치료적 방식으로 사회복지사가 응해 주기를 클라이언트가 기대할 때, 사회복지사는 다른 방식으로 대응하여 부적절함을 보여준다.

③ 클라이언트로 하여금 왜곡된 인식이 어떠한 방식으로 일어나는지를 탐색하도록 하여 수정하도록 돕는다.

④ 클라이언트가 감정의 비현실성 및 왜곡을 인식한 후, 사회복지사의 실질적 감정들을 공유함이 도움이 된다. 이러한 것은 과거에 상처받고, 거부당했다고 느낀 클라이언트들에게 재보증의 한 근원이 된다.

⑤ 사회복지사는 유사한 반응들을 경험한 적이 있는지를 알아보도록 도와 클라이언트들이 다른 관계들에서도 왜곡의 양상을 식별하도록 한다.

(2) 사회복지사의 역전이

역전이는 사회복지사가 클라이언트를 마치 자신의 과거 어느 시점의 인물이나 그와의 관계경험으로 느끼고 무의식적으로 객관적 인식이 방해되는 것이다. 프로이트는 역전이를 치료사의 미해결된 갈등, 무의식적인 문제에서 기원한다고 보았기 때문에, 역전이는 치료사에게 불안을 일으키고 이런 불안을 방어하기 위해 역전이 반응이 나타나게 되므로, 치료사의 역전이 반응은 내담자를 이해하는 데 있어 장애가 된다고 간주하였다. 그 결과 역전이는 치료사의 심리적 맹점(blind spot)으로 작용하여 환자의 문제를 제대로 볼 수 없게 만들므로 역전이를 최대한 차단하는 것이 치료에 도움이 되며 "치료사가 자신의 내면에서 이 역전이를 인식하고 극복해야 한다."고 하였다. 이렇듯 역전이 반응은 비현실적이고, 비합리적인 것이며 치료 작업에 부적절하거나 잠정적인 해를 일으키는 것으로 보았다(Arlow, 1985; Reich, 1951; 김채연, 2014: 20).

역전이 제거방법으로서, 프로이트(Freud, 1912)가 제안한 방안을 보면, 역전이의 부정적 영향을 제거하기 위해 자기탐색(self-exploration)이나 자기분석(self-analysis)을 시도할 것을 권하였고, 치료사는 자신분석 등을 통하여 이러한 역전이 반응을 최소화할 수 있다고 하였다(Peabody & Gelso, 1982; 김채연, 2014: 20). 즉 사회복지사의 자기성찰은 사회복지사들이 클라이언트와의 현실적 관점을 갖도록 해주며(김기태, 2002: 131), 관계는 행동체계가 잘 기능하도록 함에 필요한 필수요인이라고 할 수 있다. 다음은 역전이 해결을 위한 사회복지사의 자기성찰을 위한 몇 가지 핵심적인 질문의 예들이다(김기태, 2002: 131).

① 나는 이 클라이언트와는 왜 불편할까?
② 내가 그와 같은 반응을 할 때 내가 느끼는 것은 무엇인가?
③ 나의 행위나 메시지는 클라이언트의 이익을 위한 것인가?
④ 나는 왜 클라이언트가 싫은가?
⑤ 나는 클라이언트 측의 부정적 반응을 두려워하고 있는가?

⑥ 내가 방어적이라고 혹은 위협받고 있다고 느꼈는가?
⑦ 왜 나는 그토록 말을 많이 하고 충고를 했는가?
⑧ 이 클라이언트에 대해 환상을 가지고 있는 내 속에는 무슨 일이 벌어지고 있나?

사회복지사가 역전이를 벗어나려면 사회복지사의 자기이해와 자아인식을 지속적으로 향상시켜 클라이언트의 감정과 구별할 수 있도록 해야 하며 역전이 감정을 자각하고 그 반응들을 탐색하며, 역전이 감정이 효과적인 치료를 방해하지 않고, 오히려 그 반응을 치료 작업에 활용할 수 있어야 한다(Van Wagoneretal, 1991; 김채연, 2014: 21).

3) 클라이언트의 사회복지사에 대한 폭력 행동에 대한 관계기술

(1) 클라이언트의 폭력의 현황

클라이언트의 폭력이란 "사회복지사들이 클라이언트를 대상으로 서비스를 제공하고 업무를 수행하는 과정에서 일어나는 것으로, 클라이언트가 사회복지사에게 위해를 가하고자 하는 의도를 가진 일체의 행위를 말한다"(노충래, 2009; 남기룡, 2013: 22).

사회복지전문직에 대한 클라이언트 폭력은 심각한 수준이다(임연주, 2008: 6). 국내외 연구결과에 의하면 연구에 따라 편차는 있지만 대체로 사회복지사의 50~80%가 클라이언트 폭력을 경험한 것으로 파악되고 있다(설진화, 2006: 139).

정신보건수련사회복지사가 경험한 클라이언트 폭력 실태를 조사한 박미은(2006)의 연구에서는 조사대상자의 70.4%가 수련과정 동안 7개 항목 중 한 가지 이상에서 클라이언트 폭력을 경험한 것으로 나타났다.

또한 박미은(2007)이 가정폭력 · 성폭력기관 여성 종사자들을 대상으로 클라이언트 폭력의 경험을 조사한 연구결과에 의하면 응답자들의 62.7%가 지난 1년 동안 클라이언트로부터 다양한 폭력을 경험한 것으로 조사되었으며, 언어적 괴롭힘, 성적인 괴롭힘, 기물파손, 신체적 공격의 순으로 나타났다(임연주, 2008: 10).

(2) 사회복지사가 폭력의 주요 대상이 되는 이유

사회복지전문직이 클라이언트 폭력의 주요 대상이 되는 이유 가운데 하나는 사회복지전문직의 임무이자 역할인 '보호와 통제'라는 딜레마와 무관하지 않다는 지적이 있다(Newhill, 2003). 사회복지사는 총기를 소지하지 않은 방탄조끼를 입지 않은 사회적 경찰과 같이(Newhill, 2003: 3) 사회의 위험으로부터 클라이언트를 보호하여야 할 뿐만 아니라 클라이언트로부터 사회를 보호하여야 하는 이중적 임무를 수행하고 있어 클라이언트의 폭력이라는 위험상황을 피하기가 어렵다고 할 수 있다(임주연, 2008: 7).

(3) 폭력이 사회복지사에게 미치는 정서적, 심리적 영향

클라이언트의 폭력이 사회복지사에게 미치는 정서적, 심리적 영향은 다음과 같다(남기룡, 2013: 10-23).

클라이언트의 폭력으로 인하여 사회복지사는 긴장, 자기비난, 부정적인 정서 반응 등을 경험한다. 이 중 긴장은 사회복지사 개인 차원에서 가장 빈번하게 경험할 수 있는 클라이언트 폭력의 영향이다. 특히 남성보다 여성의 경우 클라이언트의 폭력으로 인한 심리적 긴장과 두려움을 더욱 많이 느끼는 것으로 알려져 있다. 자기비난은 소위 '피해자의 자기비난'을 의미하는 것으로, 사회복지사가 가해자인 클라이언트를 비난하지 않고 본인을 비난하는 현상이다. 이러한 자기비난 현상으로 인해 사회복지사들은 본인 외에 같은 시설의 동료를 비난하거나 클라이언트의 폭력을 신고하지 않는 양상을 보이기도 한다. 부정적인 정서 반응은 사회복지사 스스로 무능하다는 생각을 하거나 좌절감을 느끼며, 자신이 도움을 주려

했던 사람이 자신을 배신했다는 생각에 분노의 감정을 느낄 수 있다.

박미은(2006, 2007)의 연구에서는 클라이언트의 폭력을 경험한 사회복지사들은 클라이언트를 더욱 경계하고 자신을 보호하기 위해 클라이언트를 대면하는 데 있어 덜 공감하고 덜 집중하게 되었다고 한다. 더 나아가 폭력적인 클라이언트는 아예 피하거나 동료 등 지원자가 없는 경우에는 클라이언트 가정 방문을 피하게 되었다. 그 외에도 클라이언트 폭력을 경험한 사회복지사들은 자신이 속한 기관과 기관의 서비스체계, 폭력에 대한 대응방법에 대해 분노감을 느끼게 된다고 보고하고 있다. 클라이언트 폭력을 경험한 사회복지사는 다양한 심리적 · 행동적 증상을 경험하게 되며 결과적으로는 소진에 이르는 경우도 적지 않다 따라서 클라이언트 폭력은 사회복지사에게 소진을 야기하는 주요한 요인 가운데 하나라고 결론지을 수 있다(이은희, 2008: 16).

(4) 클라이언트 폭력에 대한 관계기술

클라이언트 폭력에 대한 관계기술을 제시하면 다음과 같다(남기룡, 2013: 88-91). 첫째, 사회복지사의 안전 보장을 위한 법적 기반을 마련해야 한다. 교육공무원이나 경찰공무원, 소방공무원 등 전문적인 분야의 공공서비스 종사자를 위한 안전 보장 대책은 모두 별도의 개별 법령에 근거하여 이루어지고 있다. 이에 정부는 사회복지사 등의 처우 및 지위 향상을 위한 법률(이하 '처우 및 지위 향상법'이라 함)의 명칭을 여타의 공공서비스 종사자 안전보장 법령과 같이 '안전보장'이라는 용어를 포함하는, '사회복지사 등의 처우 및 지위 향상과 안전 보장을 위한 법률'로 개정할 필요가 있다.

둘째, 피해 사회복지사에 대한 직 · 간접 지원책을 마련해야 한다. 클라이언트 폭력에 따른 신체적 상해에 대한 의료비와 외상 후 스트레스 증후군 등에 대한 심리치료비 지원이 필요하며, 이는 사회복지공제회 등을 통한 상해보험 의무가입 또는 재해급여 등의 형태로 제공되어야 할 것이다.

셋째, 시설차원의 운영개선 노력을 제도화, 의무화해야 한다. 사회복지시설을 관리 · 감독하는 주무관청이나 지자체의 운영 지침과 업무지도를 통해서 우선적으로 개별 시설들의 사회복지사 안전보장 노력을 제도화할 필요가 있다

넷째, 클라이언트의 인식개선과 제재 방안 도입이 필요하다.

4) 비자발적인 클라이언트에 대한 관계기술

비자발적인 클라이언트는 변화의 동기 없이 타인에 의해 전문적인 도움을 받도록 강요받은 사람으로 프로그램의 참여를 강요당하기 때문에 서비스를 제공받는 것에 대해 부정적으로 받아들이며(Trotter, 1999), 일반적으로 제공되는 서비스를 꺼려하고 변화에 저항하며 도움을 구하는 데 동기화되어 있지 않다(박경희, 2003: 10). 비자발적인 클라이언트는 공무상의 압력에 의해 서비스를 제공받는 경우가 많기 때문에 문제에 대해 인식하지 못하는 경우가 많고, 문제를 외부의 압력으로 간주하는 경향이 있다(Hepworth et al., 1997; 박경희, 2003: 14).

이러한 클라이언트의 감정은 과업성취에 부정적인 영향을 미치고 조기종결에도 영향을 미치기 때문에(Ritchie, 1986), 사회복지사는 비자발적인 클라이언트에 대한 관계의 기술에 보다 적극적인 관심을 갖도록 해야 한다.

비자발적인 클라이언트에 대한 관계기술은 다음과 같다.

첫째, 박경희(2003: 15)의 연구에서는 순응을 위한 거부감과 저항감을 다루는 기술(Ritchie, 1986), 클라이언트에게 자유와 재량권을 부여하는 기술(Encandela et al., 1999), 클라이언트 스스로 자신에 대해 진술하도록 하는 기술(Brodsky & Lightenstein, 1999) 등을 원조과정에 혼합적으로 활용하면서 클라이언트의 이야기에 언급되는 주변화와 존중의 결핍, 그리고 책임의 회피와 무력감을 이해하고 개입해야 한다.

둘째, 비자발적 클라이언트가 사회복지사의 권한에 대한 두려움으로 거짓말로 자신의 변화노력을 가장할 경우, 사회복지사는 비위협적이고, 따뜻하고, 지지적

인 방식으로 대하면서도 뚜렷한 변화가 없을 때는 발생할 수 있는 결과에 대해서 분명하게 알려주는 것이 필요하다(양옥경 외, 2014: 162-163).

셋째, 비자발적인 치료집단의 경우 집단의 목적이 외부에 의해 규정되기 때문에 구성원의 참여를 촉진하기 위해서는 프로그램 구성에 있어 구성원의 관심영역이 최대한 반영되는 프로그램 제공의 노력이 필요하다(박경희, 2003: 55).

5) 클라이언트의 저항에 대한 기술

클라이언트의 저항은 사회복지사와 클라이언트 간의 관계에서 변화를 방해하는 요소이다.

이러한 클라이언트의 저항에 대한 기술은 다음과 같다(권향임 외, 2015: 231)

첫째, 저항이 변화의 진전을 심각하게 방해할 경우에만 다루는 것이 바람직하다.

둘째, 저항이 목표달성을 심각하게 방해할 때는 저항을 다루는 것을 최우선으로 하고, 저항의 저변에 있는 현재의 감정에 초점을 둔다.

셋째, 클라이언트는 저항 다루기를 통해 부정적인 감정을 표현함으로써 대인관계에서의 부정적인 감정을 효과적으로 다룰 수 있는 경험을 하게 된다(권향임 외, 2015: 231).

04 사회복지사의 소진과 대처기술

1) 사회복지사의 소진의 원인

소진이라는 개념은 1974년 프로이덴베르거(Freudenberger)가 지역사회정신건강센터에서 근무하는 치료사들이 경험하는 정서적 · 신체적 탈진현상을 설명하기 위해 사용한 개념이며(김미숙 2004: 33), 매슬랙과 잭슨(Maslach & Jackson, 1981)에 의하면 정서적 고갈과 대상자에 대한 비인간화 그리고 개인의 성취감이라고 정의하고 있다(최성진, 2005: 11).

사회복지실천 현장에서 사회복지사는 클라이언트의 문제 이용, 가능한 자원 동원, 기관의 유형 등을 고려한 업무들을 수행해야 하고 클라이언트와 밀접히 연결된 복잡한 상황을 처해야 하는 전천후적인 서비스를 요구 받고 있다. 이러한 사회, 환경적 업무요건 하에서 업무는 만족스럽게 수행되지 않는 것이 현실이다. 이러한 현실적 차이에서 사회복지사는 직무스트레스를 단기적으로 받고 계속 스트레스가 축척되어 장기적인 소진을 유발하게 된다(최성진, 2005: 17).사회복지사의 소진의 원인인 하위척도를 제시하면 다음과 같다(이은희, 2008: 5).

첫째, 클라이언트에 대한 정서적 탈진(emotional exhaustion)이다. 이는 사회복지사들이 업무과정에서 과도한 심리적 정서적 요구에 의해서 업무 의욕의 상실, 신뢰의 상실, 흥미 및 원기의 상실을 경험하면서 더 이상 자신은 서비스 상대에게 줄 것이 아무것도 남아있지 않다고 느끼는 상태를 말한다.

둘째, 비인격화(depersonalization)이다. 사회복지사들이 클라이언트의 정서적 요구에 저항하여 클라이언트에 대해 무감각하고 냉소적인 태도를 가지면서 클라이언트를 인격체로 대하기보다는 하나의 사례로 대하는 현상을 지칭한다.

셋째, 개인적 성취감의 감소(reduced personal accomplishments)이다. 사회복지사들이 정서적으로 탈진되고 비인간적인 태도를 취하면서 일에 최선을 다하지 못하고 긍정적인 결과를 가져오지 못하면서 자신이 한 일이 아무런 효과도 내지 못하고 있다고 인식하는 것, 즉 전문가로서의 성공적인 성취감을 느끼지 못하는 현상이다.

2) 사회복지사 소진의 결과와 대처기술

사회복지사의 소진 결과는 직무 불만족에 빠지고, 오히려 클라이언트에게 전달하는 사회복지서비스의 질이 저하되며 바람직한 원조관계형성에 장애가 되어 잦은 결근, 업무태만, 직원 간의 의사소통의 문제를 야기한다(공계순 2005a: 86; 최성진, 2005: 18-19).

이를 방지하기 위한 사회복지사의 소진에 대한 대처기술은 다음과 같다(박승택, 2012: 83-84).

첫째, 직무분석을 통한 합리적인 업무분장 체계를 확립하도록 한다. 사회복지사의 적절한 직무교육, 직무훈련, 직무배치 등 역할수행능력 향상을 위한 직무체계 마련이 필요하다.

둘째, 사회복지조직 내 갈등을 해소하고 스트레스 및 소진을 감소시키기 위한 교육 및 훈련프로그램의 활성화가 이루어져야 한다. 이를 위해 직원교육이나 연수 시, 조직 내 인간관계 증진 훈련 프로그램이나 효율적인 시간관리, 건강관리, 스트레스관리프로그램, 소진에 대한 인식증진과 감소방안을 제시할 수 있는 소진 관련 워크샵, 사회복지사를 대상으로 한 전문적이고 주기적인 상담 프로그램의 제공 등이 필요하다.

셋째, 사회복지사의 현실적인 처우 개선방안을 마련하고 조직구성원들의 공정한 승진 기회 확대, 사회적 인정 등 다양한 심리적 · 경제적 보상체계를 강구하여야 한다.

넷째, 최고관리자의 민주적이고 합리적인 리더십의 발휘와 슈퍼비전을 통해 조직의 분위기를 강화할 수 있는 효과적인 의사전달체계 수립이 필요하다.

연구문제

1. 다음의 사례를 읽고 사회복지사의 태도는 실천관계의 7대 원칙 중 어떤 원칙을 지키지 못했는지 설명하고 올바른 내용을 기술하시오.

▣ 사례

대학생활에서 부적응하고 있는 학생이 사회복지사를 만나서 성적이 좋지 않아서 장학금 신청도 못하고 편입도 어렵게 되어 성적고민을 상담하였다. 학생의 이야기를 들은 사회복지사는"너의 생활에 대해서 보면 아르바이트를 하여 피곤하기는 하지만, 결석을 쉽게 하고 수업시간에 떠들며 집중을 못하고 있구나. 더욱이 과제를 제출하지 않고 컨닝까지 하다니 그것은 옳지 못한 일이구나"라고 말했다.

확인문제

1. 사회복지사의 전문가적 자질에 대해서 설명하시오.

2. 사회복지실천관계론의 7대 원칙을 설명하시오.

3. 클라이언트의 불신에 대한 사회복지사의 대처 기술을 설명하시오.

4. 클라이언트의 사회복지사에 대한 폭력이 사회복지사에게 미치는 영향을 기술하시오.

5. 사회복지사의 소진의 원인과 소진극복의 방법에 대해서 설명하시오.

PART 02

대상에 따른 사회복지실천기술

CHAPTER 03

개인대상 사회복지실천의 면담과 의사소통의 기술

제3장에서는 개인대상 사회복지실천의 면담기술과 의사소통의 기술, 의사소통 증진을 위한 언어적 기법과 비언어적 의사소통의 기술을 이해하여 사회복지실천 과정에서의 효과적인 면담진행의 역량을 키울 수 있다.

학습목표

1. 사회복지실천 면담과 상담의 차이점을 알 수 있다.
2. 면담의 준비와 시작 단계의 기술을 알 수 있다.
3. 개인의 관계변화를 위한 면담 개입기술을 알 수 있다.
4. 효과적인 의사소통기술에 대해서 설명할 수 있다.
5. 의사소통을 증진하기 위한 언어적 기법을 들 수 있다.
6. 의사소통을 방해하는 사회복지사의 언어적 반응을 알 수 있다.
7. 비언어적 의사소통 기술을 이해한다.

01 사회복지실천 면담과 상담

1) 사회복지면담의 특성과 조건

사회복지실천에서의 면담의 특성은 다음과 같다(Kadushin, 1972: 8-10; 전재일 외,

2004: 204-205 요약). ① 면담은 명백한 목적이 있으며, 목표를 향한 상호작용을 지도할 책임자가 있고, 비상호적 관계이다. ② 면접자의 행동은 계획적이고 의식적으로 선택된 것이며, 면접자의 개인적 이유로 종결할 수 없을 뿐만 아니라 공식적으로 준비된 만남이다. ③ 면담은 불쾌한 사실과 감정을 피하지 못한다.

면접의 종류를 살펴보면 다음과 같이 세 가지로 나누고 있다(Zastrow, 1995: 106-107; 양옥경 외, 2005: 155-156).

첫째는 정보수집면접이다. 이는 클라이언트의 사회적 기능과 관련된 사회력의 자료를 선택적으로 수집하는 것으로 클라이언트의 개인적 · 사회적 문제와 관련된 인구사회학적 배경과 개인성장 발달사에 관한 정보를 수집한다.

둘째는 사정면접이다. 이는 목적 지향적이며 사정(assessment)은 문제가 무엇인지, 어떤 원인 때문인지, 그 문제를 해결하거나 줄이기 위해 무엇이 변화되어야 하는지 대해 답하는 사회복지실천과정의 핵심적인 단계이다.

셋째는 치료면접이다. 면접을 통해 클라이언트의 변화를 돕기 위한 것과 클라이언트의 더 나은 사회적응을 위해 환경을 변화시키는 것이다. 주로 클라이언트의 자신감, 자기효율성 강화, 필요한 기술훈련, 문제해결능력 증가 등을 목적으로 한다.

그리고 면접의 조건은 다음과 같다(Hepworth & Larsen, 1986: 35; 양옥경 외, 2005: 154).

- 적절한 채광과 조명
- 안락한 온도
- 넓은 공간
- 어울리는 기구와 실내장식
- 비밀을 이야기 할 수 있을 정도의 독립적인 공간
- 방해를 받지 않는 분위기

- 참여자 사이의 개방적 공간

또한 면접의 구체적 준비를 위해 가렛트(Garrett, 1972)는 다음과 같이 설명하고 있다(Garrett, 1972: 72-78; 전재일 외, 2004: 208-213 요약).

첫째는 비밀성과 안락하고 이완된 분위기를 가지는 물리적 환경이 중요하다. 사무실에서는 면접실을 이용하는 것이 효과적이며, 면접실은 방음장치, 방 크기, 채광, 집기, 적절한 실내장치 등을 배려하여 편안한 기분으로 임할 수 있어야 한다.

둘째는 면접시간이다. 클라이언트가 이용하기에 편리한 시간을 선택할 수 있게 하며, 면접소요 시간은 클라이언트에게 미리 알리며 대부분은 1주 1회 약 1시간 정도가 적당하다.

셋째, 기록이다. 면접 도중에는 많은 것을 적을 필요가 없으며, 클라이언트의 이름, 주소, 날짜 및 직업 등의 기본적 속성은 그가 말하는 즉시 기록하는 것이 일반적이다. 클라이언트가 보는 앞에서 기록하지 말고 기억을 해 두었다가 면담 직후에 자세하게 기록하는 것이 효과적이다.

넷째, 면접의 비밀성이다. 클라이언트의 비밀이 유지될 수 있도록 클라이언트의 비밀을 경솔하게 취급하지 않아야 한다.

다섯째, 면접자의 예비지식이다. 효과적인 면접을 위해서는 일정한 지식체계가 필요하다. 보편적인 지식과 특수성에 관한 지식을 갖추고 창의력을 발휘하여 지식을 활용할 수 있어야 한다.

2) 사회복지실천의 면담과 상담의 관계

사회복지사가 구비해야 할 가장 중요한 기술은 '상담(counselling)'과 '면담(interview)'에 대한 것이다(Zastrow, 1999; 정원철, 2005: 36).

사회복지실천의 면담이란 인간의 행동과 반응에 대한 전문적 지식과 정교한 인간관계 기술을 갖춘 사회복지사가 클라이언트를 이해하고 원조한다는 목적을 가지고 의도적으로 이끌어 나가는 전문적인 대화라고 할 수 있다(엄명용 외, 2014: 279). 햅웨스와 라이슨(Hepworth & Larsen, 1986)은 면담의 기술은 정보를 찾아내는 기술, 말을 바꾸어서 사용하는 기술, 개방적 또는 폐쇄적 질문을 하는 기술, 구체적인 표현을 하는 기술, 요약하는 기술, 문제의 초점을 제공하고 유지하는 기술로 구분하고 있으며(이미선 외, 2009: 70-72), 존슨(Johnson, 1989: 189-193)은 분위기조성기술, 관찰기술, 경청기술, 질문기술, 초점, 안내, 해석기술로 나누고 있고, 양옥경 외(2014: 170-180)은 표현촉진기술, 초점제공기술, 해석기술, 직면기술을 추가하고 있다.

사회복지실천에서의 면접은 전문적 관계에 바탕을 두고 정보수집, 과업수행, 클라이언트의 문제나 욕구해결 등과 같은 목적을 수행하는 시간제한적인 대화로서 사회복지개입의 주요한 도구이며(금기윤 외, 2013: 51), 상담보다 넓은 의미의 개입방법으로서 상담을 포괄하는 의미를 지닌다.

사회복지실천에서의 상담이란 다음과 같다(정원철, 2005: 26-37). 심리치료와 같은 심층적인 면접에 보다 더 가까운 개념이다. 브렐리(Brearly, 1991)는 상담기술과 사회복지서비스는 깊은 관련이 있다고 하면서 사회원조계획과 더불어 상담을 사회복지사들의 중요한 활동 메뉴 중의 하나로 간주했다. 사회복지사들이 상담과 심리치료와 같은 직접적인 서비스를 보다 전문적으로 수행하려면 상담의 이론과 실제를 체계적으로 이해하고, 상담과 관련한 각각의 이론적 학파들이 어떻게 다른지를 이해할 필요가 있다 사회복지실천과정에서 면접과 상담은 사회복지사의 서비스제공에 혼재되어 활용되고 있어 그 개념에 대한 명확한 구분은 뚜렷하지 않다. 사회복지사는 사회복지실천과정에서 상담자의 역할만 하는 경우도 있지만 상담과 다른 방식의 여타의 접근인 서비스인 중재, 옹호, 사례관리 등의 역할과 혼합되기도 한다. 사회복지사는 상담의 전문지식과 기술을 이해하여 사회복지 실천현장에서 면접의 기술로 활용할 수 있는 역량을 갖도록 노력해야 한다.

02 면담의 준비와 시작 단계의 기술

1) 면담시작전 준비단계의 기술

사회복지사에게 도움을 요청하는 사람들은 전문가에 대한 막연한 두려움이나 불안감을 가질 수 있으므로 클라이언트가 요청하는 도움과 문제의 근본이 무엇인지를 정확하게 이해하는 것은 매우 중요한 실천기술이다(Trevithick, 2000). 원조관계를 성공적으로 진행하기 위해서 사회복지사는 클라이언트가 사회복지사를 찾아오기 이전의 단계에 대해서도 이해할 수 있어야 한다(Sheafor, Horejsi and Horejsi, 1991: 67-68). 사회복지사가 면담준비를 위해 활용할 수 있는 기술을 여덟 가지로 정리하면 다음과 같다(Coumoyer, 2000; 김인숙 · 김용석 역, 2002: 143 재인용).

(1) 클라이언트에 대한 이전 기록과 배경에 대한 사전 검토(preparatory review)

클라이언트의 이전 기록과 기관의 정보를 검토하고 기본배경을 검토하는 것이다. 클라이언트에 대한 편견이나 선입견을 주의한다.

(2) 클라이언트 및 그의 상황에 대한 정보 수집의 사전탐색(preparatory exploring)

접수나 초기 면담을 담당한 사람과 클라이언트의 의뢰자에게 클라이언트의 상황에 대한 질문을 통해 정보를 수집한다.

(3) 슈퍼바이저나 동료에게서 조언을 구하는 사전협약(preparatory consulting)

슈퍼바이저나 동료에게 조언을 구하는 것이다.

(4) 사전정리(preparatory arranging)

첫 면접을 위해 물리적 환경을 조성하는 것이다. 면담을 위한 시간 확보, 공간 확보, 편의시설, 가구배치 등의 물리적 준비를 의미하는 사전 정리이다.

(5) 면담 전의 클라이언트 문제와 상황에 대한 사전공감(preparatory empathy)

클라이언트의 문제 및 상황에 민감하게 반응하기 위해 사전 공감을 해보는 것이다,.

(6) 사전자기탐색(preparatory, self-exploration)

효과적인 의사소통을 위해서는 사회복지사 자신의 특징, 욕구, 편견, 정서적 약점, 행동양상들에 대한 사전자기인식을 하고 있어야 한다.

(7) 집중적 자기관리

사회복지사 개인사정을 정리하는 사회복지사의 의무와 서비스 전달에 방해가 되지 않도록 하기 위한 것이다.

(8) 사전 계획 및 기록(preparatory planning)

면담 전에 면담의 목적과 목표를 검토하고, 면담에서 논의할 주요 과제를 임시적으로 설정하는 것이다.

2) 면담의 시작단계의 기술

면담 시작 단계의 기술은 분위기 조성기술과 사회복지사의 관계기술로 구분하여 살펴보고자 한다.

(1) 분위기 조성 기술

면담의 시작에서 클라이언트가 처음 보는 사회복지사에게 자신의 문제를 곧바로 이야기하는 것은 쉽지 않기 때문에 사회복지사는 공감, 진심 그리고 온화함을 활용하면서(Johnson, 1989: 192), 심리적으로 편안한 분위기 조성 기술이 필요하다.

햅워스와 라이슨(Hepworth & Larsen, 1986: 35)은 생산적인 면담을 위한 전제조건으로 '물리적 조건'과 '라포 형성'을 제시하였으며, 최선화(2013)는 분위기 조성의 요소로 ① 면담의 물리적 환경조성, ② 라포 형성을 통한 심리적 분위기 조성, ③ 긴장 완화적 분위기로 나누어서 다음과 같이 제시하고 있다(최선화, 2013: 65).

첫째, 물리적 환경(면담실의 환경)이다. 물리적 환경은 클라이언트의 감정과 반응에 중요한 영향을 미친다. 넓은 공간, 안락한 온도, 적절한 채광, 조명, 실내장식, 안락한 의자, 개방적 공간, 비밀을 이야기할 수 있는 독립적 공간, 어울리는 가구와 실내장식 등(Hepworth & Larsen, 1986: 35)을 통하여 클라이언트의 마음을 편안하게 해야 한다.

둘째는 라포 형성을 통한 심리적 분위기 조성이다. 심리적 분위기 조성을 위해서는 클라이언트와 사회복지사 간의 라포 형성이 이루어져야 한다. 라포 형성은 "사회복지사와 클라이언트 사이의 작업관계와 상호 이해할 수 있게 해주는 조화와 일치, 그리고 감정이입의 상태"라고 묘사된다(Barker, 1995: 320). 라포형성은 사회복지사가 진실성과 순수성을 가지고 상호 간 신뢰를 바탕으로 대할 때 이루어지며 이를 위한 기술은 다음과 같다(Hepworth & Larsen, 1986: 36-38; Kadushin 1990: 39-57).

① 클라이언트와 가벼운 대화로 준비기간 갖기
② 클라이언트에게 관심을 보이고 온정을 전달하며 신뢰와 존중을 표현하기
③ 클라이언트의 감정을 충분히 이해하고 있음을 언어적, 비언어적으로 표현하기
④ 클라이언트의 자기결정문제에 관심을 나타내기
⑤ 진실성과 확실성을 전달하고 감정이입적 이해를 나타내기
⑥ 어떤 정보가 비밀보장을 요하는지 여부에 대한 전문가적인 결정능력 보여주기

(2) 사회복지사의 관계기술

컴튼과 갈라웨이(Compton & Galaway, 1994: 272--288), 엄명용 등(2005: 198-205)은 효과적인 원조관계형성의 요소를 타인에 대한 도우려는 열망, 공감·감정이입 또는 이해, 존경심 또는 보살핌, 구체성, 진실성 또는 순수성, 대응도 또는 직면, 직접성, 자기노출, 따뜻함 또는 온화함, 자아실현, 권위 및 권력, 헌신과 의무 등으로 구분하고 있다.

밀러(Miller, 1976)는 성공적으로 전문적인 관계가 형성되면 다음과 같은 장점이 있다고 한다(엄명용 외, 2008: 19 재인용).

첫째, 잘 형성된 관계는 문제해결과정에 생기와 활력을 불어 넣는다.
둘째, 힘을 가진 느낌과 행동을 취할 능력이 있다는 느낌을 갖게 한다.
셋째, 자신과 타인에 대한 이해의 폭을 넓힌다.
넷째, 자신의 가치를 높이 평가하여 자신감과 능력이 향상된다.
다섯째, 타인을 접촉하고 관계를 형성하려는 욕구가 이전보다 강해진다.

면담 시작 시 관계기술은 ① 일반적인 기술, ② 전문적인 관계기술로 구분되며 이를 제시하면 다음과 같다(엄명용 외, 2008: 78-78; 박세정 외, 2008: 144-147).

① 일반적인 관계기술

면담 시작 시 사회복지사가 수행해야 하는 일반적인 관계기술은 다음과 같다(Coumoyer, 2000; 최선화, 2013: 67).

① 사회복지사 자신을 소개하기
② 클라이언트 소개 받기와 함께 동참한 사람과 인사나누기
③ 간단한 인사로 찾아오는 길이나 날씨 등에 대한 대화를 하기
④ 면담의 회기, 빈도, 시간, 진행과정에 대해서 설명하기
⑤ 클라이언트의 역할 설명하기
⑥ 상담비용, 기록, 비밀보장, 기관의 정책 및 윤리적 요건에 대해 설명하기

⑦ 첫 상담의 목적 설명하기

⑧ 피드백 요청하기

② 전문적인 관계기술

면담시작에서는 사회복지사와 클라이언트 간의 여러 가지 상호작용이 일어나며 이에 따른 전문적 관계기술은 환영하기(박세정 외, 2008: 144), 악수하기, 신체적인 접촉, 비공식적인 대화의 시작을 들을 수 있으며 이의 내용은 다음과 같다(엄명용, 2008: 78 재인용).

첫째, 환영하기이다. 처음 사회복지사를 찾아오는 클라이언트가 가지는 약간의 불확실성과 두려움을 완화시킬 수 있으며 서비스이용자들은 원래 어려움을 요청하는 것을 어려워하는 성격 때문에 불안을 가질 수 있다. 사회복지사가 따뜻하게 맞이하는 것은 훌륭한 라포를 형성하고 사회복지사와 클라이언트 간의 '활동 동맹'을 잘 구축할 수 있는 기술인 것이다(Trevithick, 2000: 76).

둘째, 악수하기이다. 악수하기는 만남의 시작과 끝을 분명하게 나타낼 수 있고, 공식적인 면담을 시작한다는 메시지와 환영의 말을 전달할 수 있다. 악수는 신체적으로 '접촉'할 기회를 가지고 어떤 인상을 주기 때문에 '잘 지내세요', '잘 가세요' 등의 따뜻한 말과 함께할 필요가 있다.

셋째, 신체적인 접촉은 긍정적으로 활용될 때는 클라이언트에게 지지를 보여줄 수 있지만 그렇지 못한 경우는 전문적 관계에 손상을 가져올 수 있다. 학대받은 적이 있는 클라이언트는 신체적 접촉을 폭행의 기억 때문에 위기로 느낄 수 있다는 것이다. 또한 클라이언트의 손을 잡아주면 울음을 그치게 만들어 결국은 감정을 표현할 수 있는 기회를 막을 수 있기 때문이다(Trevithick, 2000).

넷째, 비공식적인 대화이다. 클라이언트를 편안하게 맞이하는 또 하나의 방식은 비공식적인 대화를 시작하는 것이다. 비공식적인 대화는 클라이언트가 기관에 찾아오는 과정에서의 어려움이나 날씨에 대해서 대화를 시작할 수 있으며 짧게 혹은 길게 하는 것은 사회복지사의 직관력에 달려있다.

03 개인의 관계변화를 위한 면담 기술

개인대상의 변화에는 감정표현촉진과 자기인식확장, 인지수정을 통한 행동치료, 행동체험을 통한 행동치료기법, 관계의 변화를 위한 나-전달법이 포함된다. 이의 내용을 살펴보면 다음과 같다(이종복 외 2012: 306-311; 양옥경 외, 2005: 208-216; 손광훈, 2012: 144-158).

1) 감정표현촉진과 자기인식확장을 통한 개인의 변화

클라이언트의 숨겨진 감정을 표현하도록 독려하는 방법이 포함된다. 감정표현을 통해 정화의 효과가 나타나도록 공감적 경청과 반응, 의도적 감정표현과 통제된 정서적 관여를 통하여 변화를 촉진한다.

2) 인지적 수정을 통한 개인의 변화

심리적 문제나 대인관계의 문제는 자신의 잘못된 전제나 신념 때문이라고 보기 때문에 왜곡된 사고를 논박하거나 교육하는 인지적 기법과 인지적 과제를 부여하여 비합리적인 생각을 합리적 생각으로 바꾸게 하는 방법이다.

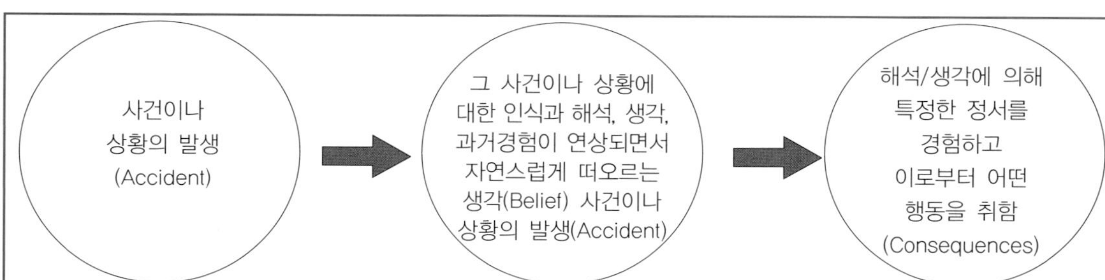

〈그림 3-1〉 Ellis의 합리정서적 이론

출처: 양옥경 외(2005). 사회복지실천론. p.211.

(1) 논박

논박은 클라이언트의 비논리적인 면을 지적하거나 현실적으로 일어날 수 없는 생각을 지적하고, 실용적으로 비합리적 신념이 자신에게 어떤 도움이 되는지를 지적하는 것이다.

(2) 인지적 과제

인지적 과제는 클라이언트의 비합리적인 신념의 목록을 만들어 오도록 하고 그 목록에 있는 내용을 스스로 논박해보고 합리적 생각으로 바꾸게 하는 것이다.

3) 행동체험을 통한 행동치료기법

인간의 행동은 학습되는 것이라는 관점 하에 행동주의 사회복지실천에서는 클라이언트는 '어떤 행동'을 변화시킬지를 결정하고 사회복지사는 그 행동을 '어떻게' 변화시킬지를 결정한다(손광훈, 2012: 144). 행동변화의 문제는 눈으로 보는 관찰에 의한 학습의 결과라고 보는 관점이므로 행동체험을 통해서 정서적인 변화를 일으키는 기법이 포함된다. 긴장이완훈련, 체계적 둔감화, 자기주장훈련, 행동수정 기법, 토큰경제법, 타임아웃, 행동형성, 행동연쇄, 강화기법 등이 포함된다.

(1) 긴장이완훈련

인간의 근육이 이완되면 불안이 일어나지 않는다는 원리에 따라 주로 공포나 불안을 제거하기 위해서 사용된다.

(2) 체계적 둔감화

공포, 긴장, 불안 반응에 유기체의 감정을 넣어서 이완시키는 자율 훈련법이며 상상과 실행을 반복하는 것을 강조한다. 체계적 둔감법은 불안 유발 상황의 순서를 정하고 불안이 가장 약한 정도의 자극에서부터 시작하여 한 단계씩 불안을 제거하는 방법이다. 근육이완, 불안위계의 작성, 체계적 둔감의 3요소를 내포하고 있다. 예를 들면 뱀을 무서워하는 아동에게 뱀을 보여주는 동시에 맛있는 음식을 주어 불안을 중화시키는 방법이다.

(3) 자기주장훈련

자기주장훈련은 자신이 하고 싶은 대로 해보게 하여 상대방의 권리를 침해하지 않는 범위 내에서 자신의 생각, 느낌, 감정을 상대방에게 직접 표출하도록 하는 훈련이다. 대부분의 클라이언트는 자기주장을 못하고 표현이 미숙하여 이로 인한 분노, 좌절 등의 부정적인 결과를 경험하게 되므로 자기주장훈련은 사회복지현장에서 중요한 기술이자 훈련으로 인정받고 있다. 자기주장의 훈련의 7가지는 ① 요청을 거부하기, ② 분위기와 어울리지 않는 의견을 표현하기, ③ 자신의 약점을 인정하기, ④ 칭찬을 수용하기, ⑤ 긍정적인 감정을 표현하기, ⑥ 행동의 변화를 요구하기, ⑦ 대화를 주도하고 유지하기 등을 포함한다(Bucell, 1979; Hepworth, et al., 1997에서 재인용).

(4) 홍수법

불안을 일으키는 조건자극에 계속 노출시켜 문제행동을 소거시키는 방법이다. 아동이 공포나 불안을 경험할 때 회피하려해도 거기서 벗어날 수 없도록 통제하여 문제행동을 소거하는 것이다(강경미, 2006: 180-181).

(5) 타임아웃

자극을 주던 강화물을 제거하는 것으로 공격적인 행동을 자제시킬 수 있다. 타임아웃 동안에 스스로 반성하거나 대안을 강구할 수 있고 감정이 진정될 수도 있는 것이다(이성진, 2007: 194).

(6) 강화기법

문제행동을 제외한 다른 행동이나 적응행동을 집중적으로 강화해서 문제행동의 기회를 제한하여 감소, 소거하는 방법이며 차별강화, 상반행동강화, 무조건강화 등이 있다.

4) 관계의 변화를 위한 나-전달법

나-전달법(I-message)은 효과적인 의사소통을 하는 메시지 구조의 한 유형으로, 다른 사람의 행동을 비난하지 않고 그 행동의 영향을 표현하는 언어적 의사소통이다. 이 구조는 분명하고 직접적인 메시지를 보낼 수 있고 메시지를 받는 사람이 방어적이지 않도록 하는 방법이다(박세정, 2008: 117).

나-전달법은 다음의 세 부분으로 구성된다(서울대 사회복지실천연구회 역, 1998: 123).

첫째, 특정 행동에 대한 간결한 묘사
둘째, 그 행동으로 인해 경험한 감정
셋째, 그 행동으로 인한 명백한 영향에 대한 묘사

《예》사회복지사의 클라이언트에 대한 나-전달법

1. 행동에 대한 묘사: 당신이 오늘 약속한 상담시간에 오지 않아서
2. 그로 인한 감정: 나는 놀라고 당황했습니다.
3. 그로 인한 영향에 대한 묘사: 왜냐하면 다시 상담시간을 정하려면 다른 일정들을 미루거나 취소해야 하기 때문에 나는 매우 곤혹스럽습니다.

이와는 대조적으로 너-전달법(You-Massage)은 상대방을 탓하고 비난하면서 상대방이 잘못하고 있다고 말하는 것으로 상대방을 말로 공격하게 되는 것이다. 너-전달법은 상대방에 비난, 평가, 훈계, 설교, 협박과 같은 의사소통을 하여 상대

방에게 저항감과 분노를 일으키기 때문에 효과적인 의사소통을 가로막는다고 할 수 있다(양옥경 외, 2014: 243).

04 효과적인 의사소통기술

면담이 효율적으로 이루어지기 위해서는 사회복지사의 효과적 의사소통기술이 필요하다. 의사소통은 메시지가 언어적, 비언어적 방법으로 송신자에게서 수신자에게 전달되는 과정이며(Deacon & Firebaugh, 1981), 두 사람 또는 그 이상의 개인들 사이에서 정보를 전달하는 체계이다(권중돈 · 김동배, 2005). 또한 의사소통은 개인들 간의 관계를 형성하는 데 기반이 되는 축적적인 상호 교환 과정이다(사사현, 2011: 9). 의사소통의 기본요소는 송신자, 수신자, 메시지, 채널, 피드백, 잡음, 세팅으로 이루어지며, 우리가 관련을 맺고 있는 사람이나 세상을 통해 메시지를 보내고, 받고, 해석하는 과정으로 정지된 하나의 단순한 행위가 아니라 시간의 경과와 더불어 진행되며 상호 연결되는 일련의 행위이다(오미영 · 정인숙, 2005; 김부숙, 2008: 8).

사회복지실천과정에서 의사소통은 사회복지사와 클라이언트와의 관계를 형성하는데 직접적인 서비스 제공을 위해서는 공감, 진실성, 온화함의 기술이 강조되고, 간접적인 서비스 제공에서는 사회복지사의 의사소통의 정확성, 명확성, 그리고 목적지향적인 기술이 더욱 필요하다(박세정 외, 2008: 108).

효과적인 의사소통기술로 메시지를 계획하는 기술, 자신을 소개하는 기술, 의사소통의 목적을 소개하는 기술, 비언어적 의사소통을 염두에 두는 기술, 자신의 메시지 수신을 확인하는 기술, 질문에 응답하는 기술, 단어의 의미를 확인하는 기술 등이 필요하다(박세정 외, 2008: 111-115).

1) 관찰기술

관찰기술은 클라이언트가 행동하는 것에 주의를 기울여 그를 이해하는 것이다. 관찰은 대기실에서부터 시작되며 클라이언트의 언어적 표현뿐 아니라 비언어적 표현인 분노, 원망, 초초함, 불안, 두려움, 표정, 손놀림, 눈맞춤, 얼굴 붉힘 등의 표현도 관찰의 대상이 된다(이종복 외, 2012: 180).

관찰해야 할 내용은 클라이언트의 신체언어, 시작하는 말과 종결하는 말의 내용, 주제의 이동이나 반복, 그리고 내용의 불일치 등이다(엄명용 외, 2014: 289).

관찰의 유의점은 클라이언트의 표현을 수용한다는 것인데, 이는 자칫 사회복지사가 인정하는 것과 혼동할 수 있으므로 클라이언트의 입장을 이해하고 사실로 받아들여주어야 한다는 것이다(권오균 외, 2011: 123).

2) 경청기술

경청기술은 클라이언트가 하는 말을 주의 깊게 듣는 것뿐만 아니라 클라이언트의 비언어적 제스처나 자세를 관찰하고, 자유로운 표현을 하도록 적극 격려하며, 사회복지사나 클라이언트 양자 간의 대화내용을 기억하는 것이다(Cournoyer, 2000; 엄명용, 2008: 93, 재인용). 경청기술은 면접에서 가장 중요한 기술이다. 경청기술은 단지 클라이언트의 말을 듣는 것이 아니라 무엇을 표현하는지, 그의 감정과 사고는 어떤 것인지, 이해하고 파악해 가면서 듣는 것이다(양옥경 외, 2014: 173). 즉 클라이언트의 말을 주의 깊게 듣는 것뿐 아니라 비언어적 자세를 이해하고 클라이언트가 자유로이 표현할 수 있도록 적극 격려하고 대화내용을 기억하는 것이다(Coumoyer, 2000; 엄명용 외, 2008: 93).

경험 없는 사회복지사의 공통된 실수는 자신이 이야기를 많이 하고 클라이언트가 말할 기회를 적게 주는 게 된다(Kadushin, 1990: 276). 사회복지사가 클라이언트의 말을 방해하지 않으면서 경청하는 태도는 클라이언트로 하여금 자신이 인정되고 있다는 것을 느끼게 하며(Straen, 1978: 52) 자신감을 갖게 하기 때문에 그 자체만으로도 매우 의미 있는 경험이며 도움이 되는 것이다(김융일 외, 2001: 194). 또한 감정이 격해 있거나 부정적 감정을 표현하여 해소하고자 하는 클라이언트에게 경청은 그 자체가 변화를 위한 적극적 개입이라고 할 수 있다(양옥경 외, 2005: 160).

효과적인 경청을 위해 고려해야 할 사항은 다음과 같다(정원철, 2005: 131-132).

① 적당한 주목과 시선을 유지하도록 한다. 서구와 달리 우리나라의 경우는 상대방과 눈을 강하게 맞출 경우 클라이언트가 긴장을 할 수 있기 때문에 시선을 클라이언트에게 너무 집중시키지 않도록 주의해야 한다.

② 적극적으로 듣는 것으로 그칠 것이 아니라 클라이언트의 표현에 대해 선택적으로 경청하고 있다는 느낌을 줌으로써 사회복지사에게 다루어져야 할 내용의 우선순위를 클라이언트에게 알릴 수 있다.

③ 침묵에 대해 클라이언트는 허용적인 태도를 보여야 한다. 침묵을 '저항'으로 받아들일 것이 아니라 '준비'로 받아들일 필요가 있다.

그러나 경청에 대한 구체적인 지침은 다음과 같다(Jacob, 1985).

① 방해하지 않고 끊임없는 집중력을 가지고 경청하라.

② 클라이언트가 한 말을 정확하게 기억하라. 상담자의 말이 적을수록, 클라이언트의 말을 정확하게 기억할 수 있다.

③ 직접적으로 언급되지 않았다 하더라도 감지될 만한 것들을 놓치지 않고 경청하라.

④ 클라이언트를 이해하는 데 도움이 되는 비언어적 단서들에 주목하라.

⑤ 상담자 자신의 느낌에 귀를 기울이도록 한다. 그래야 편견 없이 클라이언트의 상황을 객관화할 수 있다.

⑥ 침묵이나 대화의 중단을 견딜 수 있어야 하며, 중단된 대화를 지속하려는 목적

의 질문은 신중해야 한다.

⑦ 클라이언트와 상담자가 긴장하지 않고 편안한 상태를 유지하도록 하는 노력을 지속하고, 이 과정에서 상담자는 냉정을 잃지 않아야 한다.

경청을 방해하는 조건들을 세 가지로 보면 다음과 같다(Kirsr-ashman and Hull, Jr., 1993: 45-47; Hepworth & Larsen, 1990: 38-39).

① 클라이언트에게 원인이 있을 수 있다. 즉 클라이언트의 상이한 문화적 배경으로 인해 사용하는 단어를 사회복지사가 이해할 수 없을 경우이다.

② 사회복지사로부터 발생하기도 한다. 사회복지사의 편견이나 다른 관심분야가 있는 경우이다

③ 환경의 요소인데 대화 장소에 소음이나 전화 벨 소리 등도 경청을 방해할 수 있다.

3) 적극적인 경청기술

적극적인 경청(active listening)이란 '제3의 귀'(Brill, 1997: 79)라고 하며, 단순히 듣기(hearing)가 아니라 클라이언트의 언어적·비언어적 메시지 모두에 주의를 기울여 잘 듣고, 사회복지사는 이 메시지가 정확히 전달되었음을 클라이언트에게 반영해주는 것을 말한다(금기윤 외, 2013: 62). 적극적 경청은 클라이언트의 말을 매우 신중하게 듣고 있다는 것이며, 사회복지사가 바꾸어 말하기(paraphrasing), 반영하기(reflecting), 요약하기(summarizing) 등의 기법을 사용하여 클라이언트에게 적극적인 경청을 전달할 수 있다. 그리고 비언어적인 행동도 이에 포함되는데 지속적인 눈맞춤, 적당한 몸짓, 음성신호(예: 으흠, 어허) 등이 있다(이윤로, 2007: 40).

적극적인 경청의 기본기술은 다음과 같다(Trevithich, 2000: 59; 엄명용 외, 2005: 103-104)

① 최대한 개방적이고 객관적이며 공감하고 자기인식을 하고 있도록 한다.
② 눈 맞춤을 유지하고 개방적이고 주의를 기울이는 몸자세를 취한다.
③ 비언어적 의사소통에 주의를 기울이고 비언어적 의사소통의 의미를 파악한다.
④ 침묵을 허용하고 활용하며, 적절한 신체적 거리(너무 멀거나 가깝지 않게)를 유지한다.
⑤ 주요한 단서를 파악하고 이를 확인하며 사회복지사의 산만한 행동과 매너리즘에 빠져 있는 행동을 인식한다.
⑥ 모호하고 혼돈스러운 언급을 회피하고 시대에 맞는 적절한 언어를 활용하는 중요성을 인식한다.
⑦ 면담장소와 일반적인 물리적 환경의 중요성을 인식하고 간섭되거나 산만해질 가능성을 최소화한다.
⑧ 면담의 전반적인 분위기, 특히 의사소통이 되고 있지 않은 분위기에 민감해야 한다.
⑨ 면담의 정서적 내용을 경청하면서 적절한 질문을 한다.
⑩ 가능할 때마다 적절한 피드백을 제공한다.

적극적인 경청의 기술은 3단계로 구분되며 이의 구체적인 내용은 다음과 같다(성숙진 역, 2000: 101; 엄명용 외, 2005: 104-106 재인용).

제1단계는 주의를 끄는 초대의 단계(inviting)로 신체적 자세와 얼굴표정, 목소리, 어투 등의 준비 자세를 의미하며, 클라이언트가 편안한 마음으로 말할 수 있도록 분위기를 조성하는 것이다.

제2단계는 경청의 단계(listening)로 클라이언트의 말을 듣고, 관찰하고 격려하고 기억하는 등의 과정으로, 클라이언트의 메시지를 수용하고 보유하기 위해 귀와 두뇌를 활용하는 것을 의미한다.

제3단계는 반영의 단계로(reflection) 클라이언트가 한 말을 사회복지사가 다시 진술하는 해석이라고 할 수 있다. 반영단계의 종류는 다음과 같다.

첫째, 내용 반영하기(reflectioning contents)는 클라이언트의 메시지나 정보에 대한 이해를 전달하기 위한 감정이입기술로서 클라이언트가 말한 내용을 부연하고 다시 클라이언트에게 표현하는 것을 의미한다. 에반스(Evans, 1998)는 부연 설명할 때, 클라이언트의 말 속에 담긴 주된 생각을 재진술하고, 클라이언트의 말의 의미에 덧붙이거나 의미를 바꾸지 않으며, 클라이언트의 말을 앵무새처럼 따라하지 않도록 제안하고 있다.

둘째, 감정 반영하기(reflecting feeling)는 클라이언트가 표현한 감정을 사회복지사가 이해하고 반응하는 것을 의미한다. 즉, 사회복지사는 클라이언트의 감정을 정확하게 이해하고 이를 공감하며 이해했다는 반응을 보이는 것으로, 문제해결의 선행 조건이 된다. 에반스(Evans, 1998)는 클라이언트의 감정을 파악할 때 클라이언트 이야기의 정서적 부분에 주의를 기울일 것과 클라이언트의 행동(예: 자세, 어조, 말, 속도, 태도 등)에 주의를 기울일 것, 감정을 적절히 표현하기 위해 감정과 관련한 광범위한 단어를 사용할 것 그리고 클라이언트 감정 전부를 파악할 것을 권하고 있다.

셋째, 감정과 의미 반영하기(reflecting feeling and meaning)는 감정이입과 적극적 경청의 완벽한 형태로서 클라이언트의 감정과 사실 혹은 생각을 반영하는 것을 의미한다. 사회복지사가 감정과 의미를 반영할 때는 클라이언트의 경험과 일치시켜야 하지만 의미를 부여하거나 해석하지는 않는다.

4) 해석기술

해석은 클라이언트의 표현과 행동상황 저변의 단서를 발견하고 그 결정적인 요인들을 이해하고 그것을 클라이언트가 깨달을 수 있도록 도와주는 방법이다(양옥경 외, 2005: 164). 이윤로(2007)는 해석의 목적을 클라이언트의 행동과 함축적인 메시지의 관계를 파악하고, 클라이언트가 자신의 행동을 검토해 보도록 하기 위해서이며, 클라이언트가 자신의 행동을 기능적 행동으로 대치하도록 동기화하기 위해서라고 제시하고 있다(이윤로, 2007: 74).

헵워스와 라이슨(Hepworth, & Larsen)은 해석기술 사용 시 주의점을 다음과 같이 기술하고 있다(Hepworth, & Larsen, 1986; 양옥경 외, 2005: 165 재인용)

① 클라이언트가 사회복지사의 동기를 오해하여 방어적인 반응을 할 수 있으므로 신뢰관계가 돈독해진 후에 사용해야 한다.

② 클라이언트가 자기탐색을 할 준비가 되어 있어야 하고 사회복지사도 정보를 충분히 확보한 다음에 해석기술을 사용한다.

③ 해석 후 충분히 생각할 시간을 주는 것이 필요하다.

④ 해석은 어디까지나 사회복지사의 추론에 의한 것이므로 틀릴 수 있음을 항상 염두에 두어야 한다.

⑤ 클라이언트가 해석에 불쾌하거나 부정적인 반응을 하면 실수가 있을 수 있음을 인정하고 클라이언트의 반응에 공감하며 주제를 상세히 탐색하고자 하는 논의를 계속해야 한다.

5) 침묵의 활용

적극적인 경청에서는 침묵에 주의를 기울여야 한다. 카두신(Kadushin, 1990)은 침묵은 자기불안이나 위협이 아니라 기회라고 했다(엄명용 외 2008: 100). 그러나 특히 초보 사회복지사는 침묵을 두려워하여 침묵을 깨기 위한 노력을 다하는 경우가 있다.

벤자민(Benjamin, 1987)에 의하면 면담에서의 침묵은 자신의 생각을 정리하거나 이야기 했던 상황이 혼란스럽거나 화가 나 있거나 혹은 곧 해야 할 작업을 두고 잠깐 쉬고 있다는 것을 의미할 수 있으므로 침묵을 존중해 주는 것이 중요하며,

클라이언트가 질문에 대답할 기회를 주는 것이라고 제시하고 있다. 또한 클라이언트의 침묵은 중요한 정보를 전달하는 비언어적인 '생산적인 침묵'과 클라이언트가 생각에 깊이 빠져 있는 '창의적인 침묵' 그리고 불안, 초조, 정보를 숨기려는 '문제성 침묵'의 의미가 있다고 한다(Trevithick, 2000; 엄명용, 2008: 100).

그러므로 클라이언트가 침묵하는 동안에는 사회복지사도 함께 침묵을 지키며 공감적 결합을 시도하면서, 여유를 가지고 서두르지 말고 기다리는 것이 필요하다(최선화, 2013: 77).

침묵을 활용하는 일반적인 지침은 다음과 같다(이원숙, 2008: 223; 엄명용, 2008: 101). 클라이언트가 말하도록 재촉하지 말고 클라이언트가 면담의 속도를 정하도록 한다. 면접은 클라이언트에게 편안한 속도로 진행되어야 한다. 침묵이 흐를 때 사회복지사는 "침묵이 흐르고 있군요. 침묵하는 것도 괜찮습니다.", "혹시 대화를 해 나아가는 것이 불편하신가요? 말씀하시기가 곤란하시면 편안해지실 때 말씀해 주세요 저는 들을 준비가 되어 있습니다.", "대답하기 곤란한 질문을 했나요? 현재의 생각은 어떠신지 말씀해주시겠어요?"라고 말해준다.

【예】 말하지 않기로 결정한 청소년의 침묵을 깨뜨리기 면담진행사례

사회복지사: 그런데 당신은 12살…. 매우 조용하군요.
클라이언트: 나는 12살이 아닙니다. 나는 13살이에요.
사회복지사: 미안해요. 내가 잘못 알았군요. 당신은 12살 아니 13살이군요.
클라이언트: 예. 제가 12살처럼 보이세요? (경멸감을 가지고 말하였다.)
사회복지사: 그렇지 않아요. 당신이 생일은 언제지요?
클라이언트: 12월입니다.
〈침묵 속으로 들어가기〉
사회복지사: 당신은 지금 잠시 동안 말이 없군요. 나는 당신이 오늘 왜 이렇게 얘기를 하기 싫어하는지를 생각해 보게 되네요.
클라이언트: (침묵)
사회복지사: (중단) 나는 당신이 지난 주 포기하지 않았기 때문에 제가 화났을까봐 두려워해서 그런가 생각하고 있어요.
클라이언트: (침묵)

사회복지사: (중단) 나는 당신이 어떤 이유로 모든 것을 이런 식으로 해왔다고 생각하지만…. 그러나 도대체 이 시점에서 내가 무엇을 도울 수 있는지…. 왜 당신이 말할 수 없다고 생각하는지를 이해하기가 쉽지 않네요. 무슨 일이라도 있나요?
클라이언트: (침묵)
사회복지사: 나 때문에 화라도 났나요?
클라이언트: (침묵)
사회복지사: (중단) 아마 내가 더 이상 어떤 질문을 하지 않는다면 가장 좋겠지요. 이렇게 당신이 말을 하지 않고 있는 동안 내가 말하게 될 것입니다. … 생략 … 나는 당신이 과거 이야기를 하는 것이 도움이 될 수 있다고 생각합니다. 나는 당신을 돕기 위하여 여기에 있습니다.
클라이언트: (침묵)
사회복지사: 당신이 이야기하고 있지만 다만 말하지 않고 있다고 생각합니다. … 생략 … 자신에게 말하고 있는 것을 나에게 말할 수 있을까를 생각합니다. 이러한 감정은 … 그렇게 될 수 있어요.
클라이언트: (방해하기) 아, 나는 당신이 계속 이야기할 때 견딜 수가 없습니다. 이러한 것을 모두 어떻게 알게 되었지요?
사회복지사: 그것은 내가 이전에 당신에게 일어났던 것을 기억하기 때문입니다.

출처: 박세정 외(2008). 사회복지실천기술론. p.171.

6) 질문기술

질문기술은 클라이언트로부터 필요한 정보를 이끌어내기 위해 가장 많이 사용하는 기술이다. 질문에는 개방적 질문과 폐쇄형 질문이 있으며, 폐쇄형 질문은 클라이언트의 초점을 제한하는 반면 개방형 질문은 클라이언트의 지각 영역을 넓혀주고 더 많은 이야기를 할 기회를 제공한다(Benjamin, 1987; 권향임, 2015: 190). 질문기술을 살펴보면 다음과 같다(Hepworth, & Larsen, 1990: 144-145; 최선화, 2013: 90-93; 권향임 외, 2015: 190-192; 권오균 외, 2011: 126-127).

(1) 개방형 질문

개방형 질문은 클라이언트가 생각하는 것을 좀 더 자세하고 구체적으로 말할 수 있도록 질문하는 형태이며 탐색을 돕고 명료화하고 감정을 탐색하기 위해 활용된다.

예) "직장 내 상사와의 관계는 어떠신가요?"
"지난 주에 어떤 일이 생겼는지 제게 말씀해주시겠습니까?"

(2) 폐쇄형 질문

폐쇄형 질문은 객관적 사실 파악에 활용되지만, 클라이언트에게 선택할 자유를 주지 않고 제한을 두는 것으로, '예', '아니요'만으로 대답할 수 있는 질문이다.

예) "당신이 현재 거주하는 집주소는 이것이 맞나요?"
"당신의 직업은 무엇입니까?"

(3)'무엇'이라는 질문

'무엇'이라는 질문은 광범위한 이슈나 영속적인 문제에 작용하는 요인들이나 관련이 있는 다른 사람들에 대해 탐색하려고 할 때 매우 적절한 질문기법이다.

예) "당신이 볼 때 현재 무슨 일이 일어나고 있다고 봅니까?
"당신의 상황이 변화하기 위해서 제가 무엇을 해드릴 수 있나요?

(4) 피해야 할 질문

사회복지사가 질문에 주의해야 할 점은 다음과 같다(Benjamin, 1969; 이윤로, 2007: 65-66; Kadushin, 1990; 엄명용 외, 2005: 96-97).

① '왜'라는 질문은 피해야 할 질문이다. 이는 비난하는 성격을 가지며 클라이언트로 하여금 가식적인 답을 하도록 하여 자신을 방어하게 한다. 왜라는 질문 대신에 '어떻게(how)' 또는 '무엇(what)'이라는 질문으로 바꾸는 것이 필요하다

예) "왜 그렇게 말을 했습니까?" 또는 "왜 약속한 시간에 오지 않았나요?

② 유도성 질문이다. 유도성 질문은 압박을 주어 클라이언트로 하여금 방어하

게 하거나 거짓말을 하게 할 수 있다(엄명용 외, 2008: 88).

예) "그때 당신은 남편에게 너무 집착한 것이 아닌가요?"

③ 한꺼번에 여러 개의 질문을 하는 것이다. 클라이언트가 말하고자 하는 초점을 흐려지게 하는 역효과를 발생시키므로 한 가지씩 질문을 해야 한다.

예) "아드님이 장기결석을 하고 있다는 사실을 알고 계십니까? 집에서는 매일 학교에 가는 것으로 알고 계시다는 데 아드님에게 여자 친구가 있다는 것을 알고 계십니까? 아드님의 성적표를 받아 보신 적이 있이 있으신가요?"

④ 모호한 질문은 대명사와 상황에서 벗어난 질문을 사용할 때 발생하므로 질문은 구체적으로 해야 한다. 예를 들면 "그 아이의 그러한 행동에 대해서 말씀해 주세요." 라기보다는 "영희의 가출에 대해 말씀해주세요"라고 표현하는 것이 좋다.

⑤ 단순한 호기심에서 나온 질문은 피해야 한다.

(5) 유용한 질문

면접에서 질문을 사용하는 이유는 면접의 수준을 깊게 하고 좀 더 많은 정보를 얻기 위해서다. 다음의 질문유형은 면접을 좀 더 생산적으로 이끌 수 있다(이윤로, 2005: 67). ① …라는 사실에 대해서 어떻게 생각하세요? ② 가장 큰 장애물은 무엇이라 생각하세요? ③ 어떻게 반응하셨어요? ④ 그녀에게 무엇을 말할 것인지 생각해보셨나요? ⑤ 무엇이 최선이라고 생각하세요? ⑥ 예를 든다면? ⑦ 그것이 효과가 없다면 무엇을 할 생각이세요? ⑧ 이것이 선생님에게 어떤 영향을 주었나요? ⑨ 그 외에 다른 것이 있나요? ⑩ 어떤 방식으로 할 예정이세요? ⑪ 그것이 일어난 이유를 무엇이라고 생각하세요? ⑫ 이제 어떻게 하실 건가요? ⑬ 지금은 상황이 어떻게 보이세요? ⑭ 지금 그것은 어떻게 되어가고 있나요?

7) 초점제공기술

초점제공기술은 사회복지사가 사회복지실천에서 중요한 어떤 부분을 강조하거나 집중시킬 때 사용하는 표현적 의사소통기술이며(박세정 외, 2008: 130), 제한된 시간에 최대한의 효과를 가져와야 하는 전문적 관계에서 불필요한 방황과 시간 낭비를 막아주는 효과적인 기법이다(양옥경 외, 2005: 164). 이 기술로 인해 사회복지사는 전 원조과정에서 초점을 유지할 수 있으므로 문제를 좀 더 깊이 탐색하고 원하는 변화를 이끌어 낼 수 있도록 도와준다.

클라이언트가 초점화하도록 도움을 주는 방법으로는 직접적인 질문, 비평, 암시가 있다. 예를 들면 "잠시 당신이 이야기한 것을 돌이켜 봅시다."와 같은 암시나 "이것은 좀 더 이야기해야 할 중요한 일인 것 같군요."와 같은 비평 또는 "당신은 이중에서 가장 중요한 부분이 무엇이라고 느끼는지요."와 같은 질문은 모두 단순하고 자연스러운 의사소통으로 클라이언트와 사회복지사 간에 중시과제가 되어야 할 것을 발견하는 데 도움을 주게 된다(Perlman, 1957: 143).

8) 표현촉진기술

표현촉진기술은 언어적 의사소통기술에 포함되며, 사회복지면담과정에서 클라이언트의 생각을 정리하고 탐색해 보도록 원조하고 정보를 끌어내기 위해서는 사회복지사는 클라이언트가 표현을 원활히 하도록 표현촉진기술을 활용해야 한다.

표현촉진의 기술과 사례를 제시하면 다음과 같다(양옥경 외, 2005: 162-167; 박세정 외. 2008: 119-123).

(1) 공감적 의사소통기술

공감적 의사소통기술은 내용의 반영이며, 클라이언트가 말한 메시지를 사회복지사가 이해하고 있음을 반영해주는 것이다. 클라이언트가 한 말을 간단하게 재진술해 준다.

《 예 》공감적 의사소통(내용 반영)사례

클라이언트: 난 이런 일이 내게 올 줄 몰랐어요. 내 처가 가방을 꾸려서 말없이 떠나버렸어요. 난 그녀로부터 2주 전에 이혼통지서를 받았어요.
사회복지사: (공감적으로) 당신 부인이 말없이 갑자기 떠나버렸고, 지금 그녀가 헤어지기를 원한다는 말씀이군요.

라고 메시지의 내용에 대해 반영할 수 있다.

(2) 감정의 반영

감정의 반영은 클라이언트의 언어적 비언어적 표현을 이해하는 의사소통이며 클라이언트가 표현하는 느낌이나 감정을 다시 말하는 것으로 동등한 느낌을 나타내는 다른 단어를 사용하는 것이다.

《 예 》감정반영의 사례

클라이언트: 저는 여기서 제 아내를 심하게 꾸짖은 것에 대해 매우 부끄러운 느낌이 듭니다. 그녀와 어떻게 화해해야 할지 모르겠어요.
사회복지사: 당신은 부인에 대해 죄책감을 느끼고 의기소침한 것 같군요.

라고 말하면서 느낌을 반영할 수 있다.

(3) 의미의 반영

의미의 반영은 클라이언트의 경험에서 나오는 생각과 의미를 이해하며 전달하는 것이다 클라이언트에게 계속 말을 하도록 "그래요.", "그렇군요." 등등의 반응을 보인다.

《 예 》의미의 반영 사례

클라이언트: 나는 내 가족 때문에 정말 미치겠어요. 내가 학교에서 A 학점을 받고 집안일을 도우며 아르바이트도 하길 원해요.
사회복지사: 부모님이 당신에게 너무 많은 기대를 하고 계시고, 그러한 부모님의 요구가 합당하지 않다고 생각하는 군요.

라고 말의 의미를 반영한다.

(4) 결합적 반영

결합적 반영은 클라이언트가 말한 내용, 감정, 생각, 의미를 혼합하여 직접적이거나 간접적으로 표현하는 것에 대해 반응하는 것이다.

《예》 결합적 반영의 사례

사회복지사: 길동씨 당신은 혜영씨에게 화가 났군요. 그녀가 당신에게 어른이 되라고 말했기 때문이죠. 혹은 당신은 이제 막 일자리를 잃었는데 다른 일자리를 얻을 수 없다고 생각하기 때문에 답답하게 느끼고 있군요.

등으로 결합적으로 반영한다.

(5) 구체적으로 표현

"예를 들어 설명해주세요." 등으로 구체적으로 표현하도록 요구한다.

9) 직면기술

직면은 클라이언트에게 말과 행동 사이에서 불일치나 모순을 직접적으로 지적하는 것을 의미한다(Cournoyer, 1996).

직면을 사용할 수 있는 경우는 사회복지사와 클라이언트의 관계형성이 확립되었을 때하기, 인간이 아니라 그 행동에 대해서 하기, 특별한 행동이나 사건에 대해 구체적으로 하기, 사용하는 언어방법을 예의바르게 하기 등으로 고려되어야 한다(이윤로, 2007: 59-60). 직면은 클라이언트가 모르고 있거나 인정하기를 거부하는 생각과 느낌에 대해서 주목하도록 하는 것을 말하며 클라이언트가 한 말을 전체적으로 올바르게 이해하고 있는가를 검토할 수 있어 유용하다(권오균 외, 2011: 124).

직면의 네 가지 사용요소는 다음과 같다. ① 관심의 표현, ② 클라이언트의 목표, 신념, ③ 목표나 신념에 맞지 않는 모순된 행동을 지적하기, ④ 모순된 행동으로 인한 부정적인 결과이다(Hepworth & Lasrsen, 1986: 554).

《예》 훌륭한 아버지가 되고 싶으나 부인과 아이에 대한 원망으로 술을 마신다는 클라이언트에 대한 직면기술

사회복지사: 당신이 원하는 것이 무엇인지 충분히 알 것 같아요. (관심의 표현)
당신은 훌륭한 아버지가 되고 싶은 거죠. (목표)
그러면서도 술 때문에 가족과 약속을 몇 번씩이나 어겼네요. (모순)
때문에 부인과 자녀들은 당신을 이해하지 못 하는 것 같습니다. (부정적 결과)

출처: 양옥경 외(2005). 사회복지실천론. p.167.

10) 해석기술

해석기술은 면담시 클라이언트가 말한 경험 내용에 새로운 의미와 관련성을 부여하여 언급하는 것이다(나동석 외 2014: 220). 즉 해석은 클라이언트가 새로운 방향에서 문제를 바라볼 수 있도록 행동이나 생각, 감정 등에 새로운 의미와 원인을 설명하는 것으로 말 속의 숨은 메시지에 초점을 두는 것이며, 여러 번 반복해서 사용하는 것이 효과적이다(최선화, 2013: 87-88). 정신분석적 관점에서 보면 명료화는 방어기제를 분명히 인식시켜주는 것이고 직면은 방어기제의 원인적 불안을 자각시키는 것이며, 해석은 그 방어와 원인적 불안 간의 관계 및 결과적 의미를 의식화하는 것이다(나동석 외, 2012: 221). 햅워스와 라이슨(Hepworth & Larsen, 1986)은 해석기술 사용 시 주의사항을 다음과 같이 제시하고 있다(양옥경 외, 2005: 165 재인용).

첫째, 클라이언트와 사회복지사가 신뢰관계를 형성하여 사회복지사의 좋은 의도를 믿을 수 있을 때까지 기다려서 사용한다.

둘째, 클라이언트가 자기탐색을 할 준비가 되어 있어야 하고, 사회복지사도 충분한 정보 없이 너무 빨리 해석하면 틀릴 수도 있으므로 이는 해석하지 않는 것보다 못한 결과를 가져올 수 있다.

셋째, 클라이언트에게 연속적인 해석보다는 충분히 생각할 시간을 주는 것이 필요하다.

넷째, 해석은 사회복지사의 추론에 의한 것이므로 틀릴 수 있음을 염두에 두어야 한다.

다섯째, 클라이언트가 해석에 대해 부정적으로 반응하면 이에 공감하며 주제를 더 상세히 탐색하고자 하는 논의를 계속해야 한다.

《예》남편과의 관계에서 갈등을 갖고 있는 클라이언트에 대한 해석

사회복지사: 남편에 대한 지나친 통제나 불안은 지금 남편과의 경험에서 나온 것이라기보다는 아버지와의 불편한 경험에서 나온 것이 아닐까요?

출처: 최선화(2013). 사회복지실천기술. p.88.

《예》사회복지사의 반영 → 명료화 → 직면→ 해석의 기술

클라이언트: 지난밤 꿈에 아버지와 사냥을 갔는데 글쎄 사슴인 줄 알고 쏘았는데, 나중에 가까이 가보니깐 아버지가 죽어 있었습니다. 그래서 깜짝 놀라 잠에서 깨었습니다. 디어 헌터(Dear hunter)라는 영화를 본 지 며칠 안 되서 그런 꿈을 꾸었는지 모르겠어요.

사회복지사(반영): 그런 끔찍한 꿈을 꾸고 마음이 몹시 당황했군요.

사회복지사(명료화): 꿈이었겠지만 총을 잘못 쏘아서 아버지를 돌아가시게 한 죄책감과 같은 것을 느꼈는지도 모르겠군요.

사회복지사(직면): 너무 권위적이고 무관심한 아버지가 혹시 사고로 세상을 떠났으면 하는 생각이 마음 구석에 있었는지도 모르겠군요.

사회복지사(해석): 부모에게 효도해야 한다는 동양문화권에서 볼 때 그런 꿈을 꾸었다는 사실에 마음이 심란하기도 하겠어요. 그리고 한편으로는 권위적 존재에 대한 적개심을 간접적으로나마 인정하고 표현했다는 점도 중요하겠지요.

출처: 나동석 외(2010). 사회복지실천론. p.220.

05 의사소통을 증진하기 위한 언어적 기법

사회복지사와 클라이언트 사이에 의사소통을 증진하기 위한 언어적 기법은 다음과 같다(Kirst-Ashman & Hull, 1993: 58-66; 김융일 외, 1995: 200-204; 엄명용 외, 2006: 240-242; 원숙, 2008: 215-220).

1) 클라이언트에 대한 지지적 언어반응

클라이언트가 말을 하는 사이에 하는 긍정적인 언어반응으로 "아 그랬군요, 알겠어요, 음음, 예" 등의 간단한 반응을 해 줌으로써 클라이언트로 하여금 사회복지사가 자신에게 관심을 갖고 경청하고 있음을 알려주는 것이다.

2) 언어의 재구성

언어의 재구성은 클라이언트가 말한 것을 다른 단어를 사용하여 재구성하여 다시 말하는 것이다. 주요 목적은 사회복지사가 의사소통하고 있는 것의 감각과 의미를 파악했는가를 확인하는 것이다(박세정 외, 2008: 161). 예를 들면 "제가 듣기로는 ….", "제가 당신을 이해한 바로는….", "다른 말로 하면…", "제가 생각하기에는 … 말씀을 하시는데 맞습니까?" 등으로 제시할 수 있다(엄명용 외, 2008: 102).

《예》

클라이언트: 그 사무실 담당자는 정말 일을 못해요. 그가 일을 어떻게 하는지 아십니까? 나는 거기 갈 때면 스트레스가 저절로 생겨요.
사회복지사: 당신이 그 담당자에게 업무적으로 불이익을 받았기에 스트레스가 많다는 이야기로 들리는군요.

출처: 금기윤 외(2013). 사회복지실천기술론. p.63.

3) 클라이언트의 감정에 대한 성찰적 반응

클라이언트가 자신의 감정을 충분히 이해하지 못하거나 표현력의 부족으로 자신의 감정을 표현하려다가 중단하는 경우 사회복지사가 클라이언트의 감정을 읽어서 언어로 표현해 줌으로써 클라이언트와의 감정의 대화를 가능하게 할 수 있다. 이 기법은 감정이입적 의사소통에 매우 효과적인 기법이다. "당신은 이혼으로 인해 매우 상심해 있군요."와 같은 반응이 좋은 예이다.

4) 클라이언트 인식의 명확화

명확화는 클라이언트가 자신의 표현을 보다 분명하게 인식하도록 하기 위해 그리고 사회복지사 자신도 분명히 이해하기 위해 사용한다(엄명용 외, 2007: 241).

《예》클라이언트의 인식의 명확화

클라이언트: 나는 이혼했어요. 모든 것이 암담해요. 어떻게 하면 좋죠.
사회복지사: 당신은 이혼으로 인해 자녀 양육 문제, 위자료 문제 등을 어떻게 해결해야 될지 모르겠다는 말씀인가요?

출처: 이종복 외(2012). 사회복지실천론. p.188.

5) 클라이언트의 말의 해석

해석은 명료화보다 한 단계 더 진전하여 클라이언트가 말한 것에서 결론을 이끌어 내고 말 자체보다 그 의미를 도출해 내는 기법을 말한다. 클라이언트가 말한 것을 해석함으로써 클라이언트가 자신과 자신의 문제를 심층적으로 이해할 수 있도록 돕고, 상황에 대한 인식력을 높여준다.

6) 요약하기

요약하기는 클라이언트가 말한 여러 가지 메시지의 내용과 생각, 감정들을 사회복지사의 언어로 정리하고 한데 모으는 것이다. 요약은 본질적으로 반영적인 성격을 가지고 있어서(Anderson & Goolishian, 1992; 엄명용, 2007: 248), 세션이 방향을 잃게 되거나 방향 없이 시작할 때 유용하다(박세정 외, 2008: 162).

《예》

사회복지사: 지금까지 당신이 한 말에서 난 많은 것을 들었습니다. 당신이 늦은 나이에 만학도로 편입한 학교에서 학업을 수행하는 데는 어려움이 없었지만 같은 반 학우들과의 관계에서 스트레스가 많았음을 느끼게 되었답니다. 집단 활동에서도 함께 하고자 하는 학우가 없으니 외로운데다 학업을 포기할 정도 과제가 어려워서 좌절감을 맛본 것으로 느껴지는데 제가 당신이 한 말을 제대로 요약했나요?

출처: 금기윤 외(2013). 사회복지실천기술론. p.63 재구성.

7) 클라이언트의 간접적인 표현의 직접적인 언어화

원조의 변화에 대한 양가감정과 방어, 클라이언트의 문제가 사회적 금기인 경우, 사회복지사의 권위에 대한 두려움 등의 이유로 클라이언트는 의사표현을 은유와 비유를 사용하여 간접적으로 표현하는 경우가 있다. 사회복지사가 이를 명확하게 언어화하는 기술이다.

8) 조언과 정보제공

조언과 정보제공은 여러 가지를 고려하여 신중하게 해야 하며 클라이언트에게 많은 결정권을 부여함과 동시에 조언이나 충고에 대한 법적 문제도 고려해 보아야 한다(최선화, 2013: 83). 클라이언트에게 정보를 줄 때는 클라이언트에게 필요한 정보와 중요한 정보가 무엇인지? 정보가 타당하고 근거가 있는 것인지 그리고 주는 순서는 어떤지? 클라이언트가 정보를 받아들일 준비가 되어 있는지? 주어야 할 정보를 정하고 정보에 대해서 클라이언트가 어떻게 생각하는지 물어보기, 핵심 정보는 기록하여 강조하기 등의 지침이 요구된다(이윤로, 2007: 77).

9) 사회복지사의 자기노출기술

사회복지사의 자기노출기술은 사회복지사가 특수한 상황이나 만남이 효과적이기 위하여 개인적인 지식과 과거를 드러내는 것이 중요하다는 것을 강조한다(Lishman, 1994: 145). 사회복지사의 자기노출은 클라이언트가 더욱 공감을 느끼도록 도우며 무엇을 말하고 있고 느끼는가를 이해하는 데 도움을 주지만, 긍정적일 수도 부정적일 수도 있으므로 목적과 주제에 적합한 자기노출을 해야 한다(박세정, 2008: 135-173).

《 예 》 과거 경험을 자기노출하기

사회복지사: 나는 과거에 좋은 직장에 출근하는 것을 좋아하지 않은 때가 있었어요. 직장의 업무가 저와 맞지 않고 스트레스를 너무 받았기 때문이에요. 당신이 싫어하는 곳에 가야만 하는 것에 관해 그 어려움을 조금은 알 수 있을 것 같아요. 나의 경우는 저의 어려움을 진정으로 이야기 할 수 있는 직장 선배가 있었기 때문에 직장을 다닐 수 있었어요. 당신은 좋아하고 믿을 수 있는 선배나 친구가 있습니까?
클라이언트: 좋아하는 친구가 약간 있기는 하지만 자주 만나지는 않아요.
사회복지사: 그렇군요. 우리가 해야 할 일은 당신이 그 친구를 만나는 것이네요. 만나는 것을 어떻게 생각하시는지요?
클라이언트: 글쎄요. 아직은 잘 모르겠네요.

출처: 박세정 외(2008). 사회복지실천기술론. p.173 재구성.

10) 클라이언트의 장점 강조

클라이언트의 장점을 찾아서 강조하면서 자존감과 가치를 회복시켜 주는 것이다. 격려의 한 방법으로 자신감이 부족하거나 확신을 갖지 못하고 의문을 가지거나 주저할 때 효과적이다(최선화, 2013: 80).

《 예 》

사회복지사: 지난번에도 새로운 일을 시작하는 것에 대해서 처음에는 망설이고 자신이 없어했지만 결국 잘 해냈어요. 이번에도 그럴 것으로 생각되네요. 잘할 수 있을 것 같으니 한 번만 용기를 내보세요.

출처: 최선화(2013). 사회복지실천기술. p.80.

06 의사소통을 방해하는 사회복지사의 언어적 반응

의사소통을 방해하는 사회복지사의 언어적 반응은 다음과 같다(Hepworth & Larsen, 1990: 179-181; 김융일 외, 1995: 205-209).

① 사회복지사의 클라이언트에 대한 도덕적 반응

② 성급한 조언과 해결책 제시

③ 논리적 설득과 논쟁 및 지적 분석

④ 비판과 비난적 반응

⑤ 극적 해석과 명명

⑥ 겉치레 확신, 동정, 위로

⑦ 지나친 풍자와 유머

⑧ 위협, 경고, 역공격적 반응

⑩ 시기적으로 부적절하거나 과도한 끼어들기

⑪ 사교적인 대화

⑫ 소극적 반응

⑬ 되뇌임과 진부한 문구의 남용

⑭ 과거나 미래의 집착

⑮ 사회복지사의 부적절한 자기노출

07 비언어적 의사소통 기술

비언어적 의사소통을 도드(Dodd, 1982)는 몸짓이나 시간 또는 공간을 상징으로 하여 의사를 표현하는 의사소통이라고 정의하였고, 골드하버(Goldhaber, 1983)는 언어를 제외한 메시지를 비언어적 의사소통이라고 주장하였다(김민정, 2011: 12). 김우룡 · 장소원(2004)에 따르면 의사소통의 70%가 비언어적 신호들을 통해 이루어진다고 했으며, 전은주(1999: 201)는 의사소통 시 동작언어의 정보 전달양이 65~70%인 반면 음성언어의 정보 전달 양은 30~35% 정도라고 제시하고 있다. 아가일(Argyle, 1975)은 인간의 의사소통에서 비언어적 의사소통의 기능으로 다음과 같은 네 가지를 들고 있다(김민정, 2011: 13).

① 감정을 표현해 준다.
② 대안적 태도를 전달해 준다.
③ 자신의 성격을 나타낸다.
④ 반응이나 주목 등을 전달하는 데 말과 동반된다.

그리고 비언어적 의사소통을 원활히 하기 위한 기법들을 보면 다음과 같다(Kirst-Ashman & Hull, 1993: 44-48; Sheafor, W. B., R. C. Horejsi, & A. G. Horejsi, 1991: 99-102, 김융일 외, 1995: 209-214).

1) 눈맞춤(시선접촉)

시선은 의사소통의 중요한 수단이며, 감정적 상태를 알려준다. 시선 접촉은 참여하겠다는 의지의 표현이며, 강하게 응시하거나 노려보면 무례함이나 분노로 받아들여진다. 눈을 마주치지 않으면 지루하거나 흥미가 없거나 솔직하지 못한 의사소통을 할 때이다. 클라이언트와의 관계수립에 도움이 된다.

2) 목소리의 어조

어조는 감정을 즉각적으로 드러낸다. 크고 강한 어조는 적극성, 통제력, 강함을 드러내며 온순하고 겨우 들릴 듯한 목소리는 위축감, 두려움, 약함을 표현한다.

3) 표정

얼굴표정은 전달하고자 하는 내용을 더욱 분명하게 해준다. 언어적 표현과 비언어적 표현의 의미가 다르며 사회복지사는 진정한 의미파악을 위해 노력해야 한다.

예를 들면 소진된 사회복지사가 얼굴표정은 무관심하고 냉담하면서 말로는 반갑다고 인사를 하는 경우 클라이언트는 사회복지사의 얼굴표정의 전달을 읽게 되고 관계형성은 실패할 가능성이 큰 것이다.

4) 자세

클라이언트와 사회복지사는 90도 각도로 대하는 것이 서로 간의 개방성과 안정감을 주는 자세이다. 클라이언트에게 약간 기울인 듯한 자세는 관심과 수용을 표현한다.

5) 손과 팔 등의 몸동작

손과 팔의 동작은 강한 감정을 나타낸다. 팔짱을 끼면 방어적, 주먹을 쥐고 있으면 분노의 표시, 손과 발을 떤다면 불안의 표시이다. 사회복지사의 몸의 자세도 의미를 전달한다. 도드(Dodd, 1982)는 몸짓을 적응행위, 상징행위, 설명행위로 구분하였다(김민정, 2011: 17). 멀리 떨어져 있으면 무관심, 클라이언트에게 몸을 기울이거나 기대어 앉는 것은 관심과 수용을 보여줄 수 있다.

6) 옷차림과 외모

사회복지사가 입는 옷과 머리모양 등도 중요한 비언어적 의사소통수단 중의 하나이다. 비언어적 의사소통에서 옷차림과 외모도 중요한 형태이다. 사회복지사는 자신의 옷과 머리스타일 등에 관심을 가져야 하는데 보편적인 스타일이 무난할 것이다.

〈표 3-1〉 비언어적 의사소통기법의 목록

	바람직한 태도	바람직하지 않은 태도
얼굴 표정	• 따뜻하고 배려하는 표정 • 적절하게 다양하며 생기 있는 표정 • 자연스럽고 여유 있는 입모양 • 간간히 적절하게 짓는 미소	• 눈썹 치켜뜨기, 하품, 입술을 깨물기 • 부적절한 미소, 지나친 머리 끄덕임
자세	• 팔과 손을 자연스럽게 놓고 상황에 따라 적절한 자세 • 클라이언트를 향해 약간 기울인 자세 • 관심을 보이는 그러나 편안한 자세	• 팔짱끼기, 비껴 앉기 • 계속 손을 움직이기 • 의자에서 몸 흔들기 • 몸을 앞으로 수그리는 태도 • 입에 손을 대거나 손가락으로 지적하기
눈맞춤	• 직접적인 눈맞춤(문화를 고려한) • 클라이언트와 같은 눈높이 • 적절한 시선 움직임	• 눈 마주치기를 피하기 • 클라이언트보다 높거나 낮은 곳으로 시선을 고정하기
어조	• 크지 않은 목소리 • 발음이 분명한 소리 • 온화한 목소리와 적절한 말 속도 • 클라이언트 정서에 반응하는 어조	• 우물대거나 작은 목소리 • 단조로운 어조 • 주저하는 어조 • 긴 침묵 • 들뜬 목소리 • 너무 높은 어조 • 작은 헛기침 • 너무 빠르거나 느린 어조 • 큰소리로 말하기 • 잦은 문법적 실수
신체적 거리	• 의자 사이는 1~1.25미터	• 지나치게 가깝거나 먼 거리 • 책상이나 다른 물체를 사이에 두고 말하기
옷차림 외양	• 기관의 특성에 맞추어 • 클라이언트의 특성에 맞추어 • 보통 단정하고 점잖게	

출처: 김융일 외(2001). 사회복지실천론. p.213.

연구문제

1. 다음의 ( ) 안에 알맞은 내용을 적어 넣으시오?

《예》사회복지사의 클라이언트에 대한 나-전달법

1. ( ): 당신이 오늘 약속한 상담시간에 오지 않아서
2. ( ): 나는 놀라고 당황했습니다.
3. ( ): 왜냐하면 다시 상담시간을 정하려면 다른 일정들을 미루거나 취소해야 하기 때문에 나는 매우 곤욕스럽습니다.

《예》의미의 반영 사례

클라이언트: 나는 내 가족 때문에 정말 미치겠어요. 내가 학교에서 A를 받고 집안일을 도우며 아르바이트도 하길 원해요

사회복지사: ( )

라고 말의 의미를 반영한다.

《예》 본문 참조

클라이언트: 지난밤 꿈에 아버지와 사냥을 갔는데 글쎄 사슴인 줄 알고 쏘았는데, 나중에 가까이 가보니깐 아버지가 죽어 있었습니다. 그래서 깜짝 놀라 잠에서 깨었습니다. 디어 헌터라는 영화를 본 지 며칠 안 돼서 그런 꿈을 꾸었는지 모르겠어요.

사회복지사( ): 그런 끔찍한 꿈을 꾸고 마음이 몹시 당황했군요.

사회복지사( ): 꿈이었겠지만 총을 잘못 쏘아서 아버지를 돌아가시게 한 죄책감과 같은 것을 느꼈는지도 모르겠군요.

사회복지사( ): 너무 권위적이고 무관심한 아버지가 혹시 사고로 세상을 떠났으면 하는 생각이 마음 구석에 있었는지도 모르겠군요.

사회복지사( ):부모에게 효도해야 한다는 동양문화권에서 볼 때 그런 꿈을 꾸었다는 사실에 마음이 심란하기도 하겠어요. 그리고 한편으로는 권위적 존재에 대한 적개심을 간접적으로 인정하고 표현했다는 점도 중요하겠지요.

확인문제

1. 적극적인 경청에 대해서 설명하시오.

2. 개인의 관계변화를 위한 면담 개입기술을 설명하시오.

3. 나-전달법의 활용방법을 설명하시오.

4. 의사소통을 방해하는 사회복지사의 언어적 반응에 대해 설명하시오.

5. 비언어적인 의사소통기술에 대해서 기술하시오.

6. 클라이언트의 침묵이 의미하는 것에 대해서 설명하시오.

CHAPTER 04

개인대상 사회복지실천과정에 따른 기술

제4장에서는 개인대상 사회복지실천과정에 따른 단계별 실천기술과 사회복지사의 역할을 파악하고 실제 사례운영에 적절히 적용할 수 있는 역량을 키울 수 있다.

학습목표

1. 접수단계기술을 이해한다.
2. 자료수집단계기술을 이해한다.
3. 사정단계기술을 이해한다.
4. 계획단계기술을 이해한다.
5. 개입단계기술을 이해한다.
6. 종결 및 평가단계 기술을 이해한다.

01 접수단계기술

사회복지실천과정의 단계는 학자 간에 차이를 보이지만 전체적인 유형에는 큰 차이가 없고 그 단계별 사회복지실천기술은 모두가 대동소이한 내용을 포함하고 있다. 본 장에서는 접수단계, 자료수집단계, 사정단계, 계획단계, 개입단계, 종결 및 평가단계로 구분하여 사회복지실천기술을 살펴보고자 한다.

접수는 클라이언트가 사회복지기관에 처음으로 방문했을 때 사회복지사가 그의 문제와 욕구를 확인하여 그것이 기관의 정책과 서비스에 부합되는지의 여부를 판단하는 과정이다(양옥경, 2005: 169). 접수는 문제확인기술, 의뢰기술, 관계형성기술, 접수양식 등으로 나누어서 다음과 같이 살펴보고자 한다(양옥경 외, 2005: 169-174; 이종복 외, 2012: 238-241).

1) 문제확인기술

문제확인기술로는 사회복지사는 클라이언트의 문제와 욕구가 기관의 서비스 내용과 정책에 부합되는지를 파악하고 부합되면 진행하고 그렇지 않으면 다른 관련기관으로 의뢰를 한다. 사회복지사는 클라이언트의 실제 문제가 무엇인지 정확하게 판단해야 한다.

2) 의뢰기술

사회복지사는 클라이언트에게 의뢰하는 기관의 서비스에 대한 정보를 제공하고 그 기관과 접촉할 수 있도록 도와주어야 한다. 의뢰 시에는 클라이언트의 동의가 필요하며 사후 의뢰받은 기관으로부터 서비스를 적절히 받고 있는지를 반드시 확인해야 한다.

3) 관계형성기술

클라이언트와 최초로 관계형성을 위해 라포(친밀한 관계) 형성을 통한 공감과 동정의 기술이 필요하다. 공감은 "클라이언트의 감정과 그 감정의 의미를 정확하게, 민감하게 인식하고 전달하는 사회복지사의 능력이다(Miley et al., 1995: 145). 그리고 라포를 통해 클라이언트는 사회복지사가 자신의 복지에 진심으로 관심을 가지고 있다(Hepworth & Larsen, 1997: 26)고 생각하기 때문에 라포형성을 통해 공감을 한다는 것은 클라이언트에게 인간적인 모습으로 '관심, 온화함, 신뢰, 존경'을 보여 주는 것이다. 클라이언트와 관계형성에는 감정이입과 따뜻함, 진실성, 인정, 온정 등을 가지고 대하는 것이 기본적인 기술이다(김융일 외, 2001: 184)

관계형성이 어려운 클라이언트는 자발성을 보일 때까지 사회복지사가 기다려 주거나 그들이 가지고 있는 거부감이나 두려움을 인정해주고 자유롭게 말할 수 있도록 자극하고 사소한 변화에도 깊은 관심과 의미를 부여해 주어야 한다(양옥경 외, 2005: 172).

면담의 기술은 분위기조성기술과 관계기술로 구분할 수 있으며 클라이언트가 익숙한 것에서부터 덜 명확한 과거의 일에 관한 것으로 옮겨가는 것이 바람직하다. 면담의 초기에는 일반적인 것에서 개인적인 것으로 옮겨가며 상담을 한다.

《 예 》

처음 면접에서는"오늘 너무 덥죠?","날씨가 어째 점점 더워지는 것 같아요. 지구 온난화라서 그런가 봐요.","네, 맞아요. 이제 겨울도 별로 춥지 않은 것 같아요."와 같이 부담 없이 쉽게 나눌 수 있는 화제에서부터,"그런데 억양이 경상도 쪽이신 것 같아요. 경상도에서 태어나셨나요?","아니요, 태어난 건 서울이에요, 부모님도 서울분인데 제가 3살 때 경상도로 이사가서 고등학교 때까지 거기서 자랐어요. 아마 그래서 사투리 억양이 많이 남아 있을 거예요."라는 식으로 점점 이야기의 범위를 개인적인 것으로 옮겨간다.

출처: 이미선 외(2009). 사회복지실천기술론. p.66.

4) 접수양식의 내용

접수양식은 기관마다 다르지만 접수양식에는 클라이언트의 기본정보(이름, 성별, 주소, 직업 등), 주요문제, 기관에 오게 된 이유, 의뢰 이유, 이전에 서비스 받은 경험의 여부, 가족관계 등을 기록한다. 접수내용을 기록하는 것을 초기면접지(인테이크 기록지)라고 한다. 접수양식의 사례는 다음과 같다.

〈서식-1〉 인테이크 기록지(초기면접지)

담당	과장	부장	관장

접수연월일: 년 월 일

담당 사회복지사: (인)

1. 가족 및 구성원

<table>
<tr><th>대상자명</th><td colspan="2"></td><th>종교</th><td colspan="2"></td><th>주민번호</th><td></td></tr>
<tr><th rowspan="3">대상자분류</th><td colspan="7">아동*청소년( ), 노인( ), 장애인( ), 가족구성형태( )</td></tr>
<tr><td colspan="7">일반수급( ), 조건부 수급( ), 자활특례( ), 차상위( ), 저소득( ), 일반( )</td></tr>
<tr><td>의료보장</td><td colspan="6">의료보호 1종( ), 2종( ), 직장의료보험( ), 지역의료보험( )</td></tr>
<tr><th>주소</th><td colspan="7"></td></tr>
<tr><th>전화번호</th><td colspan="3"></td><td>의뢰경위</td><td colspan="3"></td></tr>
<tr><th rowspan="5">가족사항</th><td>관계</td><td>성명</td><td>생년월일</td><td>직업</td><td>종교</td><td>동거여부</td><td>비고</td></tr>
<tr><td></td><td></td><td></td><td></td><td></td><td></td><td></td></tr>
<tr><td></td><td></td><td></td><td></td><td></td><td></td><td></td></tr>
<tr><td></td><td></td><td></td><td></td><td></td><td></td><td></td></tr>
<tr><td></td><td></td><td></td><td></td><td></td><td></td><td></td></tr>
</table>

2. 스크리닝 판정 및 사유

판 정 결 과	( ) 잠재적 대상, ( ) 의뢰대상, ( ) 정보제공대상, ( ) 서비스 거부, ( ) 종결
판 정 사 유	

3. 가계도/생태도

가계도	생태도

4. 개인력/가족력

1) 개인력
2) 가족력

5. 가족 및 사회적 관계

6. 사회적 상황

경 제 상 황	(수입/생활비/저축/부채 등)
건 강 상 황	(장애/병력/진단 및 치료 여부 등)
주 거 상 황	(주거형태/방/화장실/난방종류/채광/환기 등)
사 회 심 리 적 상 황	(생활상태/사회적 관계망/심리정서적 상태 등)

7. 일상생활수행능력(ADL, IADL)

8. 대상자 욕구

9. 자원활용상황

공식적 자원	비공식적 자원

10. 클라이언트 태도와 반응 및 사회복지사 의견

11. 서비스 계획

문제 및 욕구	서비스 계획

○○(종합)사회복지관

출처: 〈서식-1〉부터 〈서식-5〉까지의 양식은 이종복 외(2012). 사회복지실천론. pp.425-440에서 발췌.

02 자료수집단계기술

자료 수집은 클라이언트의 문제해결과정에 필수불가결한 과정으로서 문제에 개입을 계획하기 위한 자료수집이다. 자료수집 과정에서의 객관적인 정보와 더불어 문제해결의 단서가 되는 정보의 확보가 중요하며, 자료 수집은 클라이언트의 참여와 동기가 중요하고 사회복지사의 정보수집에 대한 명확한 아이디어가 있어야 한다(김기태 외, 2005: 167).

첫째, 자료수집에 포함되어야 하는 요소는 다음과 같다(김융일 외 2001: 177-178)

① **접수시 클라이언트에 대한 기본적인 정보**

② **문제에 대한 깊이 있는 정보**: 문제에 영향을 미친 요인과 문제를 지속시키거나 악화시키는 요인에 관한 정보를 개인적, 환경적 측면에서 찾기

③ **개인력**: 클라이언트의 유아기부터 현재까지의 생활주기, 인간관계, 감정 등

④ **가족력**: 원가족의 가족상황, 가족관계, 현재의 가족구성, 가족관계 등

⑤ **클라이언트의 기능**: 지적기능, 정서적 기능, 신체적 기능, 행동적 기능, 대인관계기능, 업무능력, 문제해결능력 등

⑥ **클라이언트의 자원**: 현재 이용하고 있는 서비스, 활용 가능한 자원 등이 포함

⑦ **클라이언트의 한계, 장점, 동기 등**

둘째, 자료수집의 정보원은 매우 다양하며 주로 활용하는 출처는 다음과 같다(Hepworth & Larsen, 1990: 196-198; Zastrow, 1995: 78).

① **클라이언트의 이야기**: 클라이언트의 이야기는 상당한 정보 출처일 뿐 아니라 거의 유일한 정보출처이기도 하다. 클라이언트의 문제, 기분, 의견, 생각, 사건 등에 대한 정보가 포함된다. 그러나 주의점은 클라이언트의 편견과 잘못된 인식, 강한 정서적 감정 등이 왜곡된 경우가 있으므로 클라이언트의 말에서 객관성을 정확하게 인지할 수 있어야 한다.

② **클라이언트가 작성한 양식 서류**: 초기 면접지에 작성한 클라이언트의 이름, 성별, 나이, 직업, 주소, 연락처, 문제, 가족구성원 등은 중요한 정보원이 될 수 있다.

③ **클라이언트의 비언어적 행동에 관한 사회복지사의 관찰**: 클라이언트가 언어로 표현하지 못한 제스처, 얼굴표정, 손동작, 목소리 등을 통해 클라이언트의 감정과 사고를 전달하게 된다.

④ **부부, 가족구성원 간의 상호작용에 관한 사회복지사의 관찰**: 클라이언트와 그 삶에 중요한 사람들과의 상호작용을 관찰하여 얻는 정보를 통해 환경적인 영향을 더 잘 파악할 수 있게 된다.

⑤ **부수정보**: 클라이언트 외의 친척, 친구, 이웃, 다른 기관, 학교 등으로부터 얻는 정보로 클라이언트로부터 얻지 못한 정보를 파악할 수 있다. 부수정보수집에는 클라이언트의 동의가 필요하며 동의 없이 정보를 얻어서는 안 된다.

⑥ **심리검사**: 성격검사, 지능검사, 사회성숙도, 결혼만족도, 가족관계친밀도, 자아존중감 등이며 이는 심리학자나 전문가에 의해 진행되고 해석되도록 해야 한다.

⑦ **클라이언트와 직접 상호작용하면서 느끼는 사회복지사의 개인적인 경험**이다.

〈서식-2〉 면담일지 (　　차)

접수번호: 　　　　　　　　　　　　　　　　접수일시: 200 년 월 일

클 라 이 언 트		연령		성별	
연 락 처		주소			
가 족 구 성 원					
의뢰(참여) 경위					
주 호 소 문 제					
사 회 복 지 사 소견					
상 담 결 과	서비스 계획 ·주서비스 내용: ·담당직원:				
	타 기관의뢰 ·의뢰기관: ·의뢰사유:				

사회복지사: 　　　　(인) 　　　　슈퍼바이저: 　　　　(인)

ㅇㅇ사회복지관

03 사정단계기술

사회복지에서는 문제를 질병이나 역기능으로 보는 '진단'보다는 자원 동기, 장점, 능력들을 보는 '사정'이라는 용어를 더 많이 사용한다(Zastrow, 1995: 76). 사정은(assessment)은 무엇이 문제인지, 원인은 어떠한지, 무엇이 변화되어야 하는지 등

을 분석하기 위해 수집된 자료 또는 정보를 종합하여 해석하고 의미를 부여함으로써 문제를 최종적으로 규정하여 실천의 방향을 결정하는 것이다(엄명용 외, 2008: 111).

사정 시 정보를 수집하는 데 유용한 지침은 다음과 같다(Brown & Levitt, 1979: 408-415).

① 누가 문제체계에 관여되어 있는가?
② 참여자들은 어떻게 관여하고 있는가?
③ 클라이언트가 문제에 어떤 의미를 부여하는가?
④ 문제행동이 어디서 일어나는가?
⑤ 언제 문제행동이 일어나는가?
⑥ 문제행동이 일어나는 빈도는 어느 정도인가?
⑦ 문제행동은 언제부터 있어 왔는가?
⑧ 문제와 관련하여 채워지지 않는 욕구는 무엇인가?
⑨ 문제에 대한 클라이언트의 정서적 반응은 어떠한가?
⑩ 클라이언트는 어떤 장점과 기술을 가지고 있는가?
⑪ 클라이언트는 그동안 문제를 어떻게 대처해 왔으며 문제를 해결하는 데 어떤 기술이 필요한가?
⑫ 필요로 하는 외적자원은 무엇인가? 등이 포함된다.

사정의 내용은 ① 클라이언트의 정서, 심리상태에 대한 사정, ② 역할갈등, 역할모호, 역할과중 등의 역할 수행상의 문제에 대한 사정, ③ 클라이언트의 생활력 조사, ④ 자아방어기제에 대한 사정, ⑤ 클라이언트의 장점과 대처 방안에 대한 사정, ⑥ 사회적 지지에 대한 사정, ⑦ 가족에 대한 사정 등을 포함한다(김융일 외 2001: 230-251).

사정에 유용한 도구는 가계도, 생태도, 사회도로 볼 수 있으며 이를 살펴보면 다음과 같다(양옥경 외, 2005: 190-195; 김융일 외, 2001: 245-251; 전남련 외, 2012: 260-265).

1) 가계도

가계도(genogram)는 2~3세대에 걸친 가족관계를 묘사한 것이며 현재 제시된 문제의 근원을 찾는 것으로 항상 사회복지사와 클라이언트가 함께 작성해야 한다(Zastrow, 1995: 227).

가계도의 작성방법은 다음과 같다(손광훈, 2012: 423).

① 가계도를 작성할 때에는 우선 가족구조를 도식한다.
② 가족원에 관한 정보를 기록한다.
③ 가족관계를 표현한다.

가계도의 특성과 분석방법은 다음과 같다(엄명용 외, 2009: 376-381; 윤현숙 외 6인, 2001: 268-273).

① **가족구성원의 특성, 위치 및 가족구조**: 출생, 사망, 형제순위, 결혼, 재혼, 사실혼, 교육정도, 직업, 실업상태, 병력 등으로 문제의 성격에 따라 사회복지사가 판단하여 추가할 수 있다.
② **가족관계 양상 및 속성**: 세대간 그리고 현재 가족 맥락 속에 존재하는 갈등, 긴장, 불안 등의 흐름을 표시한다. 가족의 정서적 융합 현상을 표시할 수 있고, 가족 내 하위체계 간 경계의 성격을 파악해 표시한다. 그리고 가족 내 삼각관계를 파악할 수 있다.
③ **생활주기의 적합성**: 가족의 생활이 주기에 적합하게 이루어지고 있는지, 만약 그렇지 않다면 어떤 배경을 가지고 있는지를 해석한다.
④ **세대를 통하여 반복되는 유형**: 역할유형, 관계유형, 구조유형이 세대를 통해서

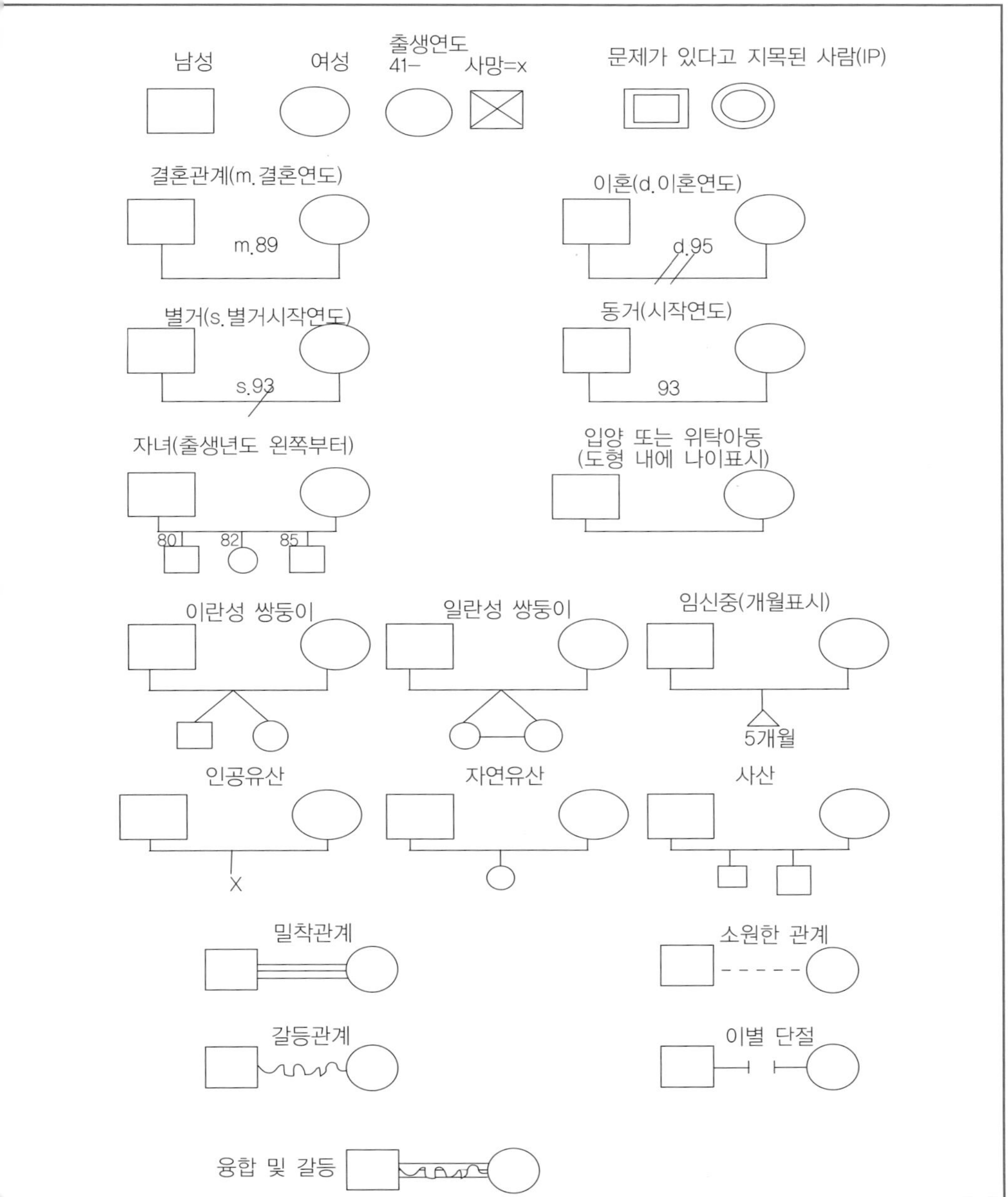

〈그림 4-1〉 가족구성원 기호와 가족관계 기호

처: McGoldrick, M.& Gerson,R.(1995). *Genograms in Assessment* p.155. New York & Company; 엄명용 외(2008), 사회복지실천기술론. p.378 재인용.

반복되고 있는지 해석한다.

⑤ **인생의 중대사와 가족 역할**

⑥ **삼각관계**: 부모-자녀, 부부의 삼각관계, 이혼, 재혼한 가정의 삼각관계, 입양아가족, 다세대가족 등의 삼각관계를 찾아볼 수 있다.

⑦ **가족의 균형과 불균형** 등을 해석한다.

⑧ **가계도의 유용성**: 현재 나타나고 있는 문제, 가족 내 되풀이 되는 사건, 관계양상, 기능양상, 가족 속에 흐르는 주요 관계 양상, 영향력 있는 인물, 가족구조의 변화가 조직화되어 가족을 종단, 횡단, 종합, 통합적으로 파악할 수 있다.

2) 생태도

생태도(eco-map)는 안 하르트만(Ann Hartman, 1978)에 의해 개발된 것이며, 가족구성원과 환경간의 상호작용을 그림으로 나타내고, 클라이언트의 상황에서 의미 있는 체계들과의 관계를 그림으로 표현함으로써 특정문제에 대한 개입계획을 세우는데 매우 유용한 도구이다. 가계도와 마찬가지로 클라이언트와 함께 그린다(Zastrow, 1995: 226).

생태도를 그리는 방법과 분석은 다음과 같다(손광훈, 2012: 419; 김혜란 외 2001: 165-166).

① 백지의 중앙에 가족체계를 상징하는 큰 원을 그린다.

② 큰 원 안에 가족원이 표시된 간략한 가계도를 그린다.

③ 큰 원 주변에 가족원 또는 가족체계에 영향을 미치는 주변환경체계를 그린다.

④ 가족체계와 주변환경 및 외부환경체계 간의 교류상황을 파악한다.

⑤ 그 상호 교류의 성격을 선으로 표시한다.

⑥ 간략한 설명을 선 옆에 적는다.

생태도의 분석은 가족체계와 주변 환경체계들과의 교류 상황 그리고 외부 환경체계들 간의 교류 상황을 파악한다.

① 생태학적 환경에서 가족을 전체적으로 이해한다. 가족이 이용할 수 있는 주요 자원은 무엇인지 등을 이해한다.

② 가족과 환경의 경계에 대해 에너지의 투입, 산출, 흐름을 이해한다.

③ 가족원이 외부체계와 서로 다르게 연결되어 있는지 또는 단절되어 있는지 이해한다.

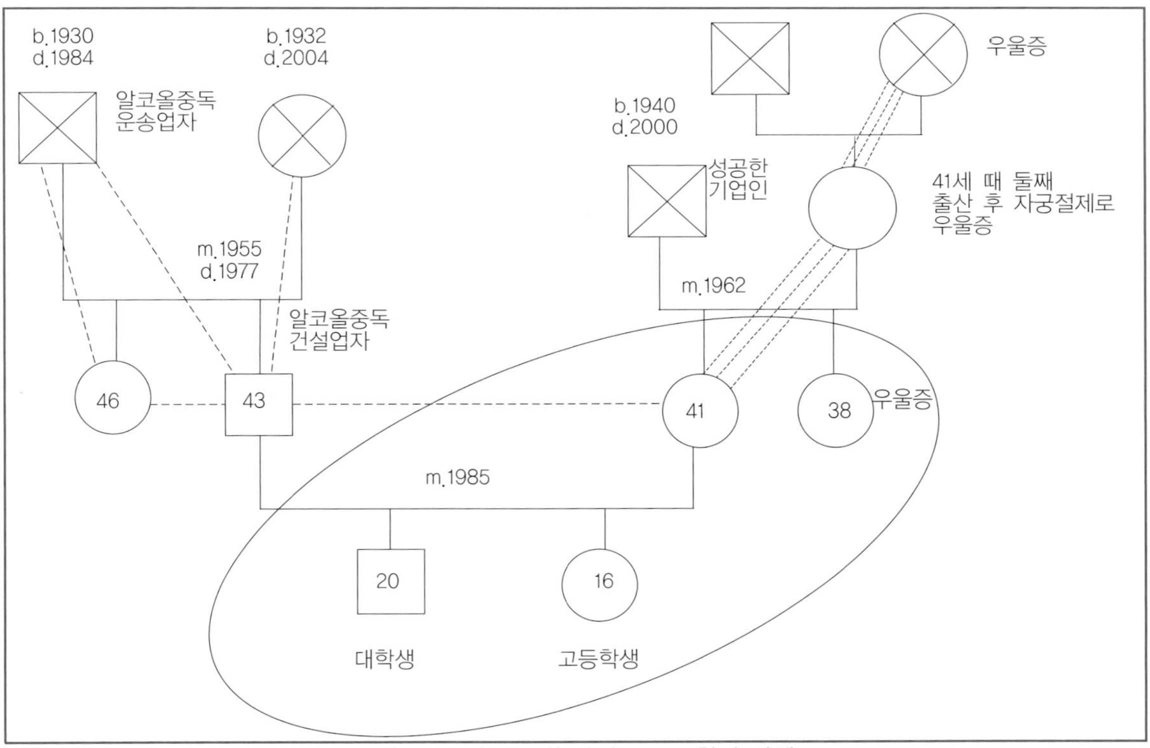

〈그림 4-2〉 가계도의 상징으로 표현된 가계도

출처: Patterson, J., Williams, L., Grauf-Ground, C., & Chamow, L.(1998). *Essential Skills in Family therapy:From the First to Termination*. New York: Guilford, p.76 재구성; 엄명용(2008). 사회복지실천기술론. p.385 재인용.

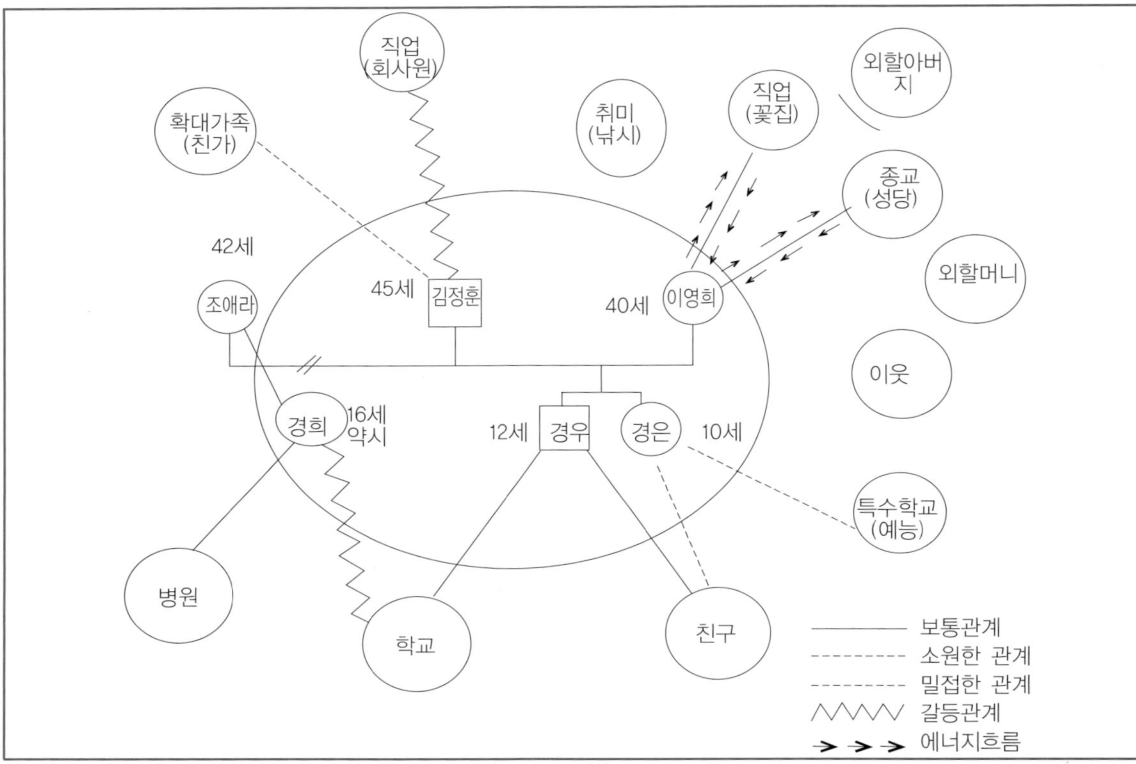

〈그림 4-3〉 생태도의 사례

출처: 엄명용 외(2006). 사회복지실천의 이해. p.274.

3) 사회도

사회도(socio-gram)는 집단을 사정하기 위한 방법이며 소시오 메트리는 사회적 선호도를 측정하는 것으로서 집단성원 간의 관계에 대해 인식하고 있는 정도를 사정하는 방법이다. 소시오메트리를 사용하는 방법은 두 가지가 있다. 그 내용을 살펴보면 다음과 같다(엄명용 외, 2008: 279-280).

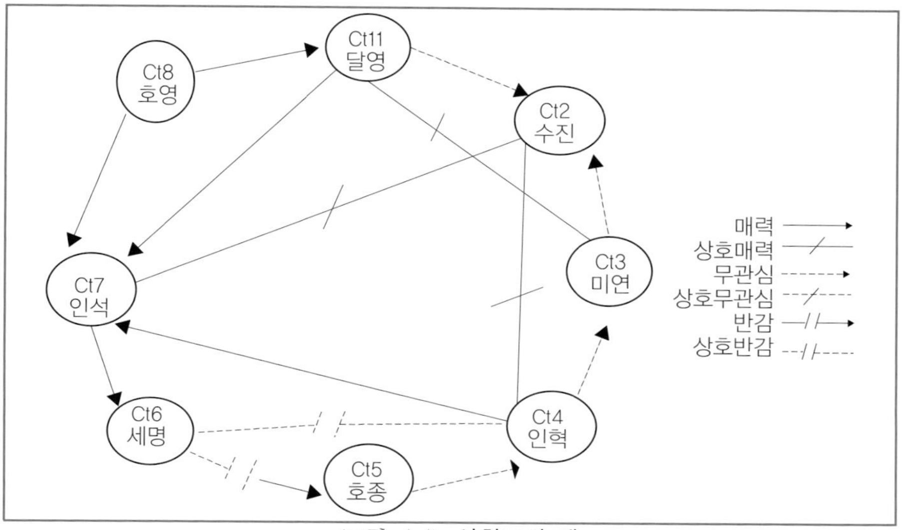

〈그림 4-4〉 사회도의 예

출처: Toseland & Rivas(2001), *An Introduction to Group Work Practice*; 양옥경 외(2005). 사회복지실천론. p.195 재구성.

첫째, 타성원의 이름에 호감도 점수를 부여한다. 5점 척도로 1점에 '가장 선호하지 않는다'이고 5점에는 '가장 선호한다'를 부여한다.

두 번째는, 집단 내 성원들 간의 상호작용을 그림으로 나타내는 것이다. 집단과 일하는 사회복지사가 집단 내의 소외자, 하위집단, 연합 등을 파악할 수 있는 유용한 도구이다(Toseland & Rivas, 1995: 222). 사회도는 구성원들 사이에 호의적, 상호무관심, 상호호의적, 적대적, 무관심, 상호적대적 관계로 표현하게 된다. 사회적 지지가 절대적으로 필요한 개인이나 가족이 오히려 가족, 친지, 친구로부터 고립되어 있는 경우가 있다.

위의 〈그림 4-4〉를 해석하면 인석이가 집단의 리더로서 역할을 하며, 집단 내에서 다른 구성원들과 상호작용이 긍정적이다. 그리고 달영과 미연, 수진과 인혁이는 집단의 하위집단을 이루고 있다. 호종과 호영이는 집단에서 소외되어 있음을 알 수 있다.

4) 생활력 도표

생활력 도표는 클라이언트의 생애동안 발생한 사건, 문제의 발전과정을 사정하는 데 쓰이는 사정도구이며 가족구성원의 삶의 중요한 사건을 시계열적으로 나열하거나 삶의 시기별로 중요한 문제의 발전과정에 대한 전개에 대해 표나 그래프로 나타내는 것이다.

〈표 4-1〉 생활도표의 예

클라이언트: 최재원 ○○세 (년 월 현재)

년도	나이	주거지	가족상황	학교	건강	활동상황	문제
1981	출생일자: 81-03-01	서울	부: 28 모: 24		정상출생		
1982	1						
1983	2		영희 출생		천식발작		
1984	3						
1985	4						
1986	5	대전	부의 교통사고	어린이집 입학			
1987	6						
1988	7	부산	부의 음주 심해짐	초등학교 입학			등교거부

출처: 엄명용 외(2014). 사회복지실천의 이해. p.323 재구성.

5) 사회적 지지를 사정하는 도구

사회적 지지를 효과적으로 사정하는 도구로는 사회적 관계망 지도와 사회적 관계망표를 이용할 수 있다. 사회적 관계망 지도는 클라이언트가 가지고 있는 사회적 관계의 종류를 보여주고 사회적 관계망 표는 사회적 관계의 지지정도와 질, 그리고 지지의 방향을 보여준다(엄명용 외, 2014: 325).

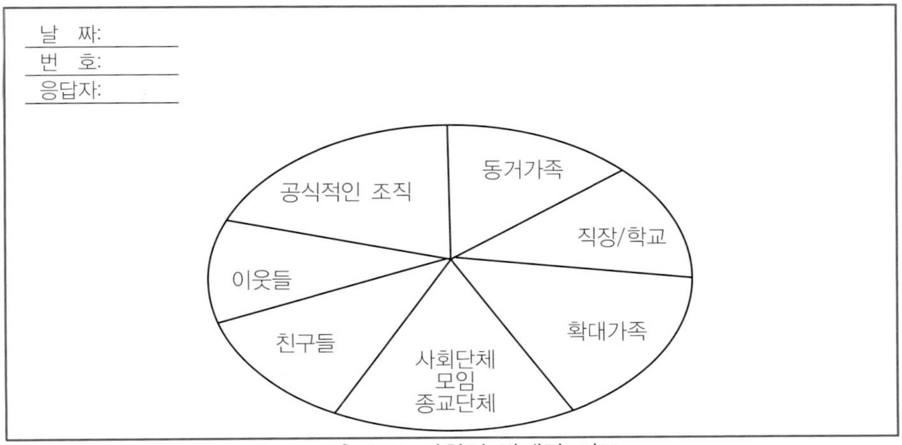

〈그림 4-5〉 사회적 관계망 지도

출처: 엄명용(2014). 사회복지실천의 이해. p.325.

〈표 4-2〉 사회적 관계망 표

클라이언트 이름		생활영역	물질적 지지	정서적 지지	정보/충고	비판	원조의 방향	친밀성	얼마나 자주 보는가?	얼마나 오래 보는가?
이름	번호	1. 동거가족 2. 다른가족 3. 직장/학교 4. 조직 5. 친구 6. 전문가 7. 기타	1. 거의 없음 2. 간혹 있음 3. 거의 항상 있음	1. 거의 없음 2. 간혹 있음 3. 거의 항상 있음	1. 거의 없음 2. 간혹 있음 3. 거의 항상 있음	1. 거의 없음 2. 간혹 있음 3. 거의 항상 있음	1. 양방향 2. 당신이 그들에게 방향 3. 그들이 당신에게 방향	1. 친밀하지 않음 2. 보통으로 친밀함 3. 매우 친밀함	0. 보지 않음 1. 몇회/년 2. 매달 3. 주별 4. 매일	1. 1년 미만 2. 1~5년 3. 5년 이상
	01									
	02									
	03									
	04									

출처: Tracy, E. & Whittaker, J. (1990). *The Social Network Map:Assessing Social Clinical Practice. Families in Society, 71*, pp.461-470 재인용; 김용환 외(2013). 사회복지실천기술론. p.231.

6) 기타 심리적 관련 사정 도구(최덕경 외, 2015: 246; 권향림 외 2015: 144-145 재구성)

(1) 미국정신의학회의 정신장애진단통계편람(DSM-IV)의 다축체계(Diagnostic and Statistical Manual of Mental Disorder-IV: American Psychiatric Association,1994)

① Axis I: 임상장애와 임상적 주목의 초점이 되는 기타 상태
② Axis II: 인격장애와 정신지체, 습관적으로 사용하는 특정 방어기제
③ Axis III: 신체질환이나 일반의학 상태
④ Axis IV: 심리사회적, 환경적 문제
⑤ Axis V: 전반적인 기능상태

(2) PIE(Person-In-Environment) System Code (임상사회복지 사정분류체계: National Association of Social Worker,1994)

① 요소 I: 사회적 기능(역할수행문제, 유형, 정도, 지속기간, 대처능력)
② 요소 II: 환경문제, 정도, 지속기간
③ 요소 III: 정신건강 문제
④ 요소 IV: 신체건강 문제

04 계획단계기술

1) 목표설정기술

사회복지실천과정의 목표는 개입을 통해 일어나기 바라는 변화유형이다. 존슨(Johnson, 1989: 39)은 목표설정기술로 관계유지, 구체적 행동의 변화, 관계의 변화,

환경의 변화 등을 들었고, 자스트로(Zastrow, 1995: 302)는 자원획득, 주요결정, 환경변화를 들었다(양옥경 외, 2014: 209). 목표설정은 클라이언트가 원하는 것을 반영하고 수용할 수 있는 것이어야 하며, 사회복지사의 전문성과 가치 및 윤리성에 부합되어야 하고, 기관의 기능 범위 내에서 설정되어야 할 것이다(이원숙, 2008: 305).

목표 설정시 지침은 다음과 같다(Hepworth & Larsen. 1986: 302-307; 양옥경 외, 2014: 210-211). ① 목표는 클라이언트가 바라는 바와 연결되어야 한다. ② 목표는 명백하게 측정 가능한 형태로 진술되어야 한다. ③ 목표는 달성 가능해야 한다. ④ 목표는 사회복지사의 지식과 기술에 상응하는 것이어야 한다. ⑤ 목표는 성장을 강조하는 긍정적 형태여야 한다. ⑥ 목표가 사회복지사의 중요한 권리나 가치에 맞지 않는다면 동의하지 않아야 한다. ⑦ 목표는 반드시 기관의 기능과 일치해야 한다.

2) 계약기술

계약은 비자발적인 클라이언트와 일할 때 특히 중요하다(Reid & Epstein, 1977). 계약단계에서 클라이언트와의 상호이해를 통해 문제를 구체화하고 목표를 설정하여 효과적인 접근방법을 개발하고, 단계적 행동방법을 구상하며 평가 계획을 세우는 기술이 필요하다. 계약의 요소에는 클라이언트와 사회복지사가 합의한 목표와 시간제한, 그리고 구체적인 개입기법 등이 포함되며(Johnson, 1989: 314), 성취할 목표, 참여자 역할, 사용되는 개입형태 및 기법, 시간적 조건, 평가방법, 시작일, 약속취소와 변경의 조건, 비용 등이 포함된다(Hepworth & Larsen, 1986: 315; 양옥경 외 2014: 213). 계약서는 구두로도 가능하지만 최근에는 서면으로 작성하는 방법이 선호되고 있다(엄명용 외, 2014: 330).

〈표 4-3〉 계약서에 포함될 내용

포함사항	구체적 내용
구조적 요인	사례번호, 참석자, 날짜, 시간, 장소
문제	클라이언트가 규정한 문제, 사회복지사가 규정한 문제, 합의된 문제, 최종목표
최종목표	명확하고 구체적으로 목표달성 정도가 측정될 수 있도록 기술
계획	접근방법, 클라이언트의 과제, 사회복지사의 과제, 세션 내의 과제, 평가계획
비용	합의된 목표를 달성하기 위하여 사용될 비용
서명날인	사회복지사 서명날인, 클라이언트 서명날인

출처: 이종복 외(2012). 사회복지실천론. p.267.

〈서식-3〉 서비스 계획

담당	과장	부장	관장

대 상 자 명 :

일 시 :

담당사회복지사 :

클라이언트의 문제 및 욕구	결과목표	서비스 목표	서비스 실행방법

○○사회복지관

〈서식-4〉 서비스 동의서

담당	과장	부장	관장

1. 서비스 종류

서비스명	내용	비고	서비스명	내용	비고

○○ 사회복지관

2. 서비스 조정 및 중단

서비스 조정	• 서비스 이용자에게 적절하지 않거나 서비스 제공목적에 어긋날 때 • 서비스 이용자의 부적절한 서비스 요구가 있을 경우
서비스 중단	• 서비스 이용자가 서비스 중단의 의사가 있을 경우 • 다른 지역으로 이주를 하였을 경우 • 3개월 이상 연락이 끊겼을 경우 • 타 기관과 서비스가 중복되었을 경우

3. 서비스 이용자의 의무

서비스 이용자는 신상의 어려움이나 경제적인 변동이 있을 경우 복지관에 알려야 하며, 어려움을 해결하기 위해 같이 노력하여야 한다.

서비스 제공일 : 년 월 일~ 년 월 일

본동의서는 ○○복지관에서 제공되는 서비스에 대하여 본 기관과 이○○님이 상호 협의한 내용이며, 매년 1월 재작성을 원칙으로 한다. 또한 서비스 제공에 있어 문제 및 어려움이 있을 경우 서비스 이용자와 복지관과의 상호 협의를 통하여 조정이 가능하다. (단, 생활에 큰 변화가 없을 시 다시 작성하지 않을 수 있다.)

년 월 일

서비스 이용자 : ○○○ (인) 담당 사회복지사 : ○○○ (인)

05 개입단계기술

개입은 문제해결을 위해 목표를 달성하려는 전문적 활동이다. 사회복지사는 개입시 중개자(broker), 조력자, 교사, 중재자(mediator) 및 옹호자의 역할(Compton & Galaway, 1984: 427-436)을 하면서, 직접적인 중재역할과 간접적인 중재역할을 한다(전재일 외, 2004: 315). 사회복지사의 개입기법을 살펴보면 다음과 같다(엄명용, 2007: 291-302).

1) 직접적인 개입기술

직접적인 개입이란 개인, 가족, 소집단체계 자체의 변화나, 주변환경과 연결된 개인, 가족 소집단의 기능과 관련된 것이다. 기술로는 의사소통기술과 행동변화기술 등이 주를 이룬다.

첫째, 의사소통기술은 ① 클라이언트의 정서적 안정을 위해서는 격려, 재보증, 일반화와 환기법 등이 있으며, ② 인지구조의 변화를 위해서는 초점화, 직면, 재명명기법이 포함되며, ③ 상황인식능력의 향상을 위해서는 필요한 정보제공과 조언 등이 있다.

둘째, 행동변화기술은 행동수정이론에 기초를 두고 있다. 강화나 벌, 소거 등이다.

2) 간접적인 개입기법

간접적인 개입이란 사회복지사가 목표달성을 위하여 사회복지사와 상호작용할 계획에 합의하지 않은 체계에서 변화를 일으키는 행동에 개입하는 것이다. 간접적 개입은 표적체계에서 변화를 일으키기 위하여 취해지는 사회복지사의 활동이다(이종복 외, 2012: 271).

간접적인 개입 기술을 민감한 표적체계와 실천하기 위해서 사회복지사는 클라이언트의 잠재적 지원을 발견하고, 증거제공, 홍보, 교섭, 조직, 시위운동, 합법적 행동을 취하기, 정책개발에 영향을 미치는 정책기술들을 활용하고 결합해서 사용할 수 있다(전재일 외, 2004: 321; 이종복 외, 2012: 272). 다른 중요한 영역은 지원 서비스이며, 권리를 대신 변호해 주고 주장해 주는 활동도 환경에 대한 개입활동이다. 환경에 대한 개입에는 ① 서비스조정에 관련된 활동, ② 프로그램계획과 개발을 위한 활동, ③ 환경조작, ④ 옹호활동 등이 포함된다.

〈서식-5〉 재사정기록지

담당	과장	부장	관장

재사정연일월 :　　　년　　월　　일

담당 사회복지사 :　　　　　　(인)

<table>
<tr><th colspan="8">클라이언트 개인사항</th></tr>
<tr><td>관리번호</td><td></td><td>성명</td><td></td><td>종교</td><td></td><td>주민등록번호</td><td></td></tr>
<tr><td rowspan="3">대상자 분류</td><td colspan="7">아동*청소년 (　) 노인(　) 장애인(　) 가족구성형태(　　　　　　　)</td></tr>
<tr><td colspan="7">일반수급(　) 조건부수급(　) 자활특례(　) 차상위(　) 저소득(　) 일반(　)</td></tr>
<tr><td>의료보장</td><td colspan="6">의료보호 1종(　)·2종(　) 직장의료보험(　) 지역의료보험(　)</td></tr>
<tr><td>주소</td><td colspan="3"></td><td>전화 번호</td><td colspan="3"></td></tr>
<tr><td rowspan="4">가족사항</td><td>관계</td><td>성명</td><td>생년월일</td><td>직업</td><td>종교</td><td>동거여부</td><td>비고</td></tr>
<tr><td></td><td></td><td></td><td></td><td></td><td></td><td></td></tr>
<tr><td></td><td></td><td></td><td></td><td></td><td></td><td></td></tr>
<tr><td></td><td></td><td></td><td></td><td></td><td></td><td></td></tr>
<tr><td>재사정 유형</td><td colspan="3">( ) 새로운 욕구가 발생
( ) 긴급한 상황이 발생
( ) 기타</td><td>재사정 요인</td><td colspan="3">( ) 클라이언트에 의한 요인
( )기관과 사회복지사에 의한 요인
( ) 자원과 환경에 의한 요인</td></tr>
<tr><td>클라이언트</td><td colspan="7">(클라이언트의 재사정이 필요하게 된 욕구나 상황)</td></tr>
</table>

변화욕구	
서비스제공 및 문제	(클라이언트에게 제공된 서비스와 문제)
사회복지사 의 견	
재사정결과	
향후계획	

○○(종합)사회복지관

06 종결 및 평가단계기술

1) 종결기술

면담의 목적이 성취되고 나면 그 면접은 종결된다. 사회복지사는 클라이언트에게 면담이 종결될 것임을 언급하고 감정적인 종결을 할 수 있도록 심리적인 준비시간을 주어야 한다.

종결의 유형은 다음과 같다(Hepworth & Larsen, 1986: 578-585; 김융일 외, 1995: 310-316; 양옥경 외, 2005: 277-280). ① 시기상조인 클라이언트의 일방적 종결, ② 시간적 제약에 의해 일정기간만 제공되는 계획적 종결, ③ 시간제한적 방식에 의한 계획적 종결, ④ 시간제한이 없는 방식에 의한 계획적 종결, ⑤ 사회복지사의 이동에 의한 종결로 구분된다.

쉐퍼(Sheafor, 1991)는 종결할 시기를 판단해야 하는 기준으로 첫째, 개입목적의 달성정도, 둘째, 서비스의 시간 내 제공완료여부, 셋째, 클라이언트의 문제상황 해결정도, 넷째, 사회복지사와 기관의 투자노력, 다섯째, 이득체감에 대한 사회복지사와 클라이언트의 합의여부, 여섯째, 클라이언트의 의존성, 일곱째, 클라이언트에 대한 새로운 서비스의 적합성을 제시하고 있다(엄명용 외, 2006: 305).

종결에 대한 개입기술을 살펴보면 다음과 같다(Shaefor, Horejsi, & Horejs, 1997: 410-411; 김융일 외, 1995: 328-330)

① 사회복지사는 종결이 급작스럽게 예상 밖의 일이 되지 않도록 한다.

② 클라이언트가 종결을 원해도 사회복지사가 계속해야 한다고 생각할 경우 종결 후 발생할 부정적인 결과를 설명한다.

③ 법원 명령에 의해 제공되는 종결은 특별한 고려를 하고, 모든 명령의 조건이 충족되었는지 확인한다.

④ 제공되는 서비스를 축소해야 하고 사회복지사가 자리를 옮기거나 바꾸는 경우는 서비스 계약을 변경해야 하는 행정적 결정 때문에 종결에 유의해야 한다.

⑤ 종결이 클라이언트의 가족과 사회적 관계망 내의 다른 사람들에게 어떻게 영향을 주는지를 예측한다.

⑥ 사회복지사의 심리적 욕구 때문에 종결이 어려울 수 있다.

⑦ 종결이 가까워지면 접촉 빈도를 줄이고 클라이언트를 이웃이나 비공식적 자원들과 연결시키도록 한다.

⑧ 종결에 따른 상실과 분노의 감정은 클라이언트가 표시하지 않더라도 사회복지사가 먼저 말을 꺼낸다.

⑨ 종결 후 사후 면접이나 전화접촉계획은 이별을 두려워하는 클라이언트를 안심시킬 수 있으며 기관에 다시 올 수 있다는 것을 알려준다.

2) 평가기술

사회복지실천의 평가는 개입결과가 안정되게 유지될 것인가에 대한 개입의 효과성을 측정하는 것이며, 무엇이 클라이언트에게 도움이 되었고, 어떤 것들이 달리 진행되었어야 했는지를 말해준다(이종복 외, 2012: 278). 사회복지실천 평가는 전문직으로서의 책무성을 향상시키기 위해서 필요하며, 실천프로그램의 효과성을 입증할 수 있으며, 사회복지실천프로그램의 개발과 개선을 위해 우수 기술의 선별과 기준의 제시에 필요한 영역이다. 평가를 위한 설계는 집단설계와 단일사례설계가 있으나 사회복지현장에서 주로 활용되는 단일사례설계를 중심으로 살펴보면 다음과 같다(전남련 외, 2012: 402-416).

(1) 단일사례평가

단일사례연구는 달성목표를 구체화하는 것이다. 개입결과 무엇이 달라졌는지를 기술한다. 단일설계 유형은 AB설계, 반전설계, 복식기초선 설계 등이 포함된다.

단일사례평가는 집단설계를 수행하는 데 한계를 극복하기 위해 도입된 방법(Bloom, 1983; 전남련 외, 2012: 404)이며, 클라이언트를 대상으로 개입 전, 개입 동안, 개입 후를 반복적으로 관찰함으로써 그 변화를 평가하는 방법이다. 측정방식은 직접관찰, 자기보고식 평정척도, 표준화된 측정이 있다(Zastrow, 1995: 324-327). 직접관찰은 '놀이행동관찰'과 '친사회적 행동관찰'사례에 적용가능하며, 클라이언트 문제가 내적 생각, 사고, 신념이면 자기보고식 평정척도 적용이 가능하다. 표준화된 측정은 신뢰도, 타당도, 적용의 용이성, 유용성, 민감성(적은 수준의 차이와 변화도 알아낼 수 있는가?), 비반응성(조사대상의 변화나 영향 없이 개입만으로 변화가 일어났는가?) 등을 고려해야 한다(Shaefor, 1997: 581).

(2) 사회복지실천의 평가 유형

사회복지실천의 평가 유형은 결과평가, 과정평가, 실무자 평가로 구분된다. 이에 대한 기술을 살펴보면 다음과 같다(Hepworth & Larsen, 1986: 589-590; 양옥경 외, 2005: 274-277).

첫째는 결과평가기술이다. 결과평가기술은 설정했던 목표들이 얼마나 달성되었는가를 평가하는 것이다. 즉, 개입과정을 통해 원했던 변화가 일어났는가 하는 평가이다. 기술로는 사전 사후 비교와 통제집단과 실험집단의 비교가 있다.

가. 사전, 사후 비교방법은 개입하기 전에 문제가 어느 정도인지를 측정하고 개입 후 다시 같은 방법으로 문제의 정도를 측정하여 그 변화를 개입의 결과로 보는 것이다. 예를 들면, 의사소통에 문제가 있는 부모를 훈련하여 '나-전달법(I-message)'을 쓰게 한 후 '나-전달법'을 쓰기 전과 어떻게 자녀의 행동이 달라졌는지를 비교해 보는 것이 여기에 속한다(이종복 외, 2007: 235).

나. 통제집단과 실험집단의 비교는 개입을 한 집단과 개입을 하지 않은 집단을 비교하여 그 차이를 개입의 결과로 추정하는 것이다. 이 방법은 사전, 사후 비교방법에 비해 적게 사용되는 데 그 이유는 우선, 개입이 필요한 집단에 의도적으로 개입을 하지 않는다는 것이 사회복지윤리에 맞지 않기 때문이다.

둘째는 과정평가기술이다. 과정평가기술은 개입과정을 클라이언트가 어떻게 지각하는지를 평가하는 것이다. 즉, 과정이 자신에게 도움이 되었다고 느끼는지 아니면 자신에게 오히려 나쁜 영향을 주었다고 생각하는지를 평가하는 것이다. 특히 사회복지사가 목표를 달성하기 위해 사용한 방법이나 기법에 대한 피드백을 포함한다(이종복 외, 2007: 236).

셋째는 실무자에 대한 평가기술이다. 실무자에 대한 평가기술은 사회복지사의 행동, 마음가짐, 태도, 속성 등이 개입과정에 어떤 영향을 미쳤다고 생각하는지에 대한 피드백을 요청하는 것이므로 이때 이 평가에서 사회복지사는 어떠한 비판도 각오해야 한다. 사회복지사는 실천가로서 갖는 장점과 단점을 솔직히 클라이언트에게 지적해 주도록 요청함으로써 스스로 잘할 수 있는 기회를 갖는다.

연구문제

1. 다음의 가계도를 보고 가족관계와 가족구조에 대해서 해석을 하시오.

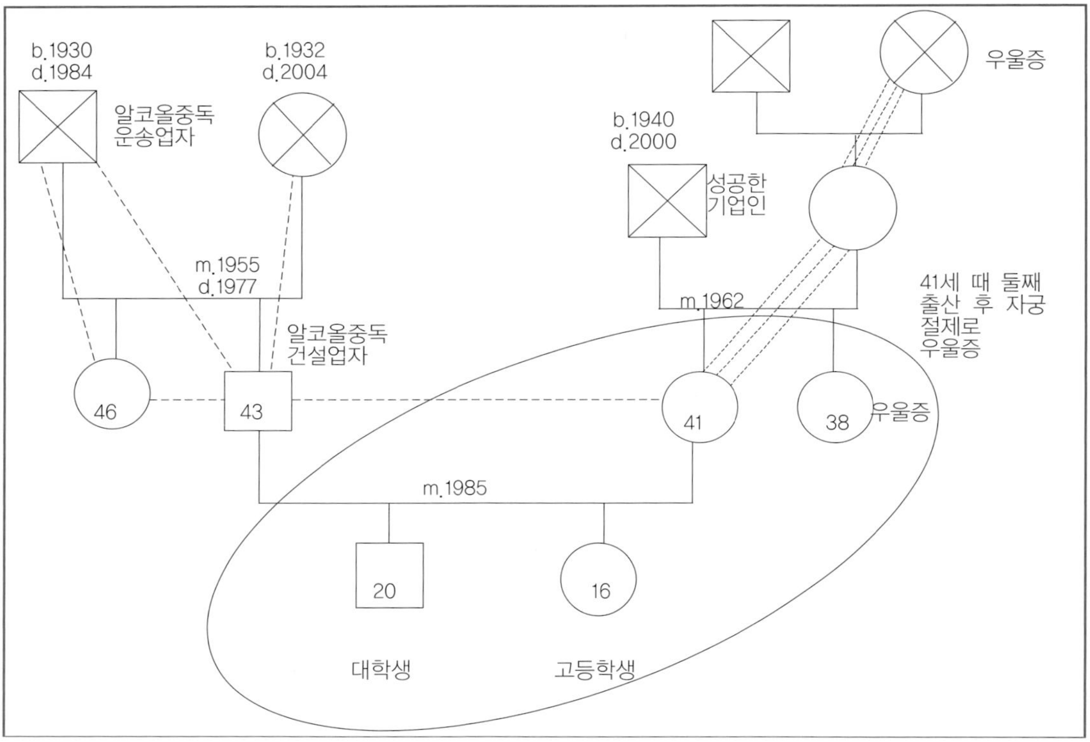

확인문제

1. 자신의 가족에 대한 3대에 걸친 가계도와 생태도를 작성하고 분석하시오.
2. 사정의 특성을 설명하고 사정도구의 종류를 기술하시오.
3. 자료수집에 포함되는 내용을 기술하시오.
4. 종결을 하게 되는 상황을 설명하시오.
5. 평가의 종류를 설명하시오.

CHAPTER 05

집단대상 사회복지실천기술

제5장에서는 집단사회복지실천의 개념과 목적을 이해하고 집단의 발달단계와 집단사회복지의 실천방법을 파악하여 집단사회복지사의 실천기술을 향상시킨다.

학습목표

1. 집단사회복지실천의 개념과 목적을 이해한다.
2. 집단 발달단계와 집단사회복지실천방법을 설명할 수 있다.
3. 집단사회복지실천의 개입기술을 설명할 수 있다.
4. 집단사회복지사의 자질과 역할을 설명할 수 있다.
5. 집단사회복지실천프로그램을 이해한다.

01 집단사회복지실천의 개념과 목적

1) 집단사회복지실천의 정의

트래커(Trecker, 1972)는 집단사회복지실천이란 "집단에 속한 개인이 프로그램 활동을 통해 상호작용을 지도하는 전문가의 도움을 받아 그들의 욕구와 능력에 따라 타인과의 관계나 성장의 기회를 경험하며, 나아가 개인, 집단, 사회의 발전을 도모하고자 하는 것"으로 정의하고 있다. 코놉카(Konopka, 1983)는 "집단사회복지실천은 의도적인 집단경험을 통해 개인의 사회적 기능을 향상케 하며 또한 개인, 집단 또는 지역사회의 당면문제들에 대해서 보다 효과적으로 대처할 수 있도록 원조하는 방법"으로 정의하고 있다. 남세진과 조흥식(1997)에 의하면 "전문가에 의한 의도적인 집단과정과 경험을 통해 개인의 사회적 기능 수행을 향상케 하며, 개인, 집단, 지역사회의 당면 문제에 대해서 보다 효과적으로 대처해 나갈 수 있도록 도움을 주는 것"이다.

집단사회복지실천은 손상된 사회적 기능을 회복하고자 하는 사람들에게 의도적인 집단과정을 통해 효과적으로 대처할 수 있도록 소집단(15명 이내)의 역동적인 상호교류와 전문가인 사회복지사의 지도와 원조를 통해 이루어지는 실천과정이라고 할 수 있다(조학래, 2006: 30).

2) 집단사회복지실천의 목적

집단사회복지실천의 목적을 트래커(Trecker, 1972)는 개인의 성장, 집단의 성장, 지역사회, 환경의 변화로 제시하였고, 클라인(Klein, 1972)은 재활, 교육훈련, 교정, 사회화, 예방, 사회행동, 문제해결, 사회적 가치 등으로 제시하고 있다.

Klein(1972)의 집단사회복지실천의 목표를 구체적으로 살펴보면 다음과 같다.(Klein, 1972; 전재일 외, 2004: 261-263).

① **재활**: 재활은 사람이나 일이 이전의 능력 또는 수준으로 회복하는 것을 말하며, 정서적이나 감정적인 것에 관한 것을 말한다.

② **교육훈련**: 치료보다는 성장과 발달을 의미한다.

③ **교정**: 사회적 관습에 대해 어려움을 갖는 사람이나 범법자나 폭력자를 돕는 것을 말한다.

④ **사회화**: 사람들이 사회적으로 기대되는 것을 행하는 방법 그리고 다른 사람들과 같이 살아가는 방법을 말한다.

⑤ **예방**: 어려운 문제를 미리 처리하고 사람들이 필요로 하는 환경적 영양물을 제공하는 것이다.

⑥ **사회행동**: 사람들이 적응하는 것 이외에 그들의 환경을 변화시키는 것을 배우도록 돕는 것을 포함한다.

⑦ **문제해결**: 사람들이 과업을 달성하고 결정하고 사회문제를 해결하도록 집단을 이용하는 데 도움을 주는 것을 의미한다.

⑧ **사회적 가치**: 개인이 생활과 관련된 실천가능한 사회적 가치를 발달시키는 것을 돕는 것과 관계가 있다.

3) 집단사회복지실천의 장점과 활용영역

집단사회복지실천의 장점은 다음과 같다(정성화 외, 2013: 28). ① 상호지지, ② 보편성, ③ 희망의 고취, ④ 이타성 향상, ⑤ 새로운 지식 및 정보전달, ⑥ 집단의 성장 및 소속감, ⑦ 정화의 기능, ⑧ 모방행동: 다른 구성원의 새로운 변화된 행동이 모델이 되어 모방하는 것, ⑨ 재경험의 기회제공: 집단성원 간의 역기능의 경험을 통해 성장하는 것, ⑩ 현실감각의 테스트효과: 집단 구성원들에게 자신의 의견을 던져 봄으로써 잘못된 생각을 고쳐나갈 수 있는 기회를 갖는 것이며, 이러한 장점을 갖는 집단사회복지실천은 모든 내담자에게 적합한 방법은 아니다. 주요 우울증과 망상적 성격장애를 가지고 있어 다른 집단 구성원을 의심하거나 또는 지나친 적대감정으로 인해 집단생활이 곤란한 정신분열증 내담자에게는 적합하지 않다(정성화 외, 2013: 28).

집단사회복지실천은 집단의 역동적이고 치료적인 요인과 관련이 있으며, 기관 내의 직원 훈련과 집단 슈퍼비전, 자문 등에 폭넓게 적용되고 있다(엄명용, 2008: 251). 집단사회복지실천을 적용할 수 있는 영역들은 다음과 같다(남세진 · 조흥식,

1998: 29-30). ① 아동 및 청소년의 건전한 발달과 특히 민주적 생활방식을 학습하는 기회를 제공하기 위한 집단 활동, ② 가족, 직장, 이웃, 친구 등과 떨어져 정상적인 사회집단의 생활을 영구히 또는 일시적으로 영위하지 못하는 사람을 대상으로 이들에게 건강한 집단생활을 재구성해 주는 경우, ③ 사회문제에 관련된 집단을 대상으로 이들의 행동변화를 목적으로 하는 집단활동, ④ 사회적, 정서적 문제를 가진 개인을 대상으로 특수한 집단을 구성하는 경우, ⑤ 사회복지시설이나 기관에서 교육이나 계몽적 사업을 실시하는 경우에 대비한 집단 활동조직, ⑥ 사회복지의 일반적 영역에 걸쳐 동일 문제를 가지고 있으면서도 각자가 고립되어 있는 사람을 함께 모아 공통의 문제해결을 위해 집단을 대상으로 조직하는 경우에 활용될 수 있다.

02 집단발달 단계와 실천개입방법

1) 집단발달과 집단상담

집단의 발달단계는 세리와 갈렌스키(Sarri & Galinsky)의 모델을 보면 다음과 같다(손광훈, 2012: 343-345).

① **발생단계**: 집단을 구성하는 단계이며, 사회복지사는 집단의 규모, 집단성원의 성격, 참여 동기, 환경적 위치 등을 검토해야 한다.

② **형성단계**: 집단성원 간의 유대가 생기고 의사구조가 드러나며 사회적 조직이 만들어진다.

③ **중간단계**: 집단성원 간의 유대가 증가하고 집단의 응집력이 어느 정도 나타난다. 집단의 목적이 명확해지고 목적지향적인 활동이 생긴다.

④ **수정단계**: 초기 단계에 만들어진 지도구조에 대한 수정을 요구한다. 집단의 운영절차가 바뀌고 집단성원의 역할이 분화된다.

⑤ **중간단계**: 집단의 통합력이 더 높고 목적지향적 활동과 집단구조가 더욱 안정된다.

⑥ **성숙단계**: 집단은 고도로 기능적이 되고 집단구조가 발달하여 위계가 분명해지고 역할이 상호의존적이면서 특수화된다.

⑦ **종결단계**: 집단 목적이 달성되었거나, 계약기간이 끝났거나, 집단통합성이 결여되었을 때 또는 외부압력에 대한 효과적인 반응수단을 개발하지 못했을 때 종결된다.

〈표 5-1〉 학자별 집단의 발달단계

	Garland 외	Maier	Sarri & Galinsky	Shulman	Kindelsperger	Trecker	Harlford
1	가입 전 단계 (per-affiliation)	공통성 확인단계	발생단계	준비기	접근 또는 오리엔테이션	시작단계	전 집단 단계
2	권력과 통제 단계 (Power&control)	교환의 생성 단계	형성 단계	개시기	관계의 협상 또는 갈등	집단감정, 조직의 출연	최초의 대면접촉 단계
3	친숙단계 (intimacy)	상호간의 신분개발 단계	중간단계 (1)	작업기	집단 역할의 출현	유대, 목적, 응집력 개발	집단형성단계
4	변별단계 (differentiation)	집단 정체감의 개발	수정단계	종결기	집단 우세의 동요	강한 집단 감정-목표달성	분열 단계
5	분리단계 (seperation)		중간단계 (2)		집단 역할 우세	흥미의 전화 집단감정 감소	재통합(분열, 갈등의)1기
6			성숙단계		제도화된 집단역할	종결단계-집단 종결결정	재통합2(재조직종합) 단계
7			종결단계				전 종결 단계

	Garland 외	Maier	Sarri & Galinsky	Shulman	Kindelsperger	Trecker	Harlford
8							실제적 종결단계
9							종결 후 단계

출처: 손광훈(2012). 사회복지실천기술론. p.343.

〈표 5-2〉 집단상담의 절차와 내용

절차	내용
구성원의 모집 및 선정	오리엔테이션을 통해 상담 주제에 관심 있는 사람들을 모집하고 면접을 통해 구성원을 선정한다.
상담집단의 선정	연령별, 성별, 수준별, 문제영역별 동질집단으로 그룹이 구성되면 다양한 인간관계의 형성이 어렵다는 단점이 있다.
구성원 인원 수	7~8명이 이상적인 그룹의 인원이다. 지도자의 숙련도에 따라 융통성이 있으므로 최대 15명까지 가능하다.
집단상담 장소	프로그램의 성격이나 내용에 따라 장소가 달라질 수 있다. 최대 20명이 자유롭게 앉고 활동할 수 있는 크기여야 하며 방음과 채광이 좋은 곳이어야 한다.
집단상담 시간	구성원의 수준, 프로그램의 목적에 따라 달라질 수 있으므로 30~120분까지 다양하게 구성될 수 있으니 일반적으로 약 90~120분이 최적의 상담시간으로 간주된다.
지도자의 리더십	지도자의 리더십에 따라 집단의 운영 형식이 달라질 수 있다. 집단을 리드할 것이냐 아니면 조정자로서의 역할을 할 것이냐에 따라 집단상담의 방향은 달라진다.
게임 및 활동의 활용	집단상담은 구성원 간의 거리감을 해소하고 활기 있게 진행을 하기 위해 여러 가지 게임이나 생일 초대, 여행 등과 같은 활동을 계획할 수 있다.

출처: 서정현(2015). 상담의 과정과 사례연구의 실제. p.200.

집단의 종류를 토스랜드와 리바스(Toseland & Rivas, 1995)는 지지집단, 교육집단, 성정집단, 치료집단, 사회화 집단으로 구분하고 있으며, 쟈스트로(Zastrow, 1993)는 레크레이션 집단, 교육집단, 문제해결집단, 사회화집단, 치료집단, 감수성 훈련집단 등으로 구분하고 있다. 이를 종합해보면 다음과 같다(전남련 외, 2012 334-338; 장성화 외, 2013: 23-26).

① **지지집단**: 지지집단은 성원들의 스트레스 대처능력과 생활사건 적응능력의 향상을 위해 지지개입전략을 사용한다. 이 집단은 유사한 문제나 경험을 갖고 있어 강한 정서적 유대를 보이며 자기표출의 정도가 높다.

② **교육집단**: 집단성원들에게 기술과 정보를 제공하며 집단토론을 통해 교육의 효과를 강화하기도 한다. 주로 전문가의 강의와 교육이 중심이다.

③ **치료집단**: 치료적 목적으로 모인 집단이며 정신질환, 약물복용 등 역기능적 문제를 가진 사람들을 재활하는 의료적 모델에서 기안되었다.

④ **감수성 훈련집단**: 개인성정과 개인의 자아의식을 확정하고 개인의 잠재력을 발현시키는 데 초점을 두고 있으며 이질적인 사람들을 대상으로 한다.

⑤ **성장집단**: 성원들의 자기개발, 잠재력 개발, 인간관계 개선 등을 목적으로 하며 자기노출이 매우 높은 편이다. 결혼 커플들의 만남집단, 청소년의 가치명료화 집단 등이 있다.

⑥ **사회화 집단**: 사회화 집단은 집단성원으로 하여금 사회에서 수용 가능한 태도와 행동을 습득하도록 돕는 것이다.

〈표 5-3〉 치료집단의 종류와 지도력, 의사소통비교

구분	지지집단	교육집단	성장집단	치료집단	사회화집단
목적	• 집단성원이 스트레스적 사건에 대처능력을 회복하도록 원조	• 강의, 토론, 경험을 통한 교육	• 성원의 잠재력, 인식, 통찰력의 발전	• 행동변화 • 행동변화개입을 통한 교정, 재활, 대처, 문제해결	• 의사소통과 사회기술향상 • 프로그램 활동 • 구조화된 연습, 역할연습을 통한 대인관계 형성
지도력	• 감정이입적 이해와 상호원조의 촉진자	• 교사 및 단체 토의를 위한 구조 제공자	• 촉진자 및 역할 모델	• 접근법에 따라서 전문가, 권위적 인물, 촉진자	• 집단활동이나 프로그램 디렉터
초점	• 스트레스적 경험에 대처할 수 있는 능력 • 의사소통과 상호원조	• 개인학습에 초점 • 학습을 위한 집단의 구조화	• 접근법에 따라 성원이나 집단에 초점 • 집단경험을 통한 성장	• 개별성원의 문제, 관심, 목표의 초점	• 활동과 참여를 위한 도구로서의 집단
결속력	• 스트레스를 일으키는 경험에 대한 공유	• 학습, 기술 발전에 대한 공통된 관심	• 성원들 간의 공통된 목적 • 성장하기 위해 진단을 이용하려는 계약	• 개별성원과 진단지도자, 집단, 타성원 간 관계	• 공동 활동, 계획 또는 상황
구성	• 생활경험의 공유에 기초하여 다양함	• 교육이나 기술 수준 유사성	• 성장과 발전을 향한 개인성원의 능력에 기초	• 유사한 문제를 가진 사람들로 구성	• 집단의 위치, 목적에 따라 다양하나 동질적임
의사소통	• 정보, 경험, 대처 전략에 대한 많은 공유 • 감정적으로 강렬하고 빈번한 자기 표출	• 종종 지도자에게서 성원으로 가끔 성원 간의 토의 • 낮은 자기 표출	• 고도로 상호작용적 • 성원은 집단 내 의사소통에 책임을 짐 • 중간에서 높은 정도의 자기표출	• 집단지도자에서 성원으로 또는 집단성원 간 • 중간에서 높은 정도의 자기표출	• 활동이나 비언어적 행동과 낮은 도에서 증간 정도의 자기표출

출처: Toseland & Rivas(1995). pp.22-23; 전남련 외(2012). 사회복지실천기술론. pp.337-338 재구성.

〈표 5-4〉 치료집단과 과업집단의 비교

집단특성	치료집단	과업집단
결속력	구성원의 개인적 욕구에 근거	성취해야 할 과업에 근거
역할	집단 상호작용을 통해 발단	상호작용이나 임명을 통해 발달
의사소통	개발적 의사소통	특별한 과제에 대한 토론에 초점
절차	집단에 따라 융통성이 있거나 공식적으로 정해져 있음	공식적 일정이나 규칙에 규정되어 있음
구성	공동관심사, 문제, 일반적 특성에 근거	요구되는 재능, 전문성 또는 노동분화에 근거
자기표출	자기욕구, 감정, 관심사 등에 대한 가치 표출이 많음	과업성취에 관련된 부분에 국한됨
비밀보장	사적 수준에서 처리되거나 집단 내부에서 유지	사적으로 처리될 수 있지만 때때로 공중에 공개됨
평가	성원의 치료적 목표의 성취정도에 근거하여 성공여부 평가	성원이 성취한 과업, 의무사항 또는 산출에 근거하여 평가

출처: 임은희(2005). 인간행동과 사회환경. p.329.

〈표 5-5〉 집단성원의 상호작용 정도와 사회복지사의 역할

집단 종류	목표	자기노출	집단의 예	사회복지사의 역할
지지 집단	스트레스 대처방법을 알려는 집단, 대처능력향상	↗ 대체로 높음	한부모집단, 이혼자녀집단	지지적 역할
교육 집단	교육을 통해 집단토론기회제공	↘ 가장 낮음	성교육 집단	교육자 역할
성장 집단	성원의 잠재능력향상을 위한 집단	↑ 아주 높음	여성집단, 퇴직 후의 고령자 집단	조력자 역할
치료 집단	자신들의 문제를 행동으로 변화	↗ 지지집단보다 낮지만 높은 편	본드 흡입 청소년집단, 금연집단	치료자(변화매개자) 역할
사회화 집단	사회적 기술 습득을 위한 집단	→ 보통	클럽, 여가집단, 공격적 성격, 아동집단, 참만남집단	조력자 역할 교육자 역할 시범적 역할

출처: 이종복・전남련・김덕일(2006). 사회복지실천론. p.314.

2) 집단사회복지실천 개입 방법

파펠과 로스만(Papel l& Rothman, 1996)이 분류한 세 가지 모델인 사회목표모델, 상호작용모델, 치료모델을 중심으로 살펴보고자 한다(Brandler & Roman, 1999; 조학래, 2006: 46; 배은숙 외, 2014: 247-249).

(1) 사회적 목표모델(social goal model)

사회적 목표모델은 사회질서와 사회가치 지향과 관련된 지역사회문제들인 범죄, 빈곤, 쓰레기 등의 문제를 해결하려는 데 초점을 두고 있으며, YMCA 등의 청소년단체, 인보관, 지역사회센터에서 주로 적용하였다. 집단사회복지실천의 기능은 사회문제에 대한 토론, 참여, 합의, 대안의 모색 등의 활동을 통하여 집단구성원들이 바람직한 민주시민으로 성장하도록 돕는 것이다. 이 과정에서 집단사회복지사는 역할모델을 제시할 수 있다.

(2) 치료모델(remedial model)

치료모델은 임상지향적인 모델이며 집단을 개인의 치료를 위한 수단인 동시에 맥락으로 보고 역기능적인 행동을 하는 구성원의 치료와 재활을 돕는 것을 목적으로 한다. 치료모델에서 집단사회복지사는 집단을 구성하고 변화를 주도해 나가며, 관계를 설정하고, 대안을 탐색하며, 변화를 행동화하도록 지원한다. 사회복지사의 개입과 결과에 대한 상호평가를 통해 사정을 계속하며 집단사회복지사는 집단변화의 주요역할을 한다. 우울증집단, 성폭력 피해자들을 위한 집단, 알코올 중독자나 정신장애인을 대상으로 하는 집단 등이 대표적인 예이다.

(3) 상호작용모델(reciprocal model)

상호작용모델은 개인과 사회 간의 유기적이고 체계적인 관계를 전제로 하며, 집단구성원들은 환경에 영향을 주거나 받기도 한다. 집단사회복지사는 구성원들의 욕구와 사회적 요구상의 공유부분을 발견하도록 구성원을 원조하는 중재자 역할을 한다. 또한 집단사회복지사는 집단사회복지사와 구성원 체계에 영향을 주거나 받는 한 부분으로 간주되기 때문에 지도자로서보다는 촉진자로서 역할을 담당한다(Brandler & Roman, 1999).

〈표 5-6〉 집단사회복지실천을 위한 3가지 모델 비교

구분	사회적 목표모델	치료모델	상호작용모델
목적	민주적 참여에 대한 훈련 소속감 증대	역기능적 구성원의 사회적응 향상	개인과 사회의 조화. 대인관계 향상.
과제	필요한 자원제공과 사회적 붕괴 예방 (비공식적, 정치적, 사회행동)	사회적 사고나 위험으로 부터의 회복과 재활 (집단 매개체를 통한 자료)	앞의 두 모델의 조합 (문제해결을 위한 상호 원조체계 개발)
구체적 목표	소속감 증대, 민주적 참여에 대한 훈련. 처음에는 전문가에 의해 집단 목표가 결정되나 점차 그 책임은 집단에 이양	집단 상호작용을 활용하여 역기능 행동을 하는 성원의 치료와 재활. 세부적인 집단 목표를 전문가가 사전에 결정	적정수준의 적응과 사회화를 성취하기 위해 성원 간 상호 원조체계 형성, 대인관계 향상 집단 목표 결정을 전문가와 회원이 공유
개입장소 및 기관	회원이 있는 가정, 인근 지역, 지역사회복지관	임상기관, 사회복지관 및 시설	임상기관, 사회복지관 (집단목표에 따라 다양함)
초점	개인의 성숙과 민주 시민 역량개발	개인적 역기능 변화	성원 간의 자조, 상호 원조체계 개발
집단지도자 역할	영향력을 끼치는 자의 역할: 바람직한 역할 모델제시	전문적인'변화매개인' 역할	'중재자'역할
대상	시민, 이웃, 지역주민	역기능, 문제해결을 위해 도움을 필요로 하는 자	공동 관심사의 성취를 위해 협력하는 구성원

구분	사회적 목표모델	치료모델	상호작용모델
집단 활동	토론, 참여, 합의. 집단 과제의 개발 및 실행, 지역사회의 조직화, 성원의 사회행동기술 습득	성원의 행동변화를 일으키기 위해 구조화된 개입을 하거나 직간접적 영향력 발휘	관심사를 토론, 상호원조 형성, 상호 이익이 되는 결속된 사회 체계의 형성
집단 크기	3~25명 정도	7~10명 정도	상황에 따라 유동적
신입회원 가입문제	개방적, 누구나 친구가 될 수 있다.	전문가의 통제	전문가와 회원의 동의에 의한 자유로운 가입
기간	지도력 유형에 따라 유동적	정기적, 시간사용 계획을 사전에 설정	유동적, 지도자의 성원이 합의
대표 학자	Ryland, Wilson, Coyle, Klein	Vinter, Sarri, Glasser, Redl	Schwartz, Bion, Lewin, Tropp

출처: Papell & Rothman(1980). Papell, C.,P., & Rothman, B.(1980). Social Group Model: Possession and Heritage. In A. Alissi(Ed.), *Perspective on Social Group Work practice*, pp.116-132; 남세진 · 조흥식(1997). 집단지도방법론. pp.44-45에서 재구성.

03 집단사회복지실천의 개입기술

집단사회복지사가 실무에서 활용할 수 있는 기술을 살펴보면 다음과 같다(엄명용 외 2005: 246-309; 장성화 외 2013: 144-173; 배은숙, 2014: 251-298).

1) 집단 초기단계의 실천기술

집단의 초기단계에서는 구성원들이 공통된 목적을 향해 활동을 시작할 수 있도록 하며 서로 신뢰할 수 있는 분위기를 확립하도록 다음과 같은 기술이 필요하다(엄명용 외 2008: 303; 전남련 외, 2012: 346-348).

① **사회복지사의 소개**: 사회복지사가 자신에 대한 소개로 이름, 직위, 경력 등을 소개하고 소개를 마친 후에는 날씨 등의 가벼운 주제로 긴장을 완화시킨다.

② **집단성원의 소개**: 사회복지사는 구성원을 소개해야 한다. 첫째, 가장 일반적인 방식은 한 사람씩 돌아가며 자신을 소개하는 것이며, 둘째, 집단구성원들 간의 상호작용을 촉진시키기 위해서는 2명이 짝을 지어 5분씩 상대방을 면접하도록 하고 자신의 파트너를 집단에 소개시키도록 하는 것이다.

③ **집단의 목적 소개**: 집단의 목적은 긍정적인 측면을 강조하고, 동시에 후원기관의 기능과 서비스의 한계를 설명한다. 사회복지사의 역할을 소개하고 집단 목적이 설정되면 개인목표를 구체적으로 설정해야 한다.

④ **집단성원의 역할소개**: 집단성원들은 자신의 문제를 해결하기 위해 무엇을 해야 할지 모르는 경우가 많고 자신의 역할이 불분명하면 집단으로부터 탈락하는 가능성이 크기 때문에 구성원 역할을 소개해야 한다.

⑤ **집단규칙**: 공통적인 규칙은 비밀보장과 행동관련 규칙인 출석과 지각, 흡연, 음식물, 주변인물을 데리고 오는 것 등이며, 이는 구성원들과 함께 결정한다. 성공적인 집단 운영을 위해서는 다른 구성원의 애기를 방해하지 않고 경청하기, 집단토의를 독점하지 않기, 다른 구성원들의 생각과 감정을 존중하기, 서로 신뢰하고 협력하기 등이다.

⑥ **신뢰감 조성**: 신뢰감 조성을 위해 집단사회복지사는 주의집중행동과 적극적인 경청을 해야 한다. 주의집중행동은 수용하고 비심판적이며 개방적이라는 것을 비언어적으로 구성원에게 전달하는 것이며(Carkhuff & Anthony, 1979) 이에는 눈맞춤, 몸자세, 목소리 등이 포함된다.

2) 집단 사정단계 기술

사정(assessment)은 집단구성원 개인뿐 아니라 집단 전체에 대해 이루어져야 한다. 개인에 대한 사정은 다음과 같다(엄명용 외, 2008: 276).

① **의의차별척도**: 두 개의 상반된 입장 중에서 하나를 선택하도록 요청하는 척도
② **상호작용 차트**: 집단성원들 간의 상호작용의 빈도를 기록하는 것.
③ **소시오그램**: 사회적 선호도를 측정하는 것으로 타구성원의 이름에 선호도 점수 매기기와 소시오메트리를 활용하는 것.

3) 개입단계의 실천기술

집단의 중간 단계에서는 집단의 회합의 준비, 집단의 구조화, 성원의 참여와 권한 부여, 성원의 목적 성취 원조, 저항적인 성원의 독려, 모니터링의 과업을 수행해야 한다(Toseland & Rivas, 1995; 전남련 외, 2012: 353-355). 이에 관련된 기술은 집단과정 촉진기술, 탐색에 필요한 기술, 행동, 인식 변화에 필요한 기술 등을 들 수 있으며, 이를 살펴보면 다음과 같다(장성화 외, 2013: 143-152; 김윤재 외 2011: 260-212).

(1) 집단과정 촉진기술

① **관심기울이기**: 집단원이 말하는 메시지를 잘 듣고 이해할 수 있어야 한다.
② **참여촉진**: 구성원의 참여를 촉진하여 소외되는 구성원이 없도록 한다.
③ **적극적인 경청**: 잘 듣고 있다는 것이 집단원들에게 전달되어야 하고 집단원의 표정, 행동, 음성의 변화까지 알아야 한다. 적극적인 경청을 잘하기 위한 습관은 집단원의 말을 평가하지 말고 들어주기, 말을 짐작하여 듣지 않기, 집단원이 말을 할 때 다른 행동하지 않기, 진심으로 듣는 모습 보여주기, 말할 때 중간에 끼어들지 않기, 말의 감정과 내용을 읽어주지 않고 딴 생각하지 않기를 들 수 있다(이형득 외, 2007; 장성화 외, 2013: 145).
④ **공감적 이해**: 선입견을 갖지 않고 언어적 또는 비언어적 메시지를 정확히 파악하여 집단성원의 입장에서 느끼고 생각하는 것이다.

⑤ **초점맞추기**: 대화에 초점을 맞추고 목적에서 벗어나지 않도록 계속 지켜봐야 한다.

⑥ **모델링**: 보고 따라하는 본보기이며 집단사회복지사가 모델이 되어 구성원이 배우도록 이끌어주어야 한다.

⑦ **적극적 참여유도**: 집단사회복지사가 정한 순서대로 발표, 손을 들어 발표, 먼저 끝낸 사람이 발표, 폭탄선언 방법(규칙 없이 집단지도자가 구성원에게 발표를 시킴)이 있다.

⑧ **감정정화**: 내면의 부정적인 감정을 표현하여 그 감정이 사라지는 현상이다.

⑨ **집단의 응집성**: 집단을 유지하려는 상호작용의 정도이며 집단원들의 긍정적인 면이 높을 때 높아진다.

⑩ **표현기술**: 사회복지사는 표현기술을 사용하여 성원이 주요 이슈나 과업에 대해 느끼고 생각하는 바를 자유롭게 표현하도록 돕는다. 사회복지사는 과업집단과 치료집단의 구성원이 어려운 주제에 대해 개방적으로 의사소통할 수 있도록 돕는다.

⑪ **주의집중 기술**: 집단의 결속력 형성과 수용적 분위기 조성에 유용하며 성공적인 지도자들이 잘 활용하는 기술이다. 구체적으로는 눈맞춤, 몸동작과 같은 비언어적인 행동과 감정이입, 존중, 따뜻함, 신뢰, 진솔성을 전달하는 언어적 행동이다, 고개를 끄떡이거나, 말하는 사람을 향해 몸을 기울이거나, 부연설명을 하거나, 좀 더 자세하게 설명해 달라고 요청하는 것이다.

⑫ **선별적 반응기술**: 사회복지사는 선별적 반응기술을 통해서 성원의 메시지가 좀 더 적합하도록 방향을 조정할 수 있다. 선별적으로 반응하여 향후 집단과정에 영향을 미치는 것이다.

⑬ **부연기술**: 사회복지사가 구성원이 말한 것을 바꾸어 말하는 것이다. 사회복지사나 집단의 성원이 다른 성원이 말한 것을 바꾸어 말함으로써 그 성원이 자신의 문제나 상황을 좀 더 명확하게 또는 새로운 방식으로 보도록 도울 수 있다.

⑭ **초점유지기술**: 집단이 주제에서 벗어났을 때 이전의 주제로 되돌아갈 수 있도록 하거나 새로운 주제로 옮겨 갈 수 있도록 하는 것이다.

⑮ **명료화 기술**: 목적은 구성원이 인지적으로 잘 이해할 수 있도록 돕는 것이다.

⑯ **집단 상호작용지도**: 사회복지사는 집단의 상호작용을 특정 방향으로 인도하기 위해 상호작용을 지도하는 기술을 사용한다, 이 방법은 특정 성원의 의사소통을 격려하거나 제한하는 식으로 사회복지사가 특정목적을 가지고 의사소통유형을 선택하는 것이다.

⑰ **자기노출**: 언어적 · 비언어적 행동을 통해 사회복지사가 자신의 정보를 의도적으로 누설하는 것이며 구성원 간의 신뢰관계 향상에 도움이 된다.

⑱ **직면**: 집단성원이 전달하는 말과 행동 사이의 불일치를 보이면 집단성원에게 "당신은 '~ 라고' 말하지만 그 반면 당신은 '~라고' 말합니다."라고 명확히 지적해 주고 해결하도록 하여 개인의 성장을 돕는다.

⑲ **피드백**: 구성원들이 역할수행에 대해 서로 어떻게 바라보는지에 대해서 명확한 정보를 제공하는 것이며(Ivey, 1994), 형식은 "지금까지 우리가 얘기한 것에 대해 어떻게 생각하십니까?", "질문이나 추가로 언급할 말은 없습니까?" 등으로 질문을 한다(김인숙 · 김용석, 2002: 183)

(2) 탐색에 필요한 기술

① **질문기술**: 질문하기를 통해 집단성원이 정보를 파악하고 확장하며 명료화할 수 있도록 방향을 제시한다. 폐쇄 질문은 집단, 집단성원 혹은 상황에 대한 구체적인 정보가 필요할 때 사용한다.

② **언급기술**: 언급하기는 집단성원이 특정 주제에 관한 정보를 제공하도록 격려하는 것으로 위의 질문하기보다 더 효과적이다.

③ **의도적인 침묵기술**: 의도적인 침묵은 현재 말하고 있는 것에 대해 사회복지사가 경청하고 주시하고 있다는 것을 암시한다.

(3) 행동, 인식 변화에 필요한 기술

① **지지기술**: 사회복지사는 개인의 강점과 긍정적인 방어기제, 의견과 감정표현에 대해서 지지할 수 있다. 사회복지사가 구성원의 요구에 대한 반응을 보이는 것 자체도 지지가 될 수 있다.

② **재명명기술**: 재명명기술 혹은 재조명기술은 인지적인 개입기술로서 성원이 그 문제나 상황을 다른 관점에서 볼 수 있도록 사용한다. 사회복지사는 재명명기술을 활용함으로써 집단이 직면한 관심사와 이슈를 다양하고 보다 긍정적으로 볼 수 있도록 원조할 수 있다

③ **모델링**: 사회복지사는 그 자신이 성원에게 바람직한 모델이 되어야 한다.

④ **조언기술**: 집단사회복지실천에서 조언은 개인을 대상으로 실천할 때와 크게 다르지 않다. 다만 사회복지사가 직접 조언할 수도 있고 다른 성원이 조언하도록 사회복지사가 유도할 수도 있다는 점에서 차이가 있다.

⑤ **직면기술**: 성원의 비이성적인 행동, 자신 또는 타인에게 파괴적일 수 있는 언행상의 모순되는 점, 방어기제, 수용될 수 없는 행동과 같은 것은 집단의 목표달성에 장해물이 된다.

⑥ **갈등해결기술**: 문제를 다룰 때 갈등상황을 경감시키기 위해서 일반적인 수준에서 언급하거나 갈등을 회피하게 되면 문제가 더욱 심화될 수 있다

〈표 5-7〉 집단사회복지개입단계별 사회복지사기술

단계	집단성원의 특성	집단의 특성	사회복지사의 기술
초기 단계	• 낯선 사람에 대한 불안, 불신 • 사회복지사와 대화 시도 • 탐색 및 거리감 유지 또한 친해지려는 노력이 보임 • 성공할 수 있을 것인가에 대한 불안감 • 집단에서 도움을 받아 성공할 수 있을 지에 대한 두려움	• 집단, 사회복지사, 집단성원에 대한 오리엔테이션 • 집단의 규범, 가치, 대화양식을 설정 • 집단의 목적을 공유 • 집단성원 간 공통점 모색 → 응집력에 영향을 준다.	• 비밀보장에 대해 설명 • 집단성원이 사회복지사에게 의존하므로 사회복지사의 적극적인 개입이 요구됨. • 집단성원의 불안감 감소시킴 • 집단의 목적을 모두가 공유하게 함 • 집단의 규범이 설정되도록 도움.
중간 단계	• 집단에 대한 탐색이 점차 감소 • 집단성원 간 짝을 이루고 하위집단 발생 • 하위집단 간 알력이 발생 • 자신의 지위 및 역할 모색 • 집단성원의 독특성 인정, 집단의 공헌 모색 • 집단의 중요성을 내면화 • 사회복지사에게 덜 의존하게 되고 자신의 의사표현 시작	• 집단의 문화, 행동, 규범, 갈등이 발생하고 이를 해결 • 집단성원의 지위, 위계질서, 역할, 리더가 형성 • 집단성원 및 리더를 실험하고 신뢰할 수 있게 됨. • 집단성원 간의 공통점, 차이점을 인정하고 존중함 • 집단의 응집력 발달.	• 집단의 현 위치를 파악(진행상황, 갈등, 협조체계 등) • 각 성원에 대한 평가(태도, 관계, 행동, 동기 목표 등) • 집단 목적, 목표 재확인하고 성원모두의 참여 유도 • 집단성원 간의 공통점 및 차이점 파악 • 집단 리더에 대한 실험을 인정 • 집단성원이 다양한 경험을 할 수 있도록 도움 • 직면 • 집단의 갈등 해소
종결 단계	• 집단성원이 자신의 성공담을 집단에서 표현함 • 대화가 자유로움 • 집단참여가 저조해짐 • 집단의 종결에 대한 양가감정 및 퇴행 발생 • 집단경험이 자신의 생활에서 준거틀이 됨	• 집단의 종결에 대한 논의 • 집단에서 얻은 성과를 일관되게 유지토록 함 • 집단성원, 집단, 사회복지사에 대한 이별 준비 • 집단 종결	• 집단종결을 준비함 (집단의 종결이 임박함을 알림) • 집단종결에 대한 욕구와 목표달성 정도, 성과의 유지 정도 등을 점검 • 집단종결에 대한 개별 성원의 반응 점검 • 남은 기간 성취해야 할 일과 과정을 토의 • 집단성원의 성과에 대한 논의 • 사회복지사의 감정처리

출처: 김성이 외(2004). 청소년복지학. p.199; 손광훈(2012). 사회복지실천기술론. p.376 재구성.

04 집단사회복지사의 자질과 역할

코틀러(Kottler, 2001)는 유능한 집단사회복지사의 자질은 신뢰성, 자가 수용, 카리스마, 유머감각, 융통성, 정직성, 열정, 그리고 현실감각이라고 제시하였다. 이외에도 전문적 자질, 윤리적 자질을 들 수 있다. 사회복지사의 자질을 보면 다음과 같다(장성화 외, 2013: 65-70).

첫째, 집단사회복지사의 인간적인 자질은 ① 인간에 대한 기본적인 신뢰, ②집단상담자의 자기이해와 신뢰, ③ 인간에 대한 개방적이고 허용적인 태도, ④ 집단원의 변화 가능성에 대한 믿음, ⑤ 집단원에 대한 경청과 공감, ⑥ 융통성과 유머감각이다.

둘째, 집단사회복지사의 전문적인 자질은 ① 적절한 집단규모와 목표 설정, ② 집단계획과 지도 능력, ③ 상담에 관한 경험, ④ 상담이론에 관한 전문적 지식, 상담과정에 적용할 수 있는 능력, ⑤ 효과적인 의사소통으로 상호작용 촉진 능력이다.

셋째, 집단사회복지사의 윤리적 자질은 ① 윤리적 규칙을 준수하며 자신이 갖추고 있는 자격에 맞는 상담만 진행해야 하며, ② 집단에서 일어나는 특수한 경우를 제외하고는 비밀을 유지해야 하고, ③ 집단사회복지사와 집단 상담원과 비밀스런 만남을 갖지 않으며 개인욕구 충족과 성적인 관계를 맺어서도 안 된다.

집단사회복지사의 역할은 다음과 같다(Bales, 1950; Zastrow,1993; 배은숙 외 2013: 257-258). ① 집단의 역동을 관찰하고 지도하는 역할, ② 집단의 분위기 조성을 돕는 역할, ③ 집단원을 수용하는 역할, ④ 행동의 모범이 되는 역할, ⑤ 친밀한 치료적 관계(칭찬, 인정, 지지, 격려), ⑥ 창의적이고 창조적인 역할, ⑦ 집단을 지적하는 역할, ⑧ 집단을 보호하는 역할이다. 이외에도 과업전문가와 집단유지 전문가로서의 집단사회복지사 리더십 기능은 ① 과업전문가로서의 역할: 정보와 의견 제공자, 방향제시자, 정보와 의견 탐색가, 요약자, 진단자, 충전자, 조종자, 가능성 검증자, 평가자이다. ② 집단유지전문가로서의 역할: 화합가, 참여고무자, 긴장완화자, 의사소통 촉진자, 적극적 경청자, 신뢰 형성자, 대인관계 문제해결자, 분위기 평가자, 진행관찰자이다.

연구문제

1. 훌륭한 집단지도자 자질을 위한 집단운영에 대한 자기 효능감 설문지를 체크해보고 자신의 설문지점수를 다른 학생들과 비교해보고 집단지도자의 자질을 설명하시오.

2. 집단사회복지사의 인간적 자질과 전문적 자질을 기술하시오.

확인문제

1. 집단의 발달단계와 집단상담의 과정에 대해서 설명하시오

2. 집단 초기단계 기술을 설명하시오.

3. 집단 사정단계 기술을 설명하시오.

CHAPTER 06

가족대상 사회복지실천기술

제6장에서는 가족의 변화와 가족문제에 대한 이해를 바탕으로 가족 대상의 사회복지실천의 필요성과 가족 복지실천의 면담기술 및 단계별 실천기술 그리고 가족치료이론에 따른 개입기술을 파악하여 가족복지실천기술능력을 향상시킨다.

학습목표

1. 가족변화와 가족문제에 대해 이해한다.
2. 가족초기의 면담기술을 설명할 수 있다.
3. 가족복지실천의 사정 기술을 설명할 수 있다.
4. 가족복지의 중간단계 실천기술을 설명할 수 있다.
5. 종결단계의 실천기술을 설명할 수 있다.

01 가족변화와 가족문제

현대의 가족에 대한 입장을 아이흘러(Eichler)는 “가족은 한 명 혹은 그 이상의 자녀를 포함하거나 포함하지 않을 수 있으며(무자녀 부부), 이 자녀가 혼인 관계에서 태어날 수도 있고 그렇지 않을 수도 있는(입양아동 혹은 배우자가 전혼에서

낳은 자녀) 사회집단이다. 이들 성인관계는 결혼에 근원을 둘 수도 있고 그렇지 않을 수도 있다(사실혼에 의한 부부). 이들은 같은 거주지에 살 수도 있고 그렇지 않을 수도 있다(주말부부). 이들 성인들은 성적으로 동거할 수 있고 그렇지 않을 수도 있으며 이 관계는 애정, 매력, 경건성, 경외감 같은 사회적으로 패턴화된 감정을 포함할 수도 있고 그렇지 않을 수도 있다."고 정의하고 있다(Eichler, 1988; Collins, Jordan & Coleman, 1999: 24-25 재인용; 김용환 외, 2013: 198).

〈표 6-1〉 Duvall의 가족 생애 주기

단계		가족내 지원	가족 발달단계에 따른 과업
1	결혼 부부	아내, 남편	• 상호 만족하는 부부관계 성립 • 임신과 부모됨에 적응 • 친족 관계에 참여
2	자녀 출산 가족	아내/남편/ 유아(딸, 아들)	• 유아 발달 환경 조성 및 적응 • 부모와 유아에게 만족스러운 가정 조성
3	학령 존 자녀 가족	아내/남편 딸-자매/아들-형제	• 학령 전 자녀의 욕구와 관심을 격려하고 성장을 촉진하도록 적응 • 에너지 고갈과 사생화 축소에 대처
4	학령기 자녀 가족	아내/남편 딸-자매/아들-형제	• 학령기 가족의 공동체에 참여 • 자녀의 학업성취 격려
5	청소년 자녀 가족	아내/남편 딸-자매/아들-형제	• 자유와 책임의 균형 유지 • 부모의 관심과 경력 형성
6	청년 자녀 독립 가족	아내-모-조모 남편-부-조부 딸-자매-이모 아들-형제-삼촌	• 청년 자녀 떠나보내며 지원 제공 • 지지적인 가정의 토대 유지
7	중년기 부모	아내-모-조모 남편-부-조부	• 결혼관계 재정립 • 노인세대와 젊은 세대의 유대 유지
8	노년기 가족	과부/홀아비 아내-모-조모 남편-부-조부	• 사별과 홀로 되는 것에 대한 대처 • 노화에 대한 적응 • 은퇴에 대한 적응

출처: Duvall(1977); 장수미 외(2010). 사회복지실천기술론. p.408 재인용.

현대가족의 문제는 산업화, 도시화, 여성 지위의 변화, 사회적 요인, 결혼, 자녀, 부양 등의 가족에 관한 가치관의 변화, 초혼 연령의 상승, 출산율의 저하, 평균수명의 증가 등으로 인한 가족 구조의 변화로 다양하게 급증하고 있다. 또한 현대 가족은 가구의 축소 및 1인 가구의 증가, 세대 구성의 단순화, 이혼 및 재혼 가족의 증가, 다문화가족의 증가, 한 부모가족의 증가, 재혼가족증가, 다문화가족증가, 조손가족증가, 새터민 가족 등으로 다양하게 변화하고 있다.

가족생활 주기 단계별 주요 발달과제와 가족 생애 주기와 가족문제를 야기시키는 역기능적 가족의 특성과 많은 부부들이 공통적으로 갖고 있는 잘못된 신념들은 가족문제를 더욱 증가시키고 있다고 볼 수 있다.

〈표 6-2〉 많은 부부들이 공통적으로 갖고 있는 잘못된 신념

공통적 부부신화	가족 체계적 입장에서의 전망
결혼 생활은 항상 행복해야 하며, 가족 구성원들은 자기 가족에게서 만족을 찾을 수 있어야 한다.	낭만적인 신화이다. 가정이 아닌 다른 곳에서 얻는 인생의 만족도 많다는 사실을 간과하고 있다.
항상 가까이에 있고, 함께 생존하는 단란한 가족이라야 만족한 가정생활을 할 수 있다.	모든 가족에게 해당되는 이상적인 유형이라고 할 수 없다. 이런 유형의 가족이 아니더라도 행복한 가정생활이 가능하다.
배우자는 항상 상대방에게 정직해야 한다.	개방성과 솔직성은 바람직한 일이지만(특히 전 실적인 문제 해결을 위해), 적대적이고 파괴적인 감정까지 정직하게 털어놓으면 관계가 손상될 수 있다.
부부는 모든 문제에 의견을 같이 해야 하며, 동일한 관점에서 임해야 한다.	부부는 서로 배경과 경험과 성격이 달라서 매사에 의견을 같이 하기는 불가능하다. 또 관점이 달라도 건설적으로 사용하면 일을 수행할 때 더 많은 선택의 여지가 생긴다.
부부가 이기적으로 자기 개인의 욕구를 충족시키고자 애써서는 안 된다.	지나친 자기 몰두나 이기심은 바람직하지 않다. 그러나 다른 사람의 부속물(예: 오직 가족에게 봉사하는 삶만 사는 어머니)로 살기보다는 개인으로서의 만족을 누리면서 가정생활을 할 필요가 있다.
집안에서 어떤 일이 잘못되면, 누구 잘못인지 밝혀야 한다.	한 개인을 탓하기보다 가족 상호작용에서의 역기능을 찾아 가족 전체가 책임을 져야 한다.

공통적 부부신화	가족 체계적 입장에서의 전망
현재 발생한 문제를 해결하기 위해서는 과거를 들추어보는 것이 도움이 된다.	과거의 잘못에 대한 끊임없는 반추는 문제를 제거하기보다 악화시키는 경우가 많다. 부정적 감정이 더욱 상승하기 때문이다.
부부가 논쟁을 벌일 때 누가 옳고 누가 그른지 판가름 내야 한다.	부부의 상호 작용에서 협동보다 경쟁이 심할 때 결혼 생활에 어려움이 따른다.
성 관계가 좋아야 결혼 생활을 잘 할 수 있다.	좋은 성 관계는 만족한 결혼 생활의 중요한 요인이지만, 그것 때문에 다른 면에서 문제가 생기지 않는다고는 볼 수 없다.
만족스러운 결혼 생활에서는 성적인 문제가 저절로 해결된다.	꼭 그렇지는 않다. 결혼 생활이 만족스럽다 하더라도 다른 문제 때문에 성격인 면에서 어려움을 경험할 수 있다.
부부는 상대방의 비언어적 의사소통을 이해할 수 있기 때문에, 서로 일일이 말로 확인할 필요가 없다.	역기능적 가정에서는 그렇지 않다. 상대방의 비언어적 표현에 대한 그릇된 지각과 해석도 흔하다.
결혼 생활에서는 부정적인 피드백과 마찬가지로 긍정적인 피도백도 할 필요가 없다.	훌륭한 결혼 생활을 하기 위해서는 나날이 부단한 노력과 의사소통과 상호 문제 해결이 필요하다.
어떤 배우자든 상대방이 원하는 대로 바뀔 수 있다(또 그렇게 되어야 한다).	이러한 전제를 갖고 있는 사람은 좌절과 분노와 환멸을 느끼기 쉽다. 관계를 개선하기 위해서는 남편과 아내가 상대방의 요구에 민감해야 한다.
안정된 결혼 생활에서는 변화가 없기 때문에 문제가 발생하지 않는다.	모든 생활 체계는 세월이 흐름에 따라 변화하고 성장 발달한다. 그렇지 않으면 현재의 필요와 발달에 부응하지 못한다.
남편과 아내의 역할이 어떠해야 하는지 누구나 다 안다.	특히 새로운 역할이 요구되고 있는 현대 사회에서는 그렇지 않다.
결혼생활이 원만하지 못해도 자녀가 생기면 나아진다.	결혼 생활이 원만하지 못하면 자녀가 부부간 불화의 희생자가 된다.
결혼 생활이 아무리 불행해도, 자녀를 위해 참아야 한다.	부모가 이혼하는 것보다 함께 사는 것이 반드시 자녀들에게 더 낫다고 말할 수는 없다. 자녀를 위해 희생하고 산다는 부부는 상대방에게 느끼는 부정적 감정을 자녀들에게 터뜨리기 쉽다.
결혼 생활이 원만하지 못할 때, 혼외정사나 이혼, 다른 사람과의 결혼이 상황을 개선시킬 수 있다.	물론 그럴 수도 있다. 그러나 문제를 파악하지 못하면 또 다시 비슷한 배우자를 선택하게 되고 만족을 얻을 수 없는 삶의 유형이 반복될 것이다.

출처: I. Goldenberg & H. Goldenberg(1985). pp.82-83; 나동석 외(2014). 사회복지실천기술론. p.282 재인용.

〈표 6-3〉 기능적 가족과 역기능적 가족의 비교

	기능적 가족	역기능적 가족
경계	• 하위체계의 경계선이 명확하고, 하위체계 간 경계가 개방되어 에너지교류가 자유롭다.	• 하위체계의 경계선이 경직되거나 혼란되어 있으며, 변화하지 않는다. • 지나치게 독립적이거나 지나치게 융해되어 있어서 적절한 분화가 어렵다.
가족 규칙	• 가족규칙은 명확하며 공평하게 이루어진다. 또한 규칙은 가족상황에 따라 융통성 있게 변화할 수 있다.	• 가족의 행동에 대한 규칙을 가지고 있지 않거나 가족규칙이 명확하지 않으며, 경직되어 있다.
권력 구조	• 가족 내의 권력구조가 부부가 연합되어 있고 위계질서가 명확하다. • 가족성원은 자신들의 역할을 명확히 이해하고 자신에 대하여 수용적이며 다른 가족성원과 협조적이다.	• 가족 내의 권력구조가 불안정한 부모하위체계를 형성하고 부부의 권력이 위계적이지 못하고 혼란되어 있다. • 역할은 경직되거나 명확하지 않아서 가족성원은 정형화된 역할학습으로 자아 정체감 혼란이 있거나 반대로 자신에게 요구되는 기대가 무엇인지 잘 알지 못한다.
친밀감	• 가족 개인 간의 적절한 친밀감과 독립성이 유지되고 있다. • 각 개인의 자율성은 존중되면서도 전체로서의 가족이 유지된다.	• 가족 개인 간의 친밀감 형성에 어려움이 있고 개인의 자율성은 가족 전체를 위해 희생되고 타율적이며 수동적이 된다.
의사 소통	• 의사소통은 언어적·비언어적으로 일치적 의사소통을 한다. • 가족성원이 자신의 사고, 감정에 대하여 자유롭고 명확하며 직접적으로 표현할 수 있다.	• 의사소통은 애매하고 간접적이고 권위적이다. • 가족성원은 감정과 생각을 자유롭게 표현하지 못하고 방어적이거나 회피적이다.
체계의 개방성	• 가족체계가 외부체계와 개방체계로서 에너지 교환이 원활하고 변화에 대하여 적응적이다.	• 가족체계가 폐쇄적이며 고립되어 있어 체계 내의 혼란과 증상이 악화된다. • 변화에 대하여 부적응적이다.

출처: 양정남 · 최선령(2003). 사회복지실천론. pp.228-229; 나동석 외(2014). 사회복지실천기술. p.280 재인용.

02 가족초기의 면담기술

사회복지사가 가족과 관계를 형성하려면 가족구성원 모두와 관계를 맺어야하며(Collins et al., 2010: 105), 가족구성원의 참여 동의가 선행되어야 한다(장수미 외, 2010: 205). 그리고 가족의 문제 및 욕구를 정의할 때는 모든 가족 구성원의 인식을 고려해야 하고(Collins et al., 2010: 106), 가족구성원 개개인이 문제에 대해 자유롭게 자신의 의견을 표현할 수 있어야 하며(Hepworth et al., 2010: 460), 이에 개별상담을 병행해야 한다. 문제해결은 가족원 모두의 과업이라는 '초점 확대하기(Nichol & schwartz, 2007)'를 통해 가족 모두가 책임의식을 갖고 문제해결에 참여할 수 있도록 하는 것이 필요하다(장수미 외, 2010: 206).

가족초기 면담의 운영지침은 다음과 같다(Hepworth et al., 2010: 461 재구성).

① 가족과 연합하고 가족성원과 개인적인 관계를 수립하라.
② 원조과정에서 은폐된 사항을 조사하라.
③ 참여의 선택사항을 분명히 하고 문제에 대한 가족의 인식을 분명히 하라.
④ 가족의 바람과 욕구를 규명하고 문제를 가족 문제로 정의하라.
⑤ 가족장점을 강조하고, 가족의 패턴화된 행동에 대한 정보를 끌어낼 수 있는 질문을 하라.
⑥ 반복되는 의사소통에 대한 가족의 관심을 끌어내고 패턴을 변화시키기 위한 노력을 하라.
⑦ 가족성원이 다른 성원과 긍정적인 방법으로 관계를 맺도록 돕도록 하라.
⑧ 개별 성원의 목표나 해결책을 수립하고, 가족 성원이 이후 회기에 참여하고 계약에 협의할 동기를 측정하라.
⑨ 그 주간 달성과업을 협의하고 토론된 사항과 해결책, 진전사항을 요약하면서 회기를 마무리하라.

03 가족복지실천의 사정 기술

가족사정이란 가족을 하나의 단위로 보고 가족 내부의 요인과 외부의 요인 그리고 이들 양자 간의 상호작용을 파악하기 위해 자료를 수집하고 분석하고 종합하여 가족에 대한 개입을 계획하는 일련의 과정을 말한다(조흥식 외, 2010).

가족사정의 내용으로는 가족이 제시하는 문제, 가족의 기본적인 욕구충족에 대한 것, 여러 세대에서 반복되는 가족의 유형, 관계 문제, 가족내부에 대한 가족의 구조와 기능, 가족의 권력구조, 가족 역할, 가족규칙, 가족응집력, 가족적응력 등에 대해서 탐색한다.

사정의 방법으로는 면접, 관찰, 도구의 활용방법이 있으며, 가족사정을 위한 도구의 종류에는 가계도, 생태도, 사회도, 가족도, 가족조각기법, 가족화 등이 활용된다(장수미 외, 2010: 208-210; 손광훈, 2012: 420-427).

1) 가계도

가계도는 가족 스스로가 세대 간 반복되는 관계유형을 찾고 그것에 대한 통찰력을 갖도록 하는 데 매우 유용한 도구이다(양옥경, 2005: 190). 가계도는 사회복지사와 함께 작성해야 하며(Zastrow, 1995) 가계도의 분석은 첫째, 가족구성과 구조를 분석할 수 있고, 둘째, 가족의 생애주기를 분석할 수 있으며, 셋째, 세대 간에 유형의 반복이 있는지 분석할 수 있으며, 넷째, 가족구성원들의 역할과 기능이 균형을 이루고 있는지 분석할 수 있다(손광훈, 2012: 420; 윤현숙 외 6인, 2001: 268-273).

2) 생태도

생태도(eco-map)는 안 하르트만(Ann Hartman, 1978)에 의해 개발된 것으로서 개인 및 가족의 사회적 맥락과 개인 및 가족을 둘러싼 사회체계들과의 상호작용 상태를 하나의 그림으로 나타낼 수 있도록 고안된 도구다. 생태도는 클라이언트의 상황에 의미 있는 체계들과의 관계를 그림으로 표현함으로써 특정문제에 대한 개입계획을 세우는 데 매우 유용한 도구이다(전남련 외, 2012: 317).

3) 사회도

사회도는 상장을 사용하여 집단 내 성원들 간의 상호작용을 그림으로 나타내는 것으로 구성원 간의 개인적 수용과 거부 및 집단 내의 대인관계를 평가하는 데 사용하는 기법으로 모레노(Moreno)가 개발한 방법이다(남세진 · 조흥식, 1997; 이종복 · 전남련, 2012: 263). 또한 집단성원들 간의 관계에 대해 인식하고 있는 정도를 사정하는 방법이다(엄명용, 2008: 279).

4) 사회적 관계망

사회적 관계망은 가족이 외부의 사회체계로부터 어떻게 영향을 받는지 사정평가하기 위해 사회적 지지를 제공하는 관계망을 그림이나 도표로 그리는 것이다. 일반적으로 사회적 지지는 어려운 상황에 처한 클라이언트의 스트레스나 문제를 해결하는 데 직접적 혹은 간접적인 영향을 미쳐 스트레스나 어려움을 경감시키는 것으로 알려져 있다(김용환 외, 2013: 231).

5) 가족도

가족구조를 부호로 표시한 것을 말한다. 세대 관계도와는 다르며 관심사를 둘러싼 가족성원의 배치를 나타낸다. 연합이나 경계를 도시하는 것으로 치료의 방침을 세우는 데 유익하다. 가족도는 치료자가 치료목표를 설정하는 데 강력한 도움의 하나로 된다. 즉, 세대관계도, 연합, 경계 등을 나타낼 수 있다.

6) 가족조각

가족조각 기법은 가족 중 한 사람이 자신의 이미지에 따라 다른 가족 공간에 배열한 후 신체적 표현을 요구하여 가족관계를 나타내는 무언의 동작표현이다. 실시방법은 첫째, 가족의 동의를 얻는다. 둘째, 조각을 만들 사람을 선정한다. 셋째, 조각을 만드는 단계이다. 조각을 만들 가족원이 가족 앞에 서게 한 후 자신이 생각한 가족의 이미지를 가족의 몸이나 얼굴을 마음대로 움직여 표현해본다. 넷째, 자신의 감정을 나누는 단계이다.

7) 동적 가족화

동적 가족화는 클라이언트에게 "당신을 포함한 가족이 무언인가 하는 모습을 그려주세요."라고 지시하여 그리게 하는 방법이다. 이를 통해 가족관계를 보다 잘 이해할 수 있다. 가족화 해석 과정은 다음과 같다. 첫째, 동적 가족화가 의미하는 것을 찾는다. 둘째, 그림을 그리는 과정을 살핀다. 셋째, 그림을 그린 후의 면담과정에서 정보를 수집한다.

04 가족복지의 중간단계 실천기술

중간단계는 가족내부의 관계 변화와 가족환경의 관계개선을 위한 개입기술이 필요하며, 이를 위한 실천기술을 살펴보면 다음과 같다(나동석 2010: 214-216; 김영 외, 2010: 264; 장수미 외, 2010: 214-225; 김용환 외, 2013: 232-246).

1) 탈삼각화

탈삼각화란 보웬(Bowen)의 세대 간 접근기법으로서, 가족 내 두 사람 간 갈등

해결 방법으로 제3자를 끌어들이는 것에서 벗어나게 하는 것을 말하며, 두 성원의 감정 영역에서 제3의 성원을 분리시키는 과정이다(김혜영 외, 2010: 262).

2) 경계만들기

경계만들기는 구조적 기법으로, 가족 내 성원이 지나치게 밀착되거나 분리되어 있는 경우 적절한 경계를 만드는 것을 말한다.

3) 균형 깨뜨리기

균형 깨뜨리기는 가족 내 역기능적 균형을 깨트리는 것으로 가족체계 내에서 지위나 권력 구조를 변화시켜 낮은 지위에 있는 성원에게 힘을 부여함으로써 가족을 재구조화할 수 있도록 돕는다.

4) 가족규칙 다루기

가족규칙이 명확하지 않다면 그것을 공개적으로 다룰 필요가 있고, 규칙이 시기적으로 적절하지 않거나 공정하지 않다면 가족이 규칙 유지 여부를 결정하도록 도와야 한다.

5) 실연

실연(enactment)이란 가족의 상호작용 행동을 면담 상황에서 그대로 재현하게 하는 것이다.

6) 가족조각

가족조각은 가족 성원으로 하여금 가족관계를 표현하는 조각을 만들어 보게 하여 가족관계에 대한 성원의 인식을 파악하는 기법이다.

7) 역할연습

역할연습은 새로운 행동양식을 익히고 실행해 보기 위해 주로 활용하며, 가족 상황을 역할극으로 표현해 보게 하여 역할 재현을 통해 가족 상황을 이해하는 방법으로도 활용된다.

8) 가족과제

가족과제는 면담시간에 시작된 변화 노력을 계속 연장할 수 있게 하고, 일상생활 속에서 변화의 노력을 확장시켜 나갈 수 있게 하는 기법이다.

9) 재구성

재구성은 가족이나 가족 성원의 행동이나 경험을 다른 관점으로 그리고 더 긍정적인 시각으로 볼 수 있도록 돕는 기법을 말하는 것이다.

10) 순환적 질문하기

전략적 접근에서 개발한 순환적 질문하기는 가족성원이 문제에 대해 제한적이고 단선적인 시각에서 벗어나 문제의 순환성을 깨닫도록 돕기 위한 질문을 연속적으로 하는 기법이다

11) 역설적 지시

역설적 지시는 전략적 기법으로, 문제를 유지시키는 연쇄를 변화시키기 위해 역설적인 행동, 즉 문제행동을 유지하거나 혹은 강화하고 행동을 오히려 수행하도록 지시하는 기법이다.

12) 예외질문

해결중심 모델에서 주로 사용하는 기법인 예외질문은 가족이 해결하기 원하는 그 문제가 나타나지 않은 예외 상황을 찾고 그 예외를 확장시키기 위해 가족이 무엇을 할 수 있을지에 대한 단서를 찾게 하는 질문이다.

13) 기적질문

기적질문은 가족의 문제가 모두 해결되었다면 어떤 일이 일어나겠는지를 상상하게 하여 변화 이후 일어날 현실을 구체화하는 질문이다.

14) 척도질문

변화하기 원하는 상태의 정도를 수치로 표현해 보게 함으로써 현재 상황이나 변화하기 원하는 상태의 정도에 대한 탐색과 구체화를 돕는 질문이다.

15) 문제의 외재화

가족문제를 사람과 분리시켜 별개의 존재로 보게 하는 기법이다. 예를 들어, “우리 아들이 난폭해서 걱정이에요.”와 같은 진술(문제의 내재화)을 “난폭이라는 놈이 아들을 휘어잡고 있어서 걱정이네요.”로 외재화하는 것이다.

16) 전화, 편지, 방문과 가족의례의 활용

편지쓰기와 전화, 방문하기 등의 가족의례행사를 활용하는 것이다.

17) 환경의 자원 개발, 연결 및 서비스 조정

가족의 문제 및 욕구가 부족한 자원의 보충과 관련된 것이라면 사회복지사는 환경 내 자원과 지지를 개발하고 연결해야 한다.

18) 가족옹호

가족의 권리를 대변하고 서비스를 확충하도록 노력하는 것을 말한다(최선희·최정숙·박화옥, 2008).

19) 가족관계망 개입

가족관계망 개입이란 가족, 친구, 이웃, 동료의 관계망 내 에너지와 자원을 활용해 가족이 겪고 있는 곤경을 완화시키는 데 필수적인 지지와 만족, 통제를 제공하고 지역사회 전문가들과 관계망 개입을 위한 팀 접근을 시도하는 것이다(Hartman & Laird, 1984; Secck & Attneave, 1973; 성정현 외, 2004, 재인용).

〈표 6-4〉 실천기법의 적용절차

빈 의자기법의 절차와 기술	
개요	• 펄스(Perls)의 형태치료에서 비롯됨 • 상대방에게 투사하는 자신의 왜곡된 감정들을 드러내고, 인정하고, 자아 속에 통합시키는 것 • 투사작업에 유용한 기법으로 내담자인 부모로 하여금 자기 내면에서 거부하고 있는 부분들을 인정하고 자기 안에 통합할 수 있도록 돕는다.

적용절차	1. 부모 앞에 빈 의자를 놓고 자녀가 앉았다고 생각하고 빈 의자와 대화하게 한다. 2. 자녀가 앉았다고 생각한 빈 의자에 앉아서 자녀가 부모에게 무슨 말을 했을지 말하게 한다. 3. 부모가 자녀의 역할을 하고 있을 때 중요한 말이 나오면 부모의 입장을 이야기하게 한다. 4. 어느 정도 자아 속의 감정의 통합이 일어날 때까지 이런 방식으로 역할을 바꾼다. 5. 자녀입장이 되어 이야기하던 부모는 자녀에게 투사하고 있던 왜곡된 부분들을 받아들인다. 6. 부모-자녀의 대화에서 점차 빈 의자에 앉은 자신의 원 가족과의 경험으로 옮아가게 된다.
유의점	1. 부모-자녀 간의 관계성에 문제가 있을 때 자녀들은 가급적 이 장면을 보지 않는 것이 바람직하다. 그 과정 중에 감정의 강도나 친밀도가 세대 간의 경계를 약화시킬 수 있다. 2. 배우자-원 가족의 문제인 경우 배우자가 빈 의자기법진행을 관찰하는 것은 도움이 된다. 3. 관찰은 배우자와 심리적인 분별화를 촉진시키고 배우자를 이해할 수 있는 계기가 된다.

조각기법의 절차와 적용기술	
개요	• 가족조각은 가족 구성원들과 물건 등을 사용하여 가족이 생각하고 느끼는 대로 가족 간의 정서적 관계를 몸으로 표현하는 기법이다. • 살아있는 가족의 초상화를 그리는 것이다. • 기법을 진행하는 동안 가족을 결속시켜 주는 효과가 있다. • 말 대신 몸으로 무의식적이고 자연적 의사소통을 하기 때문에 언어적 대화에서 나타날 수 있는 주지화, 방어 및 비난적 투사를 줄일 수 있다. • 이 기법은 가족의 결속력을 강화시켜 주는 효과를 가지고 있다. • 가족 속에서 자신만의 경험을 분리시켜 보는 경험을 하게 된다.
적용절차	• 이 기법은 진단이나 상담과정 어느 시점에서도 사용 가능하다. 1. 기법의 사용목적을 설명한다. 2. 각 구성원은 차례로 나머지 구성원을 한 사람씩 자기가 이해하는 모습으로 배치시킨다. 3. 찰흙으로 조각을 하듯이 신체를 움직여서 공간배열, 생동감, 가족 구성원의 정서적 원근감을 나타내도록 한다.
평가	• 가족구성원들 각자가 묘사한 가족의 현재모습들이 불일치하다면 가족 내에 문제가 존재한다. • 이 때 가족의 문제에 접근하는 방법은 언어보다는 조각기법을 활용하는 것이 더 좋다. • 상담자에 따라 조각을 여러 가지 관점에서 탐색하고 조각의 의미, 영향, 함축 결과 등을 가족과 토론한다.
토론	(각자에게) 가족 내 자신의 위치를 처한 느낌이 어떠한가? (가족에게) 조각가가 가족을 그렇게 지각한다는 것을 알고 있었는가? (각자에게) 조각가가 당신을 그렇게 지각하는 것을 알고 있었는가? (가족에게) 가족이 이 조각처럼 기능한다는 것에 동의하는가? (조각가에게) 가족체계에서 어떤 것이 바뀌었으면 좋겠는가? (조각가에게) 이 장면에 제목을 붙여 보세요.

유의점	• 이 기법은 다음과 같이 다양하게 활용될 수 있다. 1. 가족 구성원들에게 전형적인 행동을 나타내는 단어나 문장을 빠르게 소리 내어 말하게 할 수도 있다. (⇒ 청각적 효과를 볼 수 있음) 2. 개인상담에도 사용할 수 있다. 3. 가족 대신 사물을 사용하는 것도 나름대로 효과를 볼 수 있다. (가족 내 위치) 4. 가족조각은 조각한 사람이 단지 그의 주관적인 내면의 실제를 표현한 것이므로 실제 가족상황을 묘사한 것으로 확대 해석하지 않도록 유의해야 한다.
역설적 개입	
개요	상담에 참여하기를 거부하는 가족 구성원을 이중구속의 상황에 처하게 하여 상담으로 끌어들이게 하는 방법이다. • 편지쓰기 - 말로 할 때보다 글로 의사소통을 할 때 내담자가 훨씬 빠르게 호전되었다. • 내담자가 상담에 참여하지 않으려는 것이 저항으로 진단 내려질 경우 역설적 개입이 상담을 효과적으로 이끈다.
절차	1. 상담에 참여하지 않으려는 이유를 분명히 파악하고 있어야 한다. 2. 상담자는 비협조자가 상담에 오지 않아서 두려워하는 효과가 실제로 일어나고 있는 것 같은 편지를 보낸다. 3. 비협조자는 상담에 참여하지 않는 것이 자신의 목표 달성에 효과적인 방법인지 확신할 수 없게 된다. 4. 상담에 참여하지 않도록 결정한 것이 상담에 매우 도움을 준다는 것으로 재구조화한다. 5. 상담자의 의견에 따르자니 자신의 행동이 상담과정에 도움이 된다는 것을 인정하는 것이고, 반대로 상담자의 지시를 거절하려면 상담에 참석하여 상담에 도움을 주지 않을 것이라는 입장을 밝혀야 하므로 비협조자를 딜레마에 빠지게 한다. 6. 편지는 한 페이지를 넘기지 않도록 한두 개의 주요 목표를 중심으로 작성한다.
가족 미술치료	
목적	• 미술을 통해 감정을 안전하게 노출시키고(투사) 자신의 감정이나 충동을 자연스럽게 표현함으로써 감정과 사고의 통합을 이룸.
도구	• 이젤 • 15×24인치의 종이 • 펠트로 된 펜 • 파스텔 및 물감
과정	• 과정 및 순서: 총 6회 과정/ 회당 1시간~1시간 30분 소요 → 30~40분 그림 + 토론 • 미술치료 종류: 자유화, 가족화, 추상적가족화, 난화에서 시작한 그림, 가족 합동, 자유화
적용절차	• 과제1 (자유화): 떠오르는 것을 자유롭게 그리기, 정교한 그림을 기대하지 않음을 알려줌 • 과제2 (동적 가족화) 가족 성원 모두가 무엇인가를 하는 그림을 그리게 지시하고 제목과 날짜를 적게 함.

<table>
<tr><td></td><td colspan="2">• 과제3 (추상적인 가족화)
가족을 추상적인 상징으로 그리게 하기, 과제를 제시한 후 구성원들의 질문을 기다려서 설명하게 함. 그림의 상징을 자발적으로 설명하게 함.
• 과제4 (난화에서 시작하는 그림)
손에 파스텔을 쥐고 상담자가 이끄는 대로 팔 운동을 하게 함. 팔 운동 후 눈을 감고 자유롭게 난화 그리기. 완성된 난화에서 주제 찾기 → 발견한 주제를 난화를 바탕으로 그리기
• 과제5 (합동 가족 난화)
개인적으로 난화를 그린 후 각각 난화에 대해 첫 순간 떠올랐던 이미지에 대해 이야기 나누기
⇒ 합동 난화에 대해 공통된 주제를 선택해서 모두 함께 그리기, 가족들이 환자에 대해 의식하는 바는 가족 난화에서 더욱 명백하게 나타난다.
• 과제6 (자유화)
마지막 과제는 처음 과제처럼 자유화를 그린다./주제와의 관련성 때문에 제목이 중요하다.</td></tr>
<tr><th colspan="3">초기회상 그림 그리기</th></tr>
<tr><td>배경</td><td colspan="2">1. 초기기억은 상담자가 내담자의 중요한 생활방식을 알 수 있는 정보가 내포되어 있다.
2. 개인의 기억은 사건의 의미와 자신의 한계를 내포하고 있다.
3. 초기기억에 대한 그림은 부가적인 자기 발견의 가치 있는 수단이다.
4. 무의식 속에 침몰되어 있는 것들을 종이에 상징적으로 표현할 수 있다.</td></tr>
<tr><td>절차 및 적용</td><td colspan="2">1. Rapport형성 후 내담자에게 종이와 색연필을 주고"당신이 아주 어릴 때 기억나는 일중 첫 번째 일을 그림으로 하나 그려보세요."라고 지시한다.
2. 그림이 완성되면 내담자에게 그림에 대한 이야기를 해 달라고 한다.
내담자의 그림 설명 후 다음 세 가지 질문을 한다.
3. 세 가지 질문: ① 이 기억에서 회상할 수 있는 다른 어떤 것들이 있습니까?
② 기억 중에서 가장 잘 기억나는 것이 어떤 것입니까?
③ 기억하면서 어떤 느낌이 듭니까?</td></tr>
<tr><td rowspan="2">해석</td><td colspan="2">그림과 환상에 대한 해석: 주제, 세부사항, 삼단논법
• 사건에 대한 내담자의 감정
• 내담자가 적극적인가 수동적인가?
• 진취적인가, 위축적인가?
• 유능한가, 우수한가?
• 안정/불안정한가?
• 수용/거부적인가?
• 양육을 주는 사람인가 받는 사람인가?
• 사람(물건)에 대한 걱정
• 열등감
• 반항성
• 칭찬/비난을 받는가?</td></tr>
<tr><td>〈세부사항 해석(Kottman)〉
나는 ~이다.
나는 ~해야 한다.
다른 사람들은 ~이다.</td><td>〈부가적 정보 해석〉
배치
공간배열
경계</td></tr>
</table>

<table>
<tr><td></td><td>=> 고로 다른 사람들은 나를 ~하게 대한다.
삶은 ~이다(세계는 ~이다.)
=> 고로 나는 ~처럼 행동해야 한다.
만약 ~하면, ~이 된다.(한다.)
세계는 ~하다. 그러므로 ~하다.</td><td>기여함
사람 간의 장벽
중점
사람(대상)의 크기
형태 왜곡
음영
색깔</td></tr>
<tr><td>의의</td><td colspan="2">• 초기회상 그림을 사용하면서, 상담자는 행동방식, 잘못된 신념, 내담자의 행동목표를 더 잘 이해할 수 있다.
• 재미있고 상담자가 쉽게 이해하고 적용할 수 있으며 가치 있는 정보를 제공한다.</td></tr>
<tr><td colspan="3">걱정목록</td></tr>
<tr><td>대상</td><td colspan="2">1. 내담자가 일상생활의 문제점에 대해 집중하고 판단하는 능력이 부족할 경우 활용
2. 유아기 외상에 의한 해결되지 못한 강력한 감정에 휩싸여 있는 아동에게 유효
3. 불안장애가 있는 내담자
4. 대부분의 가족 상담자에게 적용 가능</td></tr>
<tr><td>목표</td><td colspan="2">1. 공격에 대해 효과적으로 보호
2. 무의식 혼란 상태로 빠지는 정서로부터의 분리
3. 수동적 → 적극적으로 변화되는 수단 제공</td></tr>
<tr><td>원리</td><td colspan="2">• 밀턴 에릭슨의 마법적인 명령과 직접성의 영향을 좋게 함.
• 인지행동주의 접근법의 직접적이고 교육적인 통합방법
• 심리역동주의 이론에서 설명된 무의식적 방어기제를 의식화함.
1. 걱정하는 것이 무엇인지 확인하도록 한다.
(언어적인 것이 어렵다면 미술치료재료나 진단재료를 사용함)
2. 상담자는 치료시간에 명시화된(암시적인) 걱정, 두려움을 추적한다.
3. 나중에 우선순위를 매기지만 완성된 근심록에 어떠한 평가도 하지 않는다.
4. 근심목록이 적어도 5개 이상 10개 미만일 때가 가장 효과적이다.</td></tr>
<tr><td>적용</td><td colspan="2">1. 자신의 걱정과 불안을 잊어버리거나 무시하도록 요구받지 않고, 자신이 회피했던 순간을 구체적으로 선택한다.
2. 상담은 조용하고 차분한 분위기에서 체계적 둔감법의 형식을 사용한다.</td></tr>
</table>

출처: 서정현(2015). 상담의 과정과 사례연구의 실제. pp.270-282 재구성.

〈표 6-5〉 가족치료 모델별 개입과정과 기법: 성장지향적 접근

가족 치료모델	문제에 대한 시각	치료목표	개입과정과 기법
정신역동	• 증상은 과거 원가족에서 해결되지 않은 갈등 혹은 상실로부터 발생하는 가족투사과정에서 비롯됨	• 원가족과의 갈등과 상실의 해결 • 가족투사과정의 감소 • 개인과 가족의 성장	• 과거와 현재 역동을 통찰 지향적으로 연결 • 갈등과 상실의 해결지원 • 건강한 관계양식을 촉진
보웬(Bowen) 체계적 가족치료	• 원가족과의 관계에 의해 기능이 손상됨 • 분화의 부족 • 불안(반응성) • 삼각화 • 단절	• 분화 • 인지적 기능의 향상 • 정서적 반응성의 감소 • 가족체계 관계수정 a. 탈삼각화 b. 단절의 개선	• 탈삼각관계과정 – 치료삼각관계 형성 • 가계도 • 관계경험 • 코칭 • 자기입장 취하기 • 객관성 증가시키기
사티어(Satir) 경험적 가족치료	• 낮은 자기가치감 • 역기능적 의사소통 • 경직된 가족규칙 • 의사소통유형의 문제: 고립형, 회유형, 비난형, 초이성형, 산만형, 일치형	• 일치적 의사사통 • 안정된 자기가치감 – 개인과 가족의 성장 – 지금–여기의 경험을 강조	• 원가족도표 • 가족생활연대기 • 가족영향권 • 가족조각 • 의미 확인하기 • 명상 • 생각과 느낌 표현하기 • 가족규칙의 변형 • 학습삼인군 등

출처: Walsh & Crosser(2000); 김혜란 외(2006). 사회복지실천기술론. p176, 재인용; 양정남 · 최선령(2003). 사회복지실천론. p.248 재구성.

〈표 6-6〉 가족치료이론에 따른 개입기술: 문제해결접근

모델	문제에 대한 시각	치료목표	개입과정과 기법
구조적 (Minuchin) 가족치료	• 증상은 현재의 가족구조 불균형에서 비롯된 역기능적 위계와 경계 발달적, 환경적 변화에 대한 부적응 반응	• 가족구조 재구조화: 부모의 지도력, 권위 분명하고 융통성 있는 하위체계와 경계 보다 적응적인 대처	• 상호교류유형의 실연 • 경계선 만들기 • 긴장고조 • 과제부여 • 증상활용 • 분위기 조작, 재명명 • 가족과 합류지지, 교육, 안내
전략적 (Haley) 가족치료	• 역기능적 상호작용에 대한 적응방법 • 관계통제전략	• 제시된 문제의 제거: 가족의 위계질서와 경계선의 재구조화	• 시련 • 역설 • 재정의 재구조화 • 긍정적 함축 • 증상의 조작
포스트모던 해결중심 이야기 대화	• 정상 개념은 사회적으로 구성 • 문제로 포화된 이야기	• 새로운 가능성 모색 • 인생 이야기를 다시 저술	• 문제를 외재 • 미래 지향적 가능성 • 예외와 독특한 결과 추구 • 협동
인지행동	• 부적응적, 증상적 행동이 가족의 주의와 보상에 의해 강화	• 구체적, 행동주의적 목표 • 의사소통과 문제해결의 증진	• 치료자는 모델링, 교육, 행동의 대인 간 결과를 변화 • 가족이 바람직한 행동을 보상하도록 지도·협의하여 문제해결 기술 교육
해결중심 단기 가족치료	• 문제보다 해결방안 구축에 관심 • 인간의 잠재적 변화욕구 인정 (변화의 불가피성)	내담자에게 중요한 것 • 작은 목표 • 구체적이고 행동적인 것 • 없는 것보다 있는 것 • 목표를 시작으로 간주 • 현실적 성취 가능한 것	해결중심적 질문기법 • 면담 전 변화질문 • 예외질문 • 기적질문 • 척도질문 • 대처질문
심리 교육적	• 생물학적 장애: 스트레스/소진 • 재혼, 만성질환 등 규범적이거나 비규범적인 적응적 도전	• 스트레스 조건 관련 가족관리 • 스트레스와 낙인 감소 • 가족 적응적 도전 숙달	• 정보 • 관리 지침 • 사회지지 • 존중하는 협동

출처: Walsh & Crosser(2000); 김혜란 외(2006). 사회복지실천론. p.176 재인용; 장수미 외(2010). 사회복지실천론. pp.215-216 재구성.

05 종결단계의 실천기술

가족개입의 종결단계는 가족의 문제나 욕구가 실천과정을 통해 해결되었는지를 평가하고 실천과정에서 성취한 변화가 지속될 수 있게 하는 것이다(장수미 외, 2010: 225).

주요 기술은 다음과 같다(김혜란 외, 2006: 184). 목표달성 및 변화의 평가와 종결에 관련된 정서 다루기, 변화의 유지와 사후 관리에 초점이 있다. 가족의 변화를 확인하고 변화를 유지할 수 있도록 지원하며 추후면접을 계획한다. 가족개입 이후 어떤 변화가 있었는지 개입과정에서 성원들은 각각 어떤 역할을 수행했는지, 유사한 문제가 다시 생긴다면 가족은 이를 어떻게 다룰 것인지, 문제에 대한 가족의 생각은 어떻게 달라졌는지, 개입과정의 종결에 대해 성원들은 어떻게 느끼는지와 가족의 항상성 유지를 위한 자원을 규명하고 성취한 목표를 점검하는 데 초점을 둔다.

연구문제

1. 다음의 빈 칸에 알맞은 내용을 채우시오.(교재의 내용을 참조)

가족치료모델	문제에 대한 시각	치료목표	개입과정과 기법
정신역동			
보웬(Bowen) 체계적 가족치료			
사티어(Satir) 경험적 가족치료			

확인문제

1. 가족복지실천의 사정도구에 대해서 설명하시오.

2. 중간단계의 가족복지실천기술에 대해서 설명하시오.

3. 빈 의자기법의 절차와 기술을 설명하시오.

4. 조각기법의 절차와 적용기술을 설명하시오.

5. 역설적 개입의 절차와 기술을 설명하시오.

6. 초기회상 그림 그리기의 절차와 기술을 설명하시오.

CHAPTER 07

지역사회대상 사회복지실천기술

제7장에서는 지역사회복지의 개념과 실천과정을 이해하고, 지역사회복지실천의 개입기술을 파악하여 지역사회문제에 대한 지역사회복지사로서의 조직과 조정 역할에 대한 역량을 향상시킨다.

학습목표

1. 지역사회복지실천의 개념을 이해한다.
2. 지역사회복지의 실천과정을 설명할 수 있다.
3. 지역사회복지개입기술을 파악할 수 있다

01 지역사회복지실천의 개념

지역사회복지의 정의는 학자마다 다양하지만 포괄적으로 정의하면, "전문 혹은 비전문 인력이 지역사회 수준에 개입하여 지역사회에 존재하는 각종 제도에 영향을 주고 지역사회의 문제를 예방하고 해결하고자 하는 일체의 사회적 노력(최일섭 · 류진석, 1997)"이라 할 수 있다.

앤더슨과 카터(Anderson & Carter)는 지역사회를 장소와 비장소로 나누어서 정의하고 있다. 장소로 이해하는 경우는 주거와 생계를 위해 제한된 영역상의 공간을 공유하며 공유공간에서 생겨나는 특정적인 사회적 행동양식을 마련하여 공통의 욕구를 충족시키기 위한 기능을 수행하는 곳이며, 비장소로 이해하는 경우는 사회적 기능 즉 생산-분배-소비, 사회화, 사회통제, 사회참여, 상호부조를 수행하는 사회적 단위체와 체계의 결합으로 정의하고 있다(양옥경 외, 2005: 263).

지역사회복지실천의 목표는 다음과 같다(NASW, 1995; 사회복지대백과사전: 583)

① 시민과 시민집단의 조직화된 기술과 능력을 개발하는 것.
② 지역사회 내에서 사회계획이 더 접근하기 용이하도록 하는 것.
③ 지역주민이 지역사회 조직체에 대한 사회적 경제적 투자를 연결시킴.
④ 지역사회문제를 해결하는 데 있어 폭넓은 연대를 옹호함.
⑤ 사회정의의 관점에서 사회계획의 과정을 고취시킴.

02 지역사회복지의 실천과정

지역사회실천과정은 지역사회가 갖는 상황이나 가치관, 전문성 등을 전제로 하여 문제발견, 해결방안의 강구, 해결을 위한 실천이라는 과정을 밟는 것이라고 할 수 있다(김광희, 2011: 147). 지역사회복지실천과정을 살펴보면 다음과 같다(전재일 · 이성희, 2004: 268-275; 전남련 외, 2012: 362-373; 김광희, 2011: 148-158).

1) 문제발견 및 분석

지역사회의 문제를 파악하기 위해서는 지역사회와 직 · 간접적으로 관련된 사람을 파악하고 지역사회를 역사적 · 문화적 · 사회적으로 고유의 요소를 가진 존재로서 이해하고, 문제를 개별화하여 파악하는 일이 전제된다. 이를 위해서는 지역구조와 특성-인구 동태, 자치회 등의 주민조직, 사회자원, 산업구조-외에 지역의 역사와 주민의식에 관한 기존자료, 조사보고서 등을 수집하고 지역사회의 전체상을 명확하게 해야 한다.

문제의 정확하고 객관적인 확인을 위해서는 문제 상황에 관한 문헌검토와 사회조사를 실시하여야 하고 자료수집으로는 주요정보를 가지고 있는 사람들에 대한 조사, 지역사회공청회, 기존 통계자료 등의 사회지표 활용법, 지역사회 주민들로부터 직접 정보를 수집하는 설문조사 등이 있다. 지역사회문제의 특성을 파악하려면 문제의 복잡성 정도, 문제의 강도 정도, 문제의 확산 정도, 문제의 긴급성 정도, 문제의 지속성 정도 등을 고려해야 한다(강철희 외, 2006).

문제가 발견되면 지역 진단의 단계가 되며 이에는 ① 주민의 문제의식 정도(문제 순서를 확정하는 판단자료), ② 문제의 발생원인(예방 및 해결책), ③ 욕구와 사회자원과의 관계(지역 활동의 통합화)를 조사한다.

2) 계획 수립

지역사회복지실천에 있어서 계획은 사업계획, 조직계획, 재정계획 세 가지로 수립된다. 사업계획은 문제해결의 우선순위를 확정한 후 달성할 목표를 설정하는 것이다. 조직계획은 지역의 지도층 등을 핵으로 조직화하고, 이 조직 활동이 지역 전체로 확충해 가는 과정을 목표로 하는 것이다. 재정계획은 공공기관의 예산보다는 유연한 성격을 갖고 있으며 공동모금 등의 기존의 민간재원 활용과 함께 바자회 등을 열어 주민참여를 촉진할 수도 있다.

3) 정책 및 프로그램의 개발

확인된 지역사회문제와 지역사회복지욕구에 대한 분석과 이해를 바탕으로 정책을 수립하고 실천하기 위해서 프로그램개발을 하는 일이다. 정책은 프로그램의 방향을 결정하고 효율적인 방안을 찾아내는 정책선택을 한다. 정책을 수립 후에는 실천에 옮길 수 있는 프로그램을 개발해야 한다. 프로그램의 개발 시 고려해야 할 점은 업무의 내용, 자원, 가능성 등이다. 캐트너 외(Kettner et al., 1985)은 변화노력을 설계하고 구조화하는 데 정책 접근법, 프로그램 접근법, 그리고 프로젝트 접근법의 세 가지 방안을 제시하고 있다.

4) 계획실행 및 프로그램의 실천

계획실행의 과정에 있어서는 주민의 복지에 대한 이해와 주체적인 활동을 촉진하는 '지역조직화', 사회자원 개발 및 공사의 관계기관, 시설, 단체 등의 연락조정을 도모하는 '복지조직화'의 전개가 중시된다. 또한 주민 스스로의 노력이나 사회자원의 동원으로는 문제해결이 되지 않을 경우 사회행동을 도모하는 주민집회가 있다.

그리고 정책 목표를 달성하기 위해 행하는 일련의 활동을 말한다. 활동의 내용에는 클라이언트 집단의 문제를 스스로 해결할 수 있도록 능력을 배양해주는 '과정중심적 활동'과 클라이언트 집단이 필요로 하는 서비스를 직접적으로 제공해주는 활동인 '과업중심적 활동'이 있다.

5) 평가

평가는 과제의 목표달성도, 지역진단이나 계획실시의 타당도, 과정목표 등을 평가하게 된다. 과제목표는 사회자원의 개발 · 정비 등의 구체적인 과제의 달성도이다. 재정효과의 정도 또는 주민의 욕구를 어느 정도 충족하였는가를 양적 및 질적으로 평가하는 기준이 되며 또한 어떤 기관 · 단체가 어느 정도 공헌했는가의 평가도 행해진다. 과정목표는 '계획 수립'에서 '계획 실시'까지의 과정에 있어서 주민의 주체형성의 정도, 관계한 기관 · 조직의 활동을 긍정적으로 평가하는 것이며, ① 활동에 대한 주민의 관심도나 참가도 및 연대감의 정도, ② 기관 · 조직 간의 연계나 협력체제의 수준, ③ 지역사회 문제해결능력 향상의 정도 등이 평가의 주요 내용이 된다.

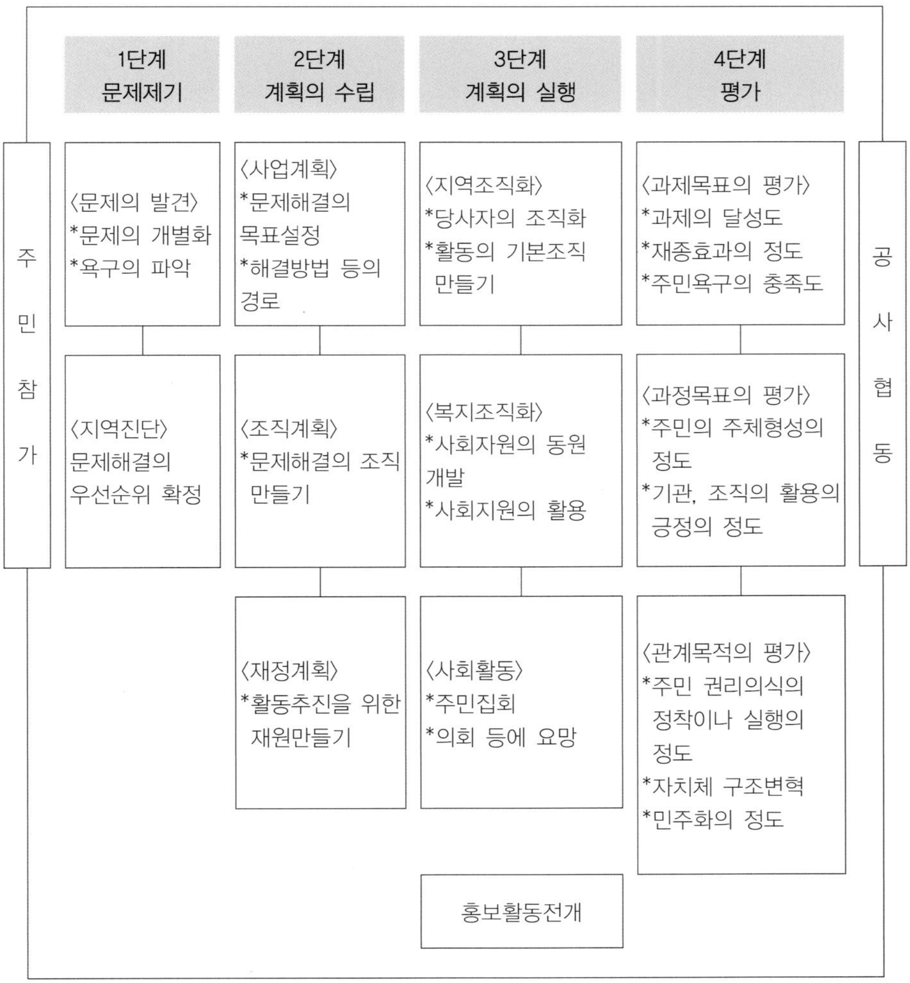

〈그림 7-1〉 지역사회수준의 실천과정

출처: 전재일 외(2007). 사회복지실천론. p.274.

03 지역사회복지 개입기술

지역사회복지 개입기술은 사회적 지지체계의 개발기술, 서비스의 조정기술, 프로그램 개발기술, 옹호활동기술, 지역사회조직화 기술, 임파워먼트 기술, 연계기술, 자원개발·동원기술, 지역사회복지실천을 위한 다양한 개입기술들로 구분되며 이를 살펴보면 다음과 같다(양옥경 외, 2005: 264-273; 김혜란 외, 2006: 276-286; 전남련 외, 2011: 344-374; 장수미 외, 2010: 308-322; 배은숙 외, 2014: 310-311; 김광희, 2011: 176-194; 설진화, 2009: 242-244; 사회복지사 1급 수험연구회 편저, 2008: 362-363)

1) 사회적 지지체계의 개발기술

헵워스와 라이슨(Hepworth & Larsen, 1986: 548-552)은 다음과 같이 제시하고 있다.

(1) 자연적 지지체계의 활성화

자연적 지지체계를 활성화하는 것은 산업화, 도시화, 핵가족화로 인해 줄어들고 있는 클라이언트의 자연적 지지체계를 의도적 개입으로 활성화하는 것이다. 사회복지사가 기존의 체계들이 클라이언트의 욕구에 맞게 적절히 기능하도록 돕는 것이다. 또 다른 방법은 지역사회의 기존에 있는 체계들이 사회복지서비스를 대체할 수 있도록 활용하는 것이다.

(2) 공식적 지지체계의 활용

공식적 지지체계의 활용은 클라이언트의 욕구에 환경이 반응할 수 있도록 기존의 다양한 사회복지기관 및 프로그램을 활용하는 것이다. 예를 들면 지역내 주민들의 레크리에이션, 교육, 사교를 위해 YWCA, YMCA를 활용하거나 재난시 음식과 의료서비스를 제공하기 위해 적십자를 활용하는 것이다

(3) 자원봉사자의 활용

자원봉사자의 활용은 클라이언트의 욕구를 만족시키기 위해 사회복지사가 활용하는 지지체계의 한 형태이다. 사회복지사의 역할은 요 보호자에게 적절한 자격을 갖춘 자원봉사자를 연결시켜 주는 것이 핵심이다.

2) 서비스의 조정기술

존슨(Johnson)은 조정의 형태를 다음과 같이 제시하고 있다(Johnson, 1989: 335-356; 양옥경 외 2005: 267-268).

(1) 서비스의 연결

복합서비스를 제공하는 한 기관의 여러 전문가들이 특정한 클라이언트에게 관심을 가지고 서로 연결되는 것이다. 예를 들면 종합복지관의 장애노인을 위해 가정의료서비스를 담당하는 전문가와 장애노인의 재활프로그램을 담당하는 전문가 그리고 노인 돌보는 가족담당전문가들이 서로 연결되어 서비스가 중복되지 않고 효과적으로 제공될 수 있도록 하는 것이다

(2) 의뢰

의뢰는 서로 다른 기관의 전문가들이 연결되어 서비스나 정보를 제공하거나 서비스를 받을 수 있도록 연결시켜주는 것이며, 조종은 의뢰를 넘어서 의뢰한 서비스가 제대로 전달되고 있는지 결과가 어떤 평가를 받았는지를 포함한다.

(3) 사례관리

사례관리는 클라이언트의 문제와 욕구를 평가하여 필요로 하는 서비스를 찾고 그런 서비스를 연결해 주는 책임을 사회복지사가 맡는 것이다.

3) 옹호활동기술

사회복지사가 옹호활동을 하게 되는 상황은 다음과 같다(Hepworth & Larsen, 1986: 570; 양옥경 외, 2005: 271-272).

① 사회복지 기관이나 직원이 수급자격이 있는 클라이언트에게 서비스나 혜택을 제공하지 않을 때
② 비인간적인 방법으로 서비스가 전달될 때
③ 인종, 종교, 신념 때문에 클라이언트가 차별을 받을 때
④ 서비스와 급여 사이의 틈으로 인한 어려움이 생기거나 역기능이 발생할 때
⑤ 정부나 기관의 정책이 자원과 급여를 필요로 하는 사람들에게 부정적인 영향을 미칠 때
⑥ 클라이언트가 스스로에게 유리하도록 행동하지 못할 때
⑦ 유용한 자원이 없어 많은 사람들의 공통된 욕구가 해결되지 못할 때
⑧ 위기상황으로 인해 클라이언트가 서비스와 급여에 대한 절박한 욕구를 가지고 있을 때
⑨ 클라이언트가 시민의 혹은 법적인 권리를 거부당했을 때
⑩ 조직의 절차와 시설이나 제도가 클라이언트에게 부정적인 영향을 미칠 때

〈표 7-1〉 하드캐슬(Hardcastle) 옹호의 유형

유형	개념	사회복지사의 구체적 기술
자기 옹호	클라이언트 개인 및 집단이 스스로 자신을 옹호하는 활동. 때로는 자조집단 및 지지집단을 구성해서 활동함.	행정적 및 기술적 지원(회의실 제공, 자원봉사자 공급)/ 격려 및 정보 제공
개인 옹호	클라이언트가 스스로 자신을 옹호할 수 없을 때 사회복지사가 개인이나 가족을 대신하여 옹호하는 활동	개인 및 가족의 욕구 파악 및 사정기술

유형	개념	사회복지사의 구체적 기술
집단 옹호	유사한 문제를 경험하는 클라이언트들로 구성된 집단의 공동문제를 해결하기 위한 옹호활동	집단사회복지실천기술, 의사소통기술
지역사회 옹호	소외된 혹은 공동의 문제를 경험하는 지역주민들을 위한 옹호활동. 지역주민들이 스스로 지역사회를 옹호하기도 하고, 지역사회를 대신하여 다른 사람들이 옹호하기도 함	주민들을 모으고 조직화하는 기술/ 일일캠프 개최, 건강달리기 모임활동
정치 또는 정책적 옹호	사회정의와 복지를 증진시키기 위해서 입법영역, 행정영역, 사법영역에서 다양한 형태로 전개되는 옹호활동	특정 법안의 통과를 제안하거나 저지하기 위한 로비기술/ 사법과정에서 증인으로 나서는 클라이언트를 보호하고 정보를 제공하는 기술
체제변환적 옹호	근본적인 제도상의 변화를 위해 구성원인 시민들과 사회체제 전체에 영향을 미치려는 옹호활동. 예를 들어, 양성평등을 위한 영성운동, 장애인 이동권 보장을 위한 옹호활동 등	캠페인 기술, 조직화 기술, 미디어 활용 기술

출처: Hardcastle et al.(1997). 김범수 외(2006); 김광희(2011). 지역사회복지론. p.187.

클라이언트의 옹호 활동기술을 정치적 과정에 영향력 행사와 사회행동으로 구분하여 살펴보면 다음과 같다(양옥경 외, 2005: 271-273).

(1) 정치적 과정에 영향력을 행사 기술

최일섭과 류진석(1997)은 정치적 과정에 영향력을 행사하기 위해서는 정책형성의 모든 단계에 압력을 가해야 한다고 하며 그 단계는 다음과 같이 제시하고 있다(최일섭 · 류진석, 1997: 252-253).

① 첫 번째 단계는 이슈를 논의의 대상으로 삼는 단계로 정치인들에게 이슈에 대해 관심을 갖게 하고 이슈의 중요성을 깨닫도록 하는 것이다.

② 두 번째 단계는 문제에 대한 가능한 해결방안들을 제시하는 것이다.

③ 세 번째 단계는 법이나 규정이 통과되도록 압력을 넣는 단계이다.

(2) 사회행동기술

사회행동을 실행하는 효과적인 전략은 다음과 같다(최일섭 · 류진석, 1997: 240-250).

① 대상집단을 이기기 위해 힘을 갖기 위한 전략으로 현재 일어나고 있는 사태에 관한 지식을 정부당국이나 정치인들에게 제공하거나, 반대집단에 불편과 손해를 입힐 수 있는 힘이 있음을 과시할 수 있다.

② 사회행동 캠페인의 합법성을 확보하는 전략으로 자체의 조직원과 일반주민은 상대조직에게 일반적으로 수용될 수 있는 전략을 선택하는 것이다.

③ 지역사회의 타 조직과 협력하는 전략으로 한 사회행동조직이 수적으로 힘을 얻기 위해서 다른 조직들과 협조, 연합, 동맹하는 것이다.

④ 캠페인에 전술을 연결시키는 전략으로 압력 전술, 법적 전술, 항의 전술 등이 개별적으로 혹은 여러 가지가 동시에 사용된다.

⑤ 협상전개의 전략으로 협상의 성공을 위해 사전에 충분히 협상에 대한 준비가 있어야 한다는 것이다.

〈표 7-2〉 지역사회복지 실천 유형(모델)에 따른 실천가의 전략과 역할

구분	지역사회개발	사회계획	사회행동
지역사회활동의 목표 분류	자조: 지역사회의 능력과 통합(과정 지향적 목표)	실제적 지역사회 문제와 관계되는 사회문제해결(과제 지향적 목표)	권력관계와 자원변경: 기본적인 제도의 변혁(과정 또는 과제 지향적 목표)
지역사회의 구조와 문제의 제 조건에 관한 가설	지역사회 소외상태: 제관계결핍과 민주적 문제해결 능력의 결핍, 정적이고 전통적인 지역사회	실제적인 제 사회문제: 정신적, 육체적 건강문제, 주택문제 등	불리한 상황에 있는 인구집단: 사회적 불공평, 박탈 등
기본적인 변화 전략	자신들의 문제해결을 한 광범위한 참여	합의 또는 갈등	갈등 또는 논쟁: 대결, 행동, 협상
실천가의 역할	촉매자, 조정자 문제해결 기술과 가치를 가르치는 역할	사실 수집가, 분석가, 프로그램 수행자, 촉진자의 역할	행동가, 대변자, 선동가, 협상가, 한 이익 집단의 변호자 등

구분	지역사회개발	사회계획	사회행동
변화의 매개체	과제 지향적인 소집단의 조정	공식적인 조직과 자료의 조정	대중조직과 정치적인 과정의 조정
권력구조에 대한 견해	공동사업의 협력자로서의 권력구조의 성원	고용자, 후원자로서의 권력구조	행동의 외적 표적: 표적집단
클라이언트 체계로서의 지역사회와 주민의 범위	지리상의 전체 지역사회	전체 지역사회 또는 지역사회의 일부(지능적 지역사회 포함)	지역사회의 일부
하위집단들 간의 이해관계에 대한 가설	공통적인 이익 또는 의견의 차이의 조정 가능성	조정 가능한 이해관계 또는 갈등관계	갈등적인 이익관계: 자원의 부족
공공이익의 개념	합리주의	이상주의	현실주의
클라이언트 개념	시민	소비자	희생자
클라이언트 역할	문제해결을 한 상호작용 과정의 참가자	소비자 또는 수혜자	피고용자, 단골손님, 지역사회의 당원들

출처: 김만두·한혜경(1993). 현대사회복지개론. pp.294-295 재인용.

4) 지역사회조직화 기술

지역사회조직화 기술은 클라이언트 문제를 해결하기 위해 필요한 인력이나 서비스를 규합하고 조직의 목표를 달성하도록 합리적으로 운영해 나가는 과정이다(최옥채, 2001; 배은숙 외, 2014: 310-311; 김광희, 2011: 176-194; 사회복지사 1급 수험연구회 편저, 2008: 362-363).

조직화기술은 클라이언트의 문제를 해결하기 위해 필요한 인력이나 서비스를 규합하고 나아가 조직의 목표를 달성하도록 합리적으로 운영해나가는 과정이다(최옥채, 2000).

준비단계 → 계획화 단계 → 조직화 단계 → 지역활동 및 복지운동단계 → 평가 및 과제전환 단계

〈그림 7-2〉 조직화 단계

출처: 김광희(2011). 지역사회복지론. p.180.

효과적인 조직화기술은 다음과 같다(Beckwith & Lopez, 1997; 김종일, 2004)

① 사적인 이익에 대한 관심을 조직화에 활용한다.
② 조직화는 지속적인 관심과 노력이 요구되는 역동적인 과정이다.
③ 갈등과 대립상황에 익숙해지는 법을 배워야 한다.
④ 협력의 발판을 만들어야 한다.
⑤ 쟁점은 명확해야 한다. 쟁점은 시급한 문제로 표현되어야 하며 구체적인 문제의식이 담겨져 있어야 한다.

5) 임파워먼트 기술

임파워먼트(역량강화, empowerment)기술은 다음과 같다(Rubin & Rubin, 2001).

첫째, 지역사회 또는 지역주민이 처해 있는 어려움의 해결방법은 치료가 아니라 그들이 원하는 것을 얻을 수 있는 능력, 타인의 사고, 느낌, 행동에 영향을 미칠 수 있는 능력, 자원배분에 영향을 미칠 수 있는 능력 등을 뜻하는 파워를 가짐으로써 가능하다고 본다.

둘째, 클라이언트들이 파워를 가질 수 있는 충분한 잠재능력과 강점이 있다고 보고, 지역주민이나 자기가 속한 지역사회를 긍정적으로 바라보는 시각을 가지도록 한다. 또한 클라이언트들이 파워를 가질 수 있는 충분한 잠재능력과 감정이 있다고 보고, 지역주민이나 자기가 속한 지역사회를 긍정적으로 바라보는 시각을 가지도록 한다.

지역사회의 임파워먼트를 높이기 위한 구체적인 기술 및 방법은 다음과 같다(Rubin & Rubin, 2001; 김종일, 2004 재인용).

① 의식 제고(consciousness raising): 무력감을 느끼는 개인들을 한데 모아 문제의 원인이 자신들에게 있는 것이 아니라는 점을 알게 한다.

② 자기 주장(self-assertion): 문제의 원인과 소재를 파악한 다음에는 공개적으로 자기의 목소리를 내어 자신의 주장을 전개해 나가는 것이 중요하다.

③ 공공의제의 틀을 갖추기(framing the agenda): 쟁점이 공공의제(public agenda)가 될 수 있도록 쟁점을 정리하고 대중의 관심을 확보할 수 있도록 의제화한다.

④ 권력 키우기(building power): 자원동원과 조직화를 통해 주민들의 권력을 키우는 과정이다.

⑤ 역량 건설(capacity building): 클라이언트의 역량을 강화하기 위한 조직을 설립하고 자신들의 주장을 효과적으로 표명하기 위한 캠페인을 전개하는 과정을 포함한다.

⑥ 사회자본의 창출(creating social capital): 사회자본은 지역사회 구성원의 사회적 관계에 바탕을 둔 자원으로서 물리적 자본과는 상대적 개념이다.

6) 연계기술

연계(network linkages)는 지역사회 내 사람들의 관계를 강화함으로써 사회적 자산을 형성하는 것이다. 사회적 연계망은 개인 간의 접촉의 통로 또는 연결망의 역할을 한다.

연계 기술을 구체적으로 기술하면 다음과 같다.

① 지역사회 또는 지역사회주민이 필요한 자원이나 서비스와 연결하는 것을 돕기

② 지역사회의 유용한 자원에 대한 정보나 그것을 이용할 지역사회주민의 능력

이 부족할 경우, 더 적절하다.

③ 서비스의 중복을 방지하고 자원을 효과적으로 관리하기 위하여 정기적 모임 및 회의 등을 가지기

④ 다양한 욕구를 충족시키기 위하여 패키지 서비스 또는 원스톱 서비스(one-stop service)가 이루어질 수 있도록 하는 것이다.

7) 자원개발 · 동원기술

자원이란 지역사회복지실천의 목적과 목표를 달성하는 데 필요하고 도움이 되는 모든 것을 말하며, 자원개발 · 동원기술은 지역사회의 문제를 해결하기 위해, 필수적인 지역사회 내의 자원이 부족하거나 외부의 자원이 필요한 상황에서 활용된다.

자원개발동원기술에는 첫째, 인적 자원을 동원하는 전술은 기존 조직의 활용, 개별적 접촉, 기존 네트워크의 활용 등이 있으며, 둘째, 물적 자원을 동원하는 전술은 회비, 조직의 홍보와 마케팅, 외부 지원금 신청, 모금을 위한 특별 이벤트 등의 모금방법이 있다(Rubin & Rubin, 2001).

8) 지역사회복지실천을 위한 다양한 개입기술

① **지역사회 주요 인물과 좋은 관계 만들기**: 사회복지사는 지역사회를 대표할 수 있는 주민들과 좋은 관계를 만드는 데 주력해야 한다.

② **좋은 인상 심어주기**: 사회복지사는 자신이 만나는 지역사회주민들에게 좋은 인상을 심어주는 전략을 세워 이를 실천하는 것이 바람직하다.

③ **지역사회 특성에 따라 지역사회 범주 정하기**: 사회복지사가 지역사회 범주를 정할 때 지리적인 특성을 주요 기준으로 삼는다. 즉, 도로를 기준으로 적당

한 크기의 지역사회를 클라이언트로 정한다.

④ **욕구 혹은 문제와 자원을 동시에 조사**: 지역사회의 욕구 · 문제를 파악할 때 지역사회자원을 동시에 조사하는 것이 바람직하다.

⑤ **주민과 좋은 관계를 위한 토대 마련**: 준비단계에서 비공식으로 지역사회의 주요 인물과 좋은 관계를 발판으로 다양한 주민들과 좋은 관계를 본격적으로 만들고 이를 유지하기 위한 토대를 마련해야 한다.

⑥ **객관성 유지**: 특별히 사회복지사는 지역사회를 사정하는 데 객관성을 유지해야 한다. 지역사회의 욕구 · 문제는 지역사회주민, 관련 조직과 기관 등이 미묘한 이해관계에 얽혀 있을 수 있다.

⑦ **문제상황에 따른 접근**: 해결해야 할 지역사회의 욕구 혹은 문제의 원인과 정도에 따라 접근방법이 달라져야 한다. 즉, 문제의 요인이 지역사회주민에게 있다면 주민 스스로의 변화를 위한 방안을, 아니면 특정 기관에 달려 있다면 그 기관에 주민이 대항할 수 있는 방안을 택해야 한다.

⑧ **대표자의 역할 강화**: 사회복지사는 주민대표모임이 욕구 혹은 문제 해결을 주도해 나갈 수 있도록 이들 주민을 격려할 뿐 아니라 이들의 역할도 강화해야 한다.

⑨ **조직 간 상생**: 사회복지사는 주민대표 모임이 기본적으로 갈등조직 간 상생할 수 있는 전략을 세워나가도록 유도해야 하고, 실제로 이를 위해 도와야 한다.

⑩ **관계인 참여 유도**: 지역사회실천에 참여했던 자들이 기울인 노력의 결과를 보게 하고, 아울러 이 과정을 평가하도록 하는 것은 평가단계에서 중요한 전략이기도 한다.

⑪ **합당한 평가**: 합당한 평가를 위한 전략은 지역사회실천 전체 내용을 냉정하게 살펴보기 위한 것이다. 냉정한 평가를 위해 우선 지역사회실천에 참여했던 자들에 의한 평가가 될 수 있도록 해야 한다.

연구문제

1. 다음의 빈칸을 적절한 내용으로 채우시오 (교재 내용 참조)

〈지역사회복지 실천 유형(모델)에 따른 실천가의 전략과 역할〉

구분	지역사회개발	사회계획	사회행동
기본적인 변화 전략	자신들의 문제해결을 한 광범위한 참여	합의 또는 갈등	갈등 또는 논쟁: 대결, 행동, 협상
실천가의 역할			
변화의 매개체			
권력구조에 대한 견해			
클라이언트 체계로서의 지역사회와 주민의 범위	지리상의 전체 지역사회	전체 지역사회 또는 지역사회의 일부 (지능적 지역사회 포함)	지역사회의 일부
공공이익의 개념	합리주의	이상주의	현실주의
클라이언트 개념			
클라이언트역할			

확인문제

1. 지역사회복지실천의 과정을 설명하시오.

2. 지역사회의 조직화 과정을 기술하시오.

3. 클라이언트집단을 위한 옹호활동기술을 설명하시오.

PART 03

사회복지실천모델과 실천기술

CHAPTER 08

사례관리모델과 실천개입기술

제8장은 사례관리모델의 개념과 특성 및 사례관리자의 역할을 이해하고 이를 바탕으로 사례관리모델의 실천과정 단계별 기술을 습득하여 효율적인 사례관리 운영을 할 수 있는 역량을 키운다.

학습목표

1. 사례관리의 특성과 목적을 이해한다.
2. 사례관리의 기능과 사례관리자의 역할을 설명할 수 있다.
3. 사례관리의 실천과정과 실천기술을 설명할 수 있다.

01 사례관리모델의 특성과 목적

1) 사례관리모델의 개념

사례관리접근법은 미국의 1960년대 서비스의 단편성 극복을 위한 노력과 1970년대의 탈시설화의 영향으로 지역사회 서비스가 서비스 제공에 실패하여 서비스 조정의 필요성으로 시작되었다. 이후 급속도로 팽창되어 1990년대에 이미 체계를 잡아가고 있었으나 우리나라의 경우는 1990년대부터 관심을 받아왔고, 1995년 정신보건법 제정에서 사례관리가 필수사업의 하나로 지정되었다. 2003년부터 서울시가 사회복지관을 중심으로 사례관리 수행 평가를 시작하였고, 2006년에는 사례관리 표준화 및 전산화, 내용의 충실성, 지속성, 포괄성 등의 평가 항목을 제시함에 따라 사례관리가 사회복지기관의 보편적이고 핵심적인 요소로 자리매김하게 되었다(전미애, 2012: 35)

사례관리모델은 전통적인 사회복지실천이 기관의 기능에 기초한 서비스와 프로그램에 클라이언트가 참여하는 것과 달리 사회복지기관을 벗어나 지역사회에까지 그 범위를 넓혀 클라이언트 욕구를 중심으로 폭넓은 서비스를 제공하고 점검과 재사정을 통한 조정으로 클라이언트의 다양한 욕구를 만족시키려고 노력하는 통합적 서비스를 제공하는 실천방법이며(엄명용 외, 2006), 복합적이고 장기적인 욕구가 있는 클라이언트와 가족의 사회적 기능 회복을 위해 서비스 운영체제를 확립하고 이를 기반으로 체계적 사정과 지역사회의 다양한 자원을 활용하여 지속적이고 효과적인 사회복지 서비스를 제공하는 통합적 실천방법이라고 할 수 있다(한국사례관리학회, 2012: 19-20).

2) 사례관리모델의 특성

사례관리모델의 특성은 다음과 같다(정순둘 · 고미영, 2001: 19-20).

첫째, 단편적이거나 중복적인, 또 연계되지 못하는 서비스 전달상의 문제점을 극복하기 위해 고안된 하나의 실천방법으로서 사정(assessment), 보호계획(care plan), 조정 및 연계 등을 통해 재가복지 서비스를 노인의 욕구에 적절히 맞추어 공급하고(최정호, 2014: 25), 장애와 노인 등 다양한 서비스를 필요로 하여 비교적 장기적이고 복잡한 문제를 가진 집단을 대상으로 한다.

둘째, 사례의 수에 따라 집중사례관리(intensive management)와 일반사례관리로 나누는데(Bums 등, 1999), 집중사례관리는 케이스 수가 10~15명인 경우이며, 노인의 자아통제감 점수도 높여 준다. 재가노인들에게 매우 유용한 모델이며, 전문자원봉사자를 활용하면 효과적으로 사례를 관리할 수 있다.

셋째, 공식적 · 비공식적 자원의 동원 및 조직 내 서비스 자원뿐 아니라 조직 외부의 자원을 적극적으로 연결하는 노력이 필요하다(조흥식 외, 2001).

넷째, 사례관리모델은 지역사회의 자원 개발과 네트워크 연결, 사례관리자의 실천방법에 대한 인식의 변화와 적용이 함께 어우러져야만 성공할 수 있다.

3) 사례관리모델의 목적

사례관리모델의 목적은 직접적인 서비스와 간접적인 서비스를 제공하여 클라이언트가 사회복지사의 도움이 없어도 주변 자원들을 활용하고 연결하는 역량이 생기도록 원조하는 것이다. 사례관리 목적을 3가지로 정리하면 다음과 같다(Moxley, 1989: 17).

첫째, 서비스와 자원들을 이용하고 접근하는 데 있어서 가능한 한 서비스 이용자 자신의 생활기술을 증진시키도록 하는 것이다.

둘째, 서비스 이용자의 기능을 증진시키기 위해 사회적 망과 관련된 대인서비스 제공자들의 능력을 발전시키는 것이다.

셋째, 가능한 한 가장 효율적인 방법으로 서비스 및 자원이 전달되도록 하며 동시에 서비스의 효과성을 증진시키도록 하는 것이다.

02 사례관리모델의 기능과 사례관리자의 역할

로스만(Rothman, 1991)은 모든 유형의 클라이언트와 사회복지기관 및 사회복지사가 공통적으로 적용될 수 있는 사례관리기능을 다음의 15가지로 제시하고 있다.

- 사례발견과 의뢰, 적극적인 클라이언트 발굴
- 사정(심리적·사회적·의학적)
- 서비스 개입계획 수립
- 공식적 연결(기관들과 프로그램)
- 점검
- 결과평가
- 치료
- 기관과 조정
- 옹호
- 인테이크
- 목표수립
- 자원확인 및 목록화하기
- 비공식적 연결(가족과 사회방)
- 재사정
- 상담

사례관리모델의 기능은 여러 학자들의 의견을 종합하여 살펴보면 다음과 같다(엄명용 외, 2006: 344-346; 백은령 외, 2008: 400-403).

첫째, 클라이언트와 필요한 서비스의 연결이다. 모든 서비스제공을 위해서 클라이언트를 의뢰하고 이동시켜 공식적 · 비공식적 자원들과 연결하고, 계속적으로 이용할 수 있도록 하는 것을 의미한다.

둘째, 비공식보호체계와 클라이언트 간의 상호작용의 촉진과 사례관리 기관들 간의 조정기능이다.

셋째, 상담기능으로 클라이언트에게 유용한 서비스에 접근할 수 있도록 한다. 클라이언트의 심리적 · 사회적 기능상태 뿐만 아니라, 클라이언트를 지원해 줄 수 있는 사회망과 지역사회 내의 가용한 자원상태까지를 포함하는 다차원적 접근을 의미한다.

넷째, 문제해결기능으로 일상생활상의 문제를 잘 극복할 수 있도록 한다. 사정에서 얻어진 자료를 토대로 포괄적이고 구체적인 서비스계획을 만든다. 클라이언트의 능력과 기술의 개선을 위한 목표, 필요한 서비스의 활용을 위한 목표, 사회망을 활용한 개입목표 등을 설정하고 그 목표들을 달성하기 위한 구체적인 개입계획들을 세운다.

다섯째, 서비스 전달을 지속적으로 감시 또는 감독하는 기능으로, 클라이언트 및 서비스제공자들과 직접 접촉함으로써 이 기능을 수행하게 된다. 예를 들어 정신장애인의 의사가 처방하는 향정신성약물을 계속 먹는지를 사례관리자가 점검하는 것도 중요한 기능 중의 하나이다.

여섯째, 옹호기능으로 클라이언트와 클라이언트 집단의 사회적 기능을 향상시키기 위해서 클라이언트의 무기력과 무능력을 제거하는 기능이다. 서비스기관이나 서비스제공자가 클라이언트의 욕구에 부응하려고 하지 않을 경우에 개입하는 것이지만, 종종 간과되거나 실행하기가 쉽지 않다. 힘이 약한 클라이언트의 이익과 권리를 대변하는 위치에서 때로는 기관에 맞서기도 한다. 이 기능은 클라이언트차원과 서비스 시스템차원 모두에서 이루어질 수 있다.

목슬리(Moxley, 1989)는 사례관리자의 역할을 직접적 서비스 기능과 간접적 서비스 기능으로 나누고 있다.

첫째 직접적 서비스 기능으로는 ① 실행자(Implementer), ② 교사 · 상담가(teacher, counselor), ③ 안내자 · 협력자(guide, collaborator), ④ 진행자(processor), ⑤ 정보전문가(imformation specialist), ⑥지지자(supporter) 역할이고,

둘째, 간접적 서비스 기능에서는 ① 옹호(advocacy), ② 사회적 네트워크 개입(social network intervention), ③ 기술적 지원과 자문(technical assistance and consultation) 등의 전략을 제시하였다(한국사례관리학회, 2012: 86).

사례관리자의 역할을 종합해 보면 사정자, 계획자, 상담자, 중개자. 조정자, 평가자, 옹호자의 기능을 한다고 볼 수 있다(권오균 외, 20111: 348).

03 사례관리모델의 실천과정과 개입기술

1) 사례관리 실천과정

사례관리를 전개하는 과정은 학자들에 따라 제시하고 있는 단계와 국가직무능력표준에서 제시하는 과정을 바탕으로 접수 → 인테이크 → 통합적 욕구사정 →

서비스계획 → 개입 → 모니터링 → 종결 → 평가의 순으로 구분하고 그에 따른 기술을 살펴보면 다음과 같다(전재일 외, 1998; 장인협 외, 2001; 정순둘, 2005; 백은령 외, 2008: 406-415).

〈표 8-1〉 학자별 사례관리 과정 단계 구분

Weii(1985)	클라이언트 확인과 접근 → 사정과 진단 → 서비스 계획과 발굴 → 서비스와 클라이언트 연결 → 서비스 실행과 조정 → 서비스 전달체계 점검 → 옹호 → 평가
Moxley(1989)	사정 → 계획 → 개입 → 점검 → 평가
Rothman(1991)	기관에 접근 → 인테이크 → 목표설정(사정) → 계획수립 → 연결(개입) → 점검 → 재사정 → 결과평가

출처: 이종복 외(2007). 사회복지실천론. p.303 재구성.

〈표 8-2〉 로스만의 사례관리과정

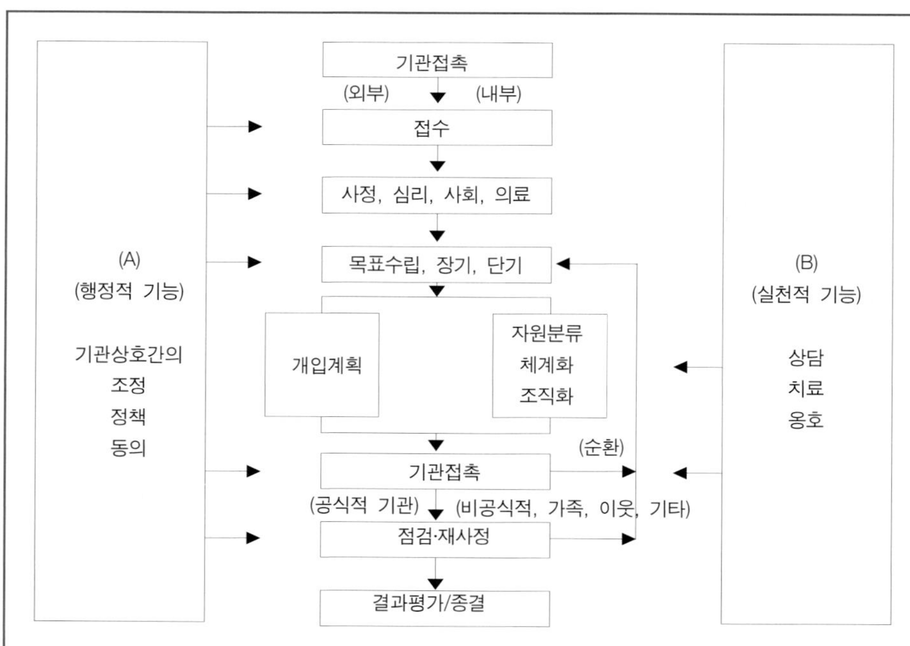

출처: Rothman(1991). p.523; 엄명용(2006).

〈표 8-3〉 가족복지실천을 위한 사례관리 과정

과정별	내용
1. 접수	내담자의 프로그램에 가장 적합한 사례를 발견하고 사전적격심사를 통하여 내담자의 요구를 확인한 후 서비스를 제공할 것을 약속하고 계약하는 과정 • 사례발견: 출장원조, 의뢰, 정보제공 • 사전적격심사: 서비스 제공의 적합성 결정 • 계약: 서비스 제공에 동의하고 서명(접수사례기록일지, 사례관리기록지)
2. 사정	• 접수과정에서 사례관리서비스 대상자의 복합적 욕구, 현재 기능, 장점과 능력 공식·비공식 지원체계, 보호능력에 관한 전반적 자료를 수집하고 분석하는 과정 • 내담자의 욕구, 능력, 지원체계 활용능력, 지원체계의 결함 등을 사정(사례보고서)
3. 계획 (목표설정, 보호계획수립)	• 사례관리 목적을 달성하기 위하여 장·단기 목표를 설정하고 목표달성을 위한 가장 적절한 방안을 모색하기 위하여 내담자와 함께 개별적 계획을 수립하는 과정(사례보고서, 지역사회 네트워크 활동지, 지역사회 활용)
4. 조정 (서비스의 연결, 계획수행)	• 보호계획을 수행하는 과정으로 내담자에게 필요한 서비스를 연결하며 개입을 통하여 서비스 자원획득과 활용의 어려움을 극복하고 적절하게 서비스를 배열하고 정리하는 과정 • 사례관리 실천의 성패를 결정짓는 중요한 과정으로 단계적인 서비스 수행을 통하여 적절하게 배치하는 과정(사례보고서, 지역사회 네트워크 활동지, 지역사회 활용)
5. 점검	• 내담자에게 제공되는 서비스의 적시성, 적당성, 적절성 및 연속성을 보장하기 위해 서비스 전달과 실행과정을 추적하고 재사정을 실시하는 과정(사례보고서, 지역사회 네트워크 활동지, 지역사회 활용)
6. 평가 및 종결	• 내담자에게 제공된 서비스, 진행사항, 보호계획, 서비스 활동 및 서비스 체계의 효과성과 효율성을 종합적으로 판단하여 사례관리 과정을 종결하는 과정 • 사례관리의 효과성과 효율성 분석을 통하여 피드백을 제공하고 서비스 체계의 수정을 위한 수단이 됨(종결보고서, 종결 후 개입효과 진행일지, 종결사례대장, 사후관리 진행일지)

출처: 송정애 · 정해은 공저(2012). 가족복지론. p.175 재인용.

2) 초기 인테이크 접수기술

접수는 클라이언트의 발굴과 클라이언트의 문제와 욕구를 확인하여 사회복지기관에서 서비스를 제공할 수 있는지의 여부를 결정하는 단계이다.

① 사례발견, ② 적격성 검사로 구성되어 있으며, 첫째, 사례발견(대상자 발굴)은 클라이언트가 직접 기관에 자발적으로 찾아오거나, 기관에서 아웃리치(사례관리자에 의해서 발굴)로 발견하거나, 다른 기관에서 의뢰하는 경우로 구성된다. 둘째, 적격성 심사는 서비스 제공의 적합성을 결정하는 것이다. 이 단계는 클라이언트의 필수적인 정보를 수집하는 정도이며, 기준은 아직 없으나 사회복지기관에서 스크리닝을 통해 대상자를 구분하는 경우는 다음의 표와 같다(최희철 외, 2009).

〈표 8-4〉 대상자의 사례구분

<table>
<tr><th colspan="3">구 분</th><th rowspan="2">설 명</th></tr>
<tr><th colspan="2">가구구분</th><th>사례구분</th></tr>
<tr><td rowspan="4">시·군 거주지역주민전체</td><td rowspan="2">위기가구 (빈곤·결손·비행·장애·폭력·학대 등)</td><td>긴급사례관리 대상</td><td>복합적인 문제를 가지고 있으며 문제와 욕구가 심각하고 다양한 자원의 긴급한 개입을 요구하는 대상자와 가족</td></tr>
<tr><td>집중사례관리 대상</td><td>복합적인 문제를 가지고 있으며 문제와 욕구의 심각성이 높아 통합적 접근을 요구하는 대상자와 가족</td></tr>
<tr><td>일반가구</td><td>단순 의뢰 대상 –협력기관 주관</td><td>욕구와 심각성이 상대적으로 낮으며 개별기관에서 지원 가능한 대상자와 가족</td></tr>
<tr><td colspan="2">잠재적 사례관리 대상–제외대상자</td><td>사례관리서비스를 받지 않고 있는 대상자와 가족</td></tr>
</table>

출처: 최희철 외(2009). 무한돌봄센터 운영매뉴얼. p.36 재구성; 이준우 · 최희철(2014). 사례관리론, p.108 재인용.

3) 사정기술

사정은 클라이언트의 건강, 사회심리적 기능, 인지 능력, 재정, 환경, 사회적 지지, 욕구 등을 사정도구를 통해 구체화하는 과정이다(Holt, 2000).

사정의 영역을 보면 다음과 같다(정순둘, 2008: 39-40; 이준후 · 최희철, 2014: 138-143).

① **클라이언트의 능력과 대인서비스 욕구에 대한 사정:** 건강상태, 교육정도와 취업, 사회활동정도, 문제해결 능력과 의사결정 능력, 개인적 자질과 성격, 물리적·재정적 자원 소유, 영양상태

② **클라이언트의 사회적 망과 망 구성원이 클라이언트의 욕구에 부응하는 능력에 대한 사정:** 비공식자원, 클라이언트와 관계된 사회적 지지체계에 대한 사정

③ **대인서비스 제공자에 대한 사정과 이들이 클라이언트의 욕구에 부응하는가에 대한 사정**

④ **장애물 사정:** 내부 장애물은 그벨로우와 밍크(Bellow& Mink, 1996)는 사람 나름대로의 태도, 신념, 가치 즉 스스로 만들어 낸 일반화라고 하며 비관주의, 비판주의, 운명주의, 냉소주의에 대한 인생경험, 결론, 감정상태, 행동상태(인천광역시사회복지관협회, 2009: 150)이며 외부장애물은 부적절한 자원, 자원이용에 대한 무능력, 고갈된 자원, 이차적으로 필요한 자원이다.

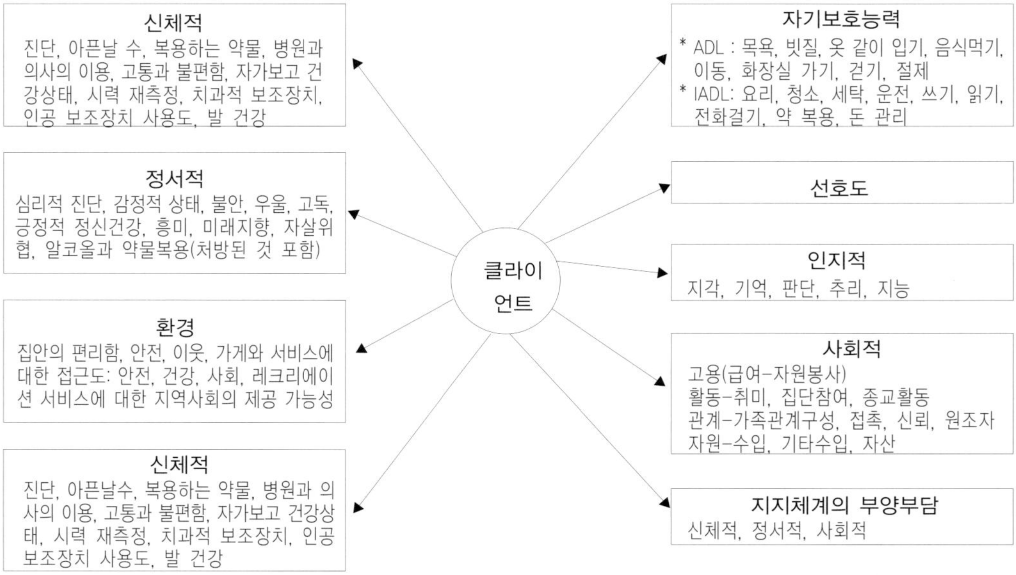

〈그림 8-1〉 사정의 다양한 측면

출처: Kane(1990). p.64; 정순둘(2008). 사례관리실천의 이해. p.41.

4) 서비스계획 및 목표설정 기술

서비스계획은 클라이언트의 욕구 충족을 위한 목적을 성취하기 위해 서비스를 구체화하는 과정(Holt, 2000)이며, 사정을 통해 확인된 욕구목록을 실행으로 옮기는 전략을 설정하는 단계이다. 서비스 계획의 과정은 ① 성과목표 설정하기, ② 우선순위 정하기(목표나 문제의 우선순위), ③ 실천전략 세우기(개입목표 결정하기), ④ 계약하기, ⑤ 실행하기의 5단계의 순으로 진행된다(홍선미 외, 2010: 42). 그리고 목표를 계획하고 수립하기 위해 주의할 점은 목표는 명료해야 하고, 실현가능하고, 클라이언트가 목표에 대한 동의가 이루어져야 한다(정순둘, 2008: 44).

계획 기록			
장기목표	단기목표	개입목표	실행방법
직업재활 서비스제공	관심분야 파악	① 취업기관에 대한 정보 제공 ② 취업형태에 대한 정보 제공 ③ 취업정보 검색하기	① 취업워크숍 참여 ② 취업부와 연계하여 취업제공 ③ 단기/경쟁고용
가족지지 체계강화	취약가족 체계강화	① 주기적인 가정방문실시 ② 자주 연락하여 가족근황 확인 ③ 가족모임회에 대한 정보 제공 ④ 억눌린 가족의 감정다루기	① 가정방문 ② 전화상담 ③ 개별상담

목표설정의 사례		
예	명료하지 않은 목표	명료한 목표
노인의 고독감이 문제일 때	클라이언트의 고독감을 줄인다. → 목표가 추상적임	클라이언트에게 말벗 서비스를 통해 날마다 접촉을 제공한다. → 목표에 시간과 서비스 횟수가 포함되어 있다.

목표달성척도(Goal Attainment Scaling)의 사례		
목표 / 목표달성수준	목표 1:(가중치 점수:) 경제적 독립 (0.6)	목표 2:(가중치 점수:) 체중감량 (0.4)
최적의 향상(1.0)	최소생계비 이상의 급여와 부가급부가 보장되는 전업직 취업	101~150파운드 감량
기대 이상으로 향상(0.75)	최소생계비 이상의 급여가 보장되는 전업직 취업	76~100파운드 감량
기대 정도로 향상(0.5)	최소생계비 이상의 급여가 보장되는 전업직 취업	35~75파운드 감량
기대 이하의 성과(0.25)	임시직 취업	34파운드 이하 감량
전혀 상관 없음 (0.00)	취업실패, 아버지의 계속적 동거	체중증가
전체 목표달성 수준 = (목표 1 가중치×목표달성수준)+(목표 2 가중치×목표달성수준) = (0.6×0.5)+(0.4×0.5) = 0.50		

〈표 8-5〉 **계획 기록, 목표설정, 목표달성척도(Goal Attainment Scaling)의 사례**

출처: 이준우 · 최희철(2014). 사례관리론. p.153; 정순둘(2008). 사례관리실천의 이해. pp.46-47 재구성.

5) 개입기술

개입은 서비스이용자의 욕구나 문제해결 및 긍정적 변화를 가져오기 위한 계획들을 수행하면서 서비스이용자와 사례관리자가 사례관리 각 단계들을 수행해 온 과제들을 완성하는 과정이다(이준우 · 최희철, 2014: 155).

사례관리자는 직접적인 개입과 간접적 개입을 이용하며, 직접적인 개입은 사례관리자가 클라이언트의 서비스 이용능력을 향상시키도록 클라이언트에게 자기표현의 기술, 자기옹호기술을 가르치며 위기기간 동안 개입하는 것 등이며, 간접적인 개입은 체계를 변화시키기 위해 서비스제공자와 클라이언트를 연결하는 것, 서비스들을 중개하는 것, 클라이언트의 욕구가 충족될 수 있도록 클라이언트를 옹호하는 것, 사회적 지원을 증가시키는 것 등이 있다(Ballow & Mink, 1996; 정순둘, 2005: 50).

직접적인 서비스 개입기술과 간접적인 서비스 개입기술을 보면 다음과 같다(정순둘, 2008: 86-109 재구성).

(1) 직접적 서비스 개입을 위한 기술

① **관계형성을 위한 기술**: 시작하기에서 클라이언트에 대해서 알기 위해 가벼운 질문을 던진다. 자기정당화 단서가 될 만한 중요한 특성에 주목한다. 감정이입, 권위와 권한, 저항에 대한 통제가 포함된다.

② **상담과 치료기술**: 상담과 치료기술은 삶의 기술 가르치기, 정서적·인지적 지지, 위기개입, 클라이언트 동기화하기, 클라이언트의 참여를 촉진하기, 생존기술 교육(개인적 기술, 대인관계기술, 지역사회기술, 소비자 기술)이 있다.

③ **클라이언트에게 정서적 지지의 제공기술**: 칭찬하기 등

④ **인터뷰 기술**: 인터뷰 시에 말에 대한 음색은 사용하는 말보다 더 큰 영향력을 갖고 있다(Holt, 2000: 82). 정보수집하기, 기록하기, 질문하기, 경청하기이다. 적극적 경청하기의 기술은 재기술과 재구조화이다. 요약하기, 심리적 해석하기가 포함된다.

(2) 간접적 서비스 개입을 위한 기술

① **사회적 지지체계 개발**: 공식적 기관과 비공식적 기관에 클라이언트를 연계하기

② **서비스 조정하기**: 의뢰, 서비스의 연결(클라이언트를 중심으로 여러 전문가들이 서로 연결)

③ **프로그램개발과 지역사회 내 기관 간의 협력**

④ **클라이언트를 위한 옹호활동**

(3) 모니터링(점검)과 재사정 기술

모니터링은 서비스가 적절히 전달되고 있는지를 사례관리자가 확인하고 점검

하는 과정으로 서비스의 보호계획 수정, 재사정, 클라이언트의 반응, 사례종결 등을 평가하는 것이다(정순둘, 2005: 51). 모니터링의 내용은 ① 클라이언트의 구성원들이 책임 수행을 하는 데 적절한 시간 안배가 이루어지고 있는가? 욕구를 충족시킬 수 있는 서비스와 자원을 가지고 있는지? 서비스와 지원계획이 어느 정도 잘 이해되고 있는지? 계획이 성공적인지 역행적인지? 클라이언트의 상황이 변화하고 있는지? 보호계획은 수정되어야 하는지? 사례는 종결되어야 하는지?(엄명용, 2005: 357; Holt, 2000: 67) 그리고 ② 클라이언트의 내면적인 부분과 외면적인 부분의 모니터링과 클라이언트의 상담진행도 모니터링하고, 클라이언트에 대한 서비스 전달의 질, 시간, 적절성 등을 모니터링 한다(Rothman & Sager, 1998: 153-155).

재사정은 사례관리 계획의 수정, 목표수정, 서비스계획의 수정을 의미한다. 새로운 욕구가 발생되는 경우, 긴급한 상황이 발생하는 경우에 재사정이 이루어진다(이준우 · 최희철, 2014: 182). 재사정의 결과는 새로운 자원의 연결이나 배치, 새로운 개입계획이나 수정된 개입목표에 영향을 주게 된다(엄명용, 2005: 358).

〈표 8-6〉 서비스 점검표: 서비스 이행 및 목표성취도 예

서비스 점검표: 서비스 이행 및 목표성취도			
계획목표	서비스 실행내용	서비스 이행 및 목표성취정도	사례관리자의 의견
서비스 이용자의 무기력	병원 및 센터연계	①②③④	약을 바꾸고 조절하여 우울증과 무기력증이 호전되었고 정신건강증진센터 프로그램에 주 2회 참여하면서 삶에 활기를 보여주고 있다.
서비스 점검표: 서비스 이용자 욕구 및 환경 변화 정도 예			
욕구변화	서비스이용자의 욕구는 변화된 것이 없어 초기사정 당시의 욕구를 그대로 유지하고 있음		현재 진행 중인 서비스는 지속적으로 제공하고 이용자의 감정조절을 위한 병원과의 협조와 개입이 필요함
환경변화	사회적응 프로그램을 통해 이용자 스스로의 활동 범위가 넓어지고 있음		취미생활을 위한 타 기관 담당자들과의 사례회의를 지속적으로 실시 예정

출처: 이준우 · 최희철(2014). 사례관리론. pp.180-181 재구성.

6) 종결 및 평가기술

종결은 사례관리자가 서비스 이용자에 대한 개입을 종료하는 것을 의미한다. 사례목표가 달성되었거나 더 이상 서비스가 필요 없게 되었을 때, 클라이언트의 조건을 더 이상 개선시키기 어려울 경우, 사회복지기관이 더 이상 충분한 서비스를 제공할 수 없을 때 서비스를 중단하는 단계이다(김윤재 외, 2011: 143).

종결의 원칙은 ① 종결까지 계속 애정을 갖고, ② 종결 후 서비스는 매우 제한적임을 클라이언트에게 이해하도록 하고, ③ 클라이언트와 함께 사후관리 계획을 세우고 후에도 다시 연락할 수 있다는 점을 상기시키면서 마무리하는 것이 적절하다(인천광역시 사회복지관협회. 사례관리연구회. 2009).

〈표 8-7〉 종결유형: 서비스이용자, 사례관리자, 기타 이유에 의한 종결의 예

구분	내용	
서비스이용자에 대한 종결	• 사별 • 이사 • 상황호전 • 약속불이행	• 시설입소 • 목표달성 • 타 기관이용 거절이나 포기 • 기타
사례관리자에 의한 종결	• 사례관리자의 사직 • 해당 사례의 담당으로 본인이 부적합하다고 판단 • 서비스 이용자의 소극적 참여로 목표 달성 불가능	
기타 이유에 의한 종결	• 기관의 사례관리자 업무 조정 • 기관의 사례관리 기한 제한 • 기관의 사례관리 원칙변경 • 기관의 자원·능력의 한계 • 법인의 교체	

출처: 이준우·최희철(2014). pp.195-197 재구성.

연구문제

1. 자신의 개인적인 환경을 살펴보고 자신의 장점과 내부장애물 및 외부인장애물을 기술하시오

확인문제

1. 사례관리모델의 기능을 설명하시오.

2. 사례관리자의 역할을 설명하시오.

3. 사례관리의 직접적 개입기술과 간접적 개입기술을 비교 설명하시오.

4. 다음의 사정의 다양한 측면에 대해서 기술하시오.

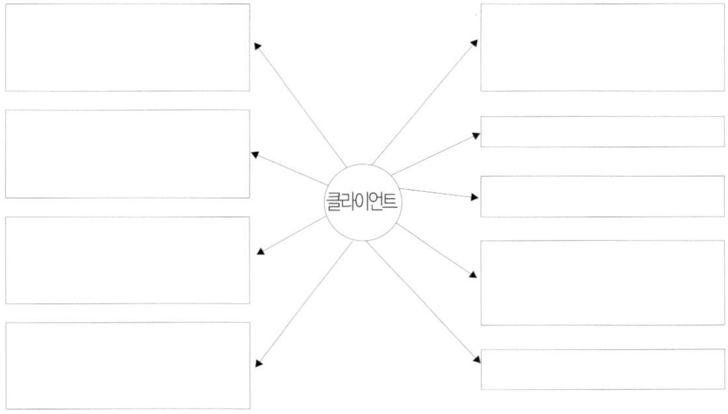

CHAPTER 09

클라이언트중심모델과 실천기술

제9장은 클라이언트중심모델의 정의와 주요개념을 이해하고 클라이언트 모델의 실천과정과 기술을 효과적으로 활용할 수 있는 역량을 키운다.

학습목표

1. 클라이언트중심모델의 정의와 주요개념을 설명할 수 있다.
2. 클라이언트중심모델의 실천과정을 설명할 수 있다.
3. 클라이언트중심모델의 개입기술을 설명할 수 있다.

01 클라이언트중심모델의 정의와 주요개념

1) 클라이언트모델의 정의

'인간중심모델'이라 불리기도 하는 클라이언트중심모델은 칼 로저스(Carl Rogers)가 1940년대에 처음 개발한 '인간성장과 변화에 대한 접근법'이다. 당시 개인치료의 지식적인 면과 무의식적 결정론에 근거한 정신분석이론과, 환경결정론에 근거한 행동주의이론에 반대하는 반동으로 인간중심모델이 생겨난 것으로 볼 수 있다(엄명용 외, 2005: 371).

로저스(1967)는 사회복지사가 클라이언트에게 ① 감정이입적 반응, ② 무조건적 긍정적 관심, ③ 수용, ④ 진정한 존중 등을 표현하면 클라이언트에게 긍정적인 변화가 발생한다고 제시하였다. 로저스의 인간중심 접근법의 핵심사항은 사회복지사가 클라이언트에게 감정이입적 반응, 무조건적 긍정적 관심, 수용, 진정한 존중 등을 표현하면 클라이언트에게 긍정적이고 건설적인 변화가 발생한다는 것이다(엄명용 외, 2005: 371-372).

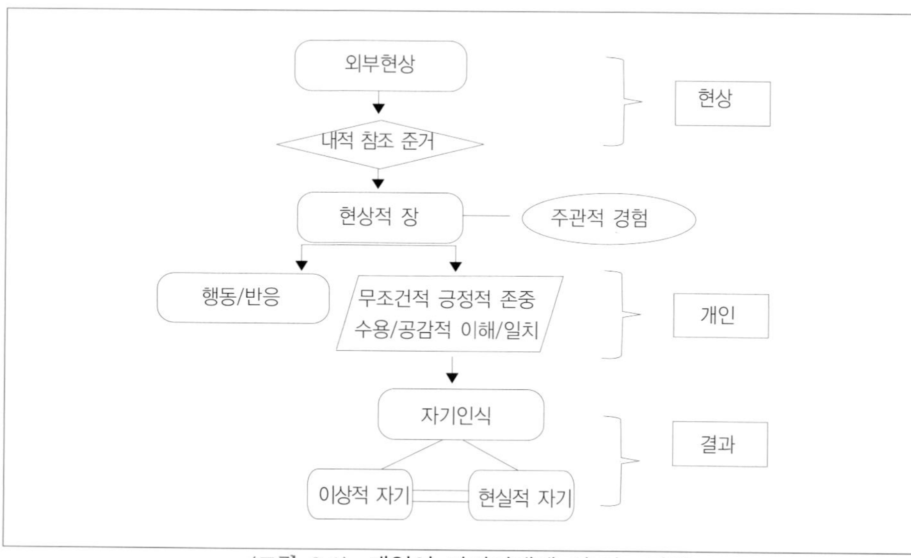

〈그림 9-1〉 개인이 자기이해에 이르는 과정

출처: 엄명용 외(2014). 사회복지실천론. p.414.

클라이언트중심모델은 사회복지사와 클라이언트와의 관계를 통해 클라이언트의 성장적 변화를 추구한다(양옥경 외, 2005: 343). 그리고 클라이언트의 잠재력이 발현될 수 있는 분위기를 조성하는 것을 목적으로 하여 개입방향에 대한 책임이 클라이언트에게 있도록 문제에 대해서 '지금-여기'를 강조하면서(권향임 외,

2014: 236), 인간의 성장과 변화에 대해 인본주의적 관점을 가진 모델로서 사회복지사의 공감적 이해, 무조건적인 긍정적 관심과 진실성을 바탕으로 한 사회복지사와 클라이언트 간의 관계를 중시하는 모델이다(김정희 · 이창호 역, 1992: 104).

2) 주요 개념

클라이언트중심모델은 정신분석과 행동주의 접근의 이론적 대안으로서 모든 사람은 자아실현의 동기를 가지고 있다는 가정에 기반을 두고 있으며, 이의 주요 개념은 다음과 같다(김경희 · 이장호 역, 1992: 196-204; 양옥경 외, 2005: 339-340; 권향임 외, 2014: 237-238; 전남련 외, 2012: 260).

(1) 실현화 경향

실현화 경향은 유기체를 유지하거나 고양시키는 방식으로 발달해 가려는 유기체의 생득적인 경향이다. 즉, 인간은 출생 시부터 성취를 향해 생산적으로 성장하도록 운명 지어졌다는 것이다. 이는 자율성을 향한 발달이며, 타율성이나 외부세력에 의한 통제로부터 벗어난 유기체가 본래적으로 소유하고 있는 자아실현의 욕구성취를 지향하게 하는 동기이다. 욕구의 감소, 긴장감소와 같은 개념이나 쾌락적인 긴장추구, 창의적이고자 하는 경향, 걷는 것을 학습하려는 경향 및 자기실현화 경향 등이 포함된다.

(2) 자아실현 욕구

자아실현 욕구는 보다 기본적인 실현화 경향의 하위체계로 간주된다. 실현화 경향은 기본적인 인간의 동기이며, 자아실현은 이러한 산물이다. 즉, 자아가 형성됨에 따라 일부 실현화 경향이 자아실현으로 표현된다. 로저스(Rogers)는 유전적 프로그램으로 구성된 인간의 모든 변화는 실현화 경향성에 의하여 달성된다고 보았다.

(3) 무조건적 긍정적 존중

무조건적 긍정적 존중은 클라이언트에게 충고나 방향을 제시하는 것이 아니라 그들의 상황, 관점, 진술의 논리 등을 따뜻하게 감싸주면서 인정하고 받아들이는 것을 말한다. 무조건적인 긍정적 존중은 치료자가 클라이언트를 충분히 수용하고, 클라이언트에 대한 진정한 배려를 하는 것이다. 여기에는 비심판적인 태도가 포함된다. 또한 치료자는 찬성이나 반대를 나타내지 않고, 해석을 하지 않으며, 불필요하게 캐묻지 않는다.

(4) 가치의 조건화

가치의 조건화를 살펴보면 다음과 같다(엄명용 외, 2014: 420; 장성화 외, 2013: 201). 가치의 조건화는 타인의 가치가 개인의 가치에 사회화되어 개인이 만족하지 않은 행동이 긍정적으로 평가되기 때문에 개인의 잠재력이 단절되어서 결국 성장을 방해하고 개인 성숙을 방해하게 된다. 즉 부모에게 긍정적인 자기존중을 받기 위해 자신의 의지와 관계없이 겉으로 최선을 다하는 것과 같은 것이다.

02 클라이언트중심모델의 실천과정

클라이언트중심모델의 실천과정은 로저스의 7단계(Rogers, 1961: 132-156)와 로워(Rowe, 1996: 79)의 3단계 구분을 바탕으로 소개하면 다음과 같다(전남련 외 2012: 261-262; 양옥경, 2005: 342-346; 엄명용, 2014: 421-424; 권향임 외, 2014: 238-240).

1) 상담초기 단계(1단계, 2단계, 3단계)

상담초기 단계는 클라이언트가 서로 만나 상호 상담 계약을 작성한다.

① **제1단계:** 자신이 문제를 가지고 있다는 것을 인식하지 못하거나 자기 문제를 자기 외부의 것으로 보기 때문에 자기와 의사소통하는 것을 싫어하고 자발적으로 상담하러 오기가 그리 쉽지 않아 외적인 것에 대해서만 의사소통이 이루어진다.

② **제2단계:** 클라이언트가 자기 자신이 아닌 문제들에 대해 말하기 시작하지만 문제는 여전히 외적인 것으로 보이고 클라이언트는 개인적인 책임을 받아들이려고 하지 않는다.

③ **제3단계:** 그대로 수용되고 있다고 느낄 수 있게 되면 보다 많은 감정과 사적인 표현을 하게 된다. 그러나 현재가 아닌 과거에 대해 과거에 일어났던 것으로서 주로 과거의 감정에 대해 이야기를 한다.

2) 상담중기 단계(4단계, 5단계, 6단계)

상담중기 단계는 치료과정의 조건인 공감적 이해, 무조건적 긍정적 존중, 진솔성 등을 제시하고 자아실현을 할 수 있도록 분위기를 조성한다.

④ **제4단계:** 여전히 있는 그대로의 자신이 수용되고 이해되고 있다고 느낄 때, 보다 자유로운 감정의 흐름이 가능해진다. 클라이언트의 혐오감, 두려움, 증오 등의 현재의 느낌이나 경험이 표현된다. 문제에 대한 자신의 책임을 어느 정도 표현한다. 자발적으로 클라이언트는 감정적 토대 위에서 다른 사람과 관계를 맺으려는 시도를 한다.

⑤ **제5단계:** 현재 경험하는 많은 감정들을 자유롭게 표현함으로써 그 감정들을 자신의 것으로 수용하게 된다. 비록 두려움과 의심은 있으나 이전에는 부인

되었던 감정들이 비로소 자각되기 시작한다. 즉각적인 경험의 지침을 제공할 수도 있다는 약간의 인식을 하게 된다. 경험 속에서의 모순과 불일치에 분명히 직면하는 경우가 늘어난다. 개인은 자신 내부에 존재하는 모순의 책임이 자신에게 있음을 알게 된다.

⑥ **제6단계**: 이전에는 부인했던 감정들을 이제는 즉각적이고 수용적으로 경험하게 된다. 그런 경험들은 부인되거나 두려움을 일으키거나 혹은 맞서 싸워야 할 어떤 것이 아니라 있는 그대로 받아들여진다. 이러한 경험들은 개인을 해방시키고 자기를 더 이상 대상으로 인식하지 않게 한다.

3) 상담종결 단계(7단계)

클라이언트가 자신의 성장 잠재력을 막고 있는 불안, 의심, 걱정 등으로부터 해방되면서 클라이언트의 문제해결역량이 점차로 발현되기 시작한다.

⑦ **제7단계**: 즉각적 감정표현을 하며 편안한 삶을 산다. 풍부한 새 감정을 즉각적으로 경험하고 수용·통합할 수 없었던 부정적 감정(불안, 공포, 수치심, 죄책감, 혐오감 등)을 표현한다. 개인이 과정 연속체 상의 최상위단계로 이동함에 따라 자신의 감정을 일어나는 그대로 표현할 수 있게 된다.

03 클라이언트중심모델의 개입기술

클라이언트중심 모델은 사회복지사에게 책임이 있는 것이 아니라 바로 클라이언트에게 책임이 있는 것이다. 그러므로 이 모델에서 클라이언트가 자발적이고, 동기화되어 있으며, 자신의 의사를 표현할 수 있고, 생각할 줄 알아야 한다. 개입실천기술은 신뢰감, 공감, 무조건적-긍정적인 존중, 진실성이 제시되고 있으며 이를 구체적으로 살펴보면 다음과 같다(Zastrow, 1998: 334-335; 김정희 · 이장호 역, 1992: 205-207; 이형득, 1992: 140-144; 양옥경, 2005: 347-350; 장성화 외, 2013: 208-211).

1) 신뢰감

클라이언트 중심이론은 인간이 자신의 잠재력을 실현해가는 경향에 대한 기본적인 신뢰를 기초로 하고 있다. 스스로 건설적인 방향으로 갈 수 있는 가능성에 대한 깊이 있는 신뢰를 바탕으로 하고 있다.

2) 공감

공감은 클라이언트 입장에서 클라이언트가 생각하고 느끼는 것을 이해할 수 있는 사회복지사의 능력이다. 클라이언트의 감정에 휘말리지 않고 정확한 공감을 하면 클라이언트는 자기인식을 증진시키고 자기탐색을 할 수 있도록 격려 받는다. 감정이입은 클라이언트가 어떻게 생각하고 느끼는지 치료자가 이해할 수 있도록 치료자 자신이 클라이언트의 입장에서 보는 치료자의 능력이다(백은령 외, 2008: 192).

3) 무조건적인 긍정적 관심

무조건적인 긍정적 관심은 클라이언트를 수용하며 클라이언트에 대한 순수한 관심을 전달하는 것이다. 클라이언트에 대해 관심과 보살핌, 호의, 수용, 온정, 존중을 표현하는 것을 의미한다. 무조건적인 긍정적 관심은 비소유적인 애정과 온정의 태도이다. 이 태도는 미묘한 몸짓, 눈맞춤, 음색과 얼굴표정 같은 미묘한 방법으로 표현될 수 있다. 비소유적인 방식으로 내담자에게 관심을 가지고 칭찬하고,

수용하고, 존중해줄수록 심리상담이 성공할 가능성이 커진다(Rogers, 1977).

4) 진실성

진실성은 사회복지사가 진실하다는 것이며, 자신의 진실된 반응을 신뢰하고 그러한 감정 반응을 전달하는 능력이다. 사회복지사는 클라이언트의 입장이 되어본 후 자신이 느낀 의미를 언어화함으로서 공감과 진실성을 결합하게 된다. 상담자가 진솔성을 유지하기 위해서는 자기인식, 자기수용, 자기 믿음이 강해야 한다.

04 클라이언트모델의 적용과 한계성

클라이언트중심모델은 상담심리학이나 성격역동성, 정신병리학에 관한 배경정보가 부족한 클라이언트에 대해서도 보다 안전하게 접근할 수 있다(조현춘·조현재 역, 1997: 297). 클라이언트중심 모델의 장점은 실천방법이나 기법 등에 있어서 독단적이지 않고 사회복지사들이 자신의 실천 스타일을 개발해 나갈 수 있다는 데 있다. 경청이나 반영 등의 기법에만 의존하지 않으며 사회복지사와의 관계형성 태도에 기초를 두고 있고, 다른 어떤 것보다도 사회복지사의 진실함이 실천관계의 힘을 결정한다(조현춘·조현재 역, 1997: 304; 양옥경 외, 2005: 351).

연구문제

1. 개인이 자기이해에 이르는 과정을 설명하고 자신의 예를 들어 기술하시오.

확인문제

1. 클라이언트에 대해서 무조건적인 긍정적 관심을 갖기 위한 사회복지사의 역할은 무엇인가?

2. 조건부가치에 대해서 설명하시오.

3. 무조건적 긍정적 존중에 대해서 설명하시오.

CHAPTER 10

과제중심모델과 실천기술

제10장은 과제중심모델의 정의와 주요 개념을 이해하고 과제중심모델의 실천기술을 습득하여 과제중심모델을 보다 효과적으로 운영을 할 수 있는 역량을 키운다.

학습목표

1. 과제중심모델의 정의와 주요개념을 이해한다.
2. 과제중심모델의 실천과정을 설명할 수 있다.
3. 과제중심모델의 개입기술을 설명할 수 있다.

01 과제중심모델의 정의와 주요개념

1) 과제중심모델의 정의

과제중심모델은 1960년대 본격적으로 시작된 단기치료의 영향을 받아 생성된 모델이며, 심리사회적 문제를 가진 개인이나 가족을 도우려고 계획된 단기형태 혹은 시간제한적 형태로서 1970년대 초 시카고대학의 리드와 엡스타인(Reid & Epstein)에 의하여 개발된 모델이다.

단기치료는 장기간을 필요로 했던 정신분석이나 정신역동적 치료방법에서 벗어나 현재의 갈등에 초점을 맞추어 단기간 동안 개입하는 방식으로 전환되었고 단기치료의 공통된 속성은 신속하게 개입, 과정은 시간 제한적, 문제는 초기에 규명, 선택된 초점을 전 과정에 유지, 문제해결은 체계적, 목표가 비교적 구체적, 면접은 초점화되며 현재 중심적이라는 것이다(Epstein, 1992: 93).

과제중심모델의 특징은, 첫째, 시간제한적인 단기개입이며, 둘째, 클라이언트와 사회복지사가 계약한 구체적인 문제해결에 개입의 초점을 두는 구조화된 접근이고, 셋째, 클라이언트의 문제해결 활동은 그가 수행에 동의한 과제를 중심으로 조직되며, 넷째, 이론보다는 조사에 근거한 경험적 자료를 중심으로 진행된다는 것이다(엄명용 외, 2005: 435-436). 과제중심모델은 단기치료에서 가장 많이 사용하는 방법이며 시간제한, 제한된 목표, 초점화된 면접과 현재에의 집중, 활동과 지시, 신속한 초기사정 그리고 치료의 융통성 등을 이용하고 있다(Epstein, 1992: 72).

과제중심모델은 간결성과 단기접근법으로 인하여 서비스 기간은 2개월에서 4개월 내에 8~12회 정도의 면접으로 제한하며(Reid, 1978: 5), 인지행동이론, 행동수정기법, 체계이론을 통합한 여러 이론을 절충하여 사용할 수 있는 틀을 제시하였고(김혜란 · 홍성미 · 공계순, 2002: 107), 부부갈등, 청소년비행, 학교부적응, 재가노인 등의 사회복지실천에서 다양하게 적용되어 왔으며 특히 비용효과성 때문에 큰 매력을 갖는다(양옥경 외, 2005: 439).

2) 주요 개념

과제 중심 모델은 개인 간의 문제, 개인 내적인 문제, 개인과 환경 간의 문제를 효과적으로 경감할 수 있는 절충적 실천의 틀로서 하나의 이론적 정향에 기초하기보다는 여러 이론을 절충하여 사용할 수 있는 틀을 제시하고 있다(김혜란 외, 2001: 107).

과제는 표적 문제를 명확히 한 후에 과제계획을 세우게 되는데, 과제는 일반적 과제와 조작적 과제가 있으며(Reid & Epstein, 1972; Reid, 1978) 밖에서도 다양한 유형의 부수적인 과제가 있다. 과제는 민감하고 필요할 때 도움이 될 수 있는 활동이면 된다(Epstein, 1992: 204-208). 이를 살펴보면 다음과 같다(전남련 외, 2012: 221-222; 양옥경 외, 2005: 443-446; 배은숙 외, 2014: 142-144; 이종복 외, 2012: 405-406).

(1) 표적 문제

표적 문제란 클라이언트가 직면하고 있는 문제 중 당장 해결해야 할 표적이 되는 문제로, 클라이언트가 자신의 문제로 인식하고 이를 경감 혹은 해결하기를 원하며 사회복지사의 전문적 판단에 의해 인정한 문제를 말한다(Epstein, 1998; 신성자 외, 2007; 배은숙 외, 2014: 142).

(2) 일반적 과제

일반적 과제는 클라이언트의 목표를 내포하며, 행동의 방향을 제시하는 '무엇이 행해져야 하는가?'를 말한다. 목표는 과제가 행해졌을 때 달성되어야 하는 상태를 말하며, 목표와 과제 모두를 진술하고 이해하는 것이 필수적이다.

(3) 조작적 과제

조작적 과제는 클라이언트가 수행해야 하는 구체적인 활동을 말한다. 대부분 조작적 과제는 일반적 과제에서 나온다. 조작적 과제는 명확한 활동에 대한 정보를 포함하고 있기 때문에 일종의 하위과제의 형태를 띤다. 조작적 과제의 예를 들면 다음과 같다.

① 매일 식사 때 남편에게 한 가지씩 칭찬하기
② 식사 때 긍정적인 대화 나누기
③ 종합복지관 방문하기
④ 직업훈련센터에 지원서 신청하기

(4) 과제의 다른 유형들

① **유일 과제**: 한 번의 수행을 위해 계획된 것
② **되풀이 과제**: 반복적인 활동을 위해 계획된 것
③ **단일 과제**: 여러 단계들이 필요한 하나의 활동
④ **복잡한 과제**: 매우 밀접하게 관련된 둘 또는 그 이상의 구분된 활동들
⑤ **개인적 과제**: 한 사람이 수행하는 것
⑥ **상호적 과제**: 둘 또는 그 이상의 사람들이 수행해야 하는 과제로서 구분되지만 서로 연관되어 있는 과제
⑦ **공유 과제**: 둘 또는 그 이상의 사람이 같은 과제를 하는 것
⑧ **인지적 과제**: 정신적인 활동들을 검토하여 명확히 하기

02 과제중심모델의 실천과정

과제중심모델의 실천과정을 ① 초기단계(시작하기, 문제 규명), ② 중기단계(계약하기, 실행하기), ③ 종결단계의 3단계로 구분하여 제시하면 다음과 같다.

〈그림 10-1〉 과제중심모델의 개입과정

단계	세부 단계	내용
초기단계	시작하기	• 시작하기 • 클라이언트가 기관에 의뢰: 비자발적 혹은 자발적으로 지원 • 기관의뢰의 목표와 일치하는지 확인
	제1단계 (문제 규정)	• 클라이언트의 표적문제를 규명한다. • 클라이언트가 규정한 문제들을 찾아낸다. • 클라이언트의 우선순위(3가지까지)를 찾아낸다. • 의뢰기관의 우선순위(위임된 문제들)를 찾아낸다. • 예비적인 초기 신속 사정을 한다.
중간단계	제2단계 (계약)	• 계약 • 우선적인 표적문제들(최대 3가지) • 사회복지사가 인정한 클라이언트의 구체적 목표들 • 클라이언트의 일반적 과제들 • 사회복지사의 일반적 과제들 • 개입과정의 지속 기간(시간제한) • 면접일정 • 개입일정 • 포함해야 하는 참여자
	제3단계 (수행)	• 실행, 문제해결, 과제성취, 문제경감, 필요에 따라 선택 • 표적문제를 규정하고 구체화한다(최대한 3개까지) • 문제를 다시 진술·명명한다(변화해야 할 특정 조건과 행동들) • 사정한다(표적문제와 목표와 연관) *표적문제 – 얼마나 자주 일어나는가(빈도) – 어디에서 일어나는가(장소) – 누구와 함께(참여자들) –선행사건들 –결과들 –의미(중요성) *사회적 맥락 – 직장, 학교, 상황들 – 경제적 지위 – 가족 – 또래집단 – 주거상태 – 문화배경 *인지·정서적 상황 – 클라이언트 성격 – 기능양식 – 개인자원 *기타사정 • 대안을 창출한다. –가능한 범위내의 문제해결 행동을 찾아내고 규명한다.

<table>
<tr>
<td rowspan="1">중
간
단
계</td>
<td>제3단계
(수행)</td>
<td>
• 다른 사람들, 기관들과 지지적이고 협력적인 행동들에 대해 협의한다.
• 의사결정(목표들을 확인하고 무엇을 할 것인지 선택하며 세부개입전략을 계획)
• 계약목표를 재확인한다.
• 기본적인 개입방법을 결정한다.
• 시간과 순서를 계획한다.
• 참여자를 선정한다.
• 클라이언트가 동의하고 이해하도록 한다.
• 다른 사람들이 동의하고 이해하도록 한다.

• 실행(전략을 수행)
• 과제들을 개발한다.
• 과제들을 형성한다.
• 과제들에 대해 클라이언트가 이해하고 동의하도록 한다.
• 과제들에 대한 근거와 보상에 대해 이해하도록 한다.
–과제들을 요약한다.
–예견되는 어려움을 점검한다.
–클라이언트의 과제수행을 위한 계획을 세운다.
–과제들을 요약한다.
–클라이언트의 과제수행을 위한 계획을 세운다.

• 과제수행을 지원한다.
• 남은 회수를 점검한다.
• 자원을 획득하고 사용한다.
• 자원제공의 장애물을 찾아낸다.
• 지시한다.
• 지도한다.
• 모의 훈련한다.
• 역할 연습, 모의 훈련, 지도 연습을 한다.
• 모델링과 옹호를 위해 클라이언트를 동반한다.
• 기타
과제수행의 장애물을 찾아낸다.
– 사회환경에서: 자원부족, 스트레스, 차별, 구조적 문제들
– 대인 간 상호작용에서: 결핍과 갈등, 협력부족
– 심리적 상태에서: 두려움, 의심, 지식부족
• 장애물제거, 감소, 변경하기 위한 행동을 계획한다.
• 기술부족, 다른 사람들의 협력과 지지의 부족, 자원부족 등과 과제수행의 실제적인 장애물을 개선한다.
</td>
</tr>
</table>

단계	단계	내용
중간단계	제3단계 (수행)	• 과제수행의 인지적 장애물을 경감한다.: 두려움, 의심, 지식부족, 역 신념에 대해 토의한다. • 사회복지사의 과제에 대해 계획하고 진술한다.:클라이언트에게 사회복지사의 과제들에 대해 알려주고 과제실행과 문제상태를 점검한다. • 검증한다 – 개입의 가능한 효과들을 점검, 검사, 확인, 구체화한다 • 모니터 한다 – 문제상태에 대해 정규적으로 기록한다. – 구조화된 표기법, 차트, 그래프, 간결한 이야기체 코멘트를 사용한다. • 다음의 상황이 발생하면 계약을 수정 혹은 일부 변경한다. • 진보가 만족스럽지 못함 • 진보가 기대 이상 • 새로운 문제가 발생 • 문제가 다른 성격을 취함 • 과제들이 수행되고 있지 않음 • 지지와 지원이 비효과적 • 사회복지사의 과제들이 비효과적이거나 비현실적임
종결	제4단계 (종결)	• 종결 • 연장한다: 클라이언트의 헌신이 있는 경우 • 모니터 한다.: 법률, 법원, 명령, 공식적 기관의 요구가 있는 경우

출처: Epstein & Brown(2002). *Brief Treatment and a New Look at the Task Centered Approach*(4th ed) pp.93-95; 황미경(1997). 가출청소년에 대한 효과적인 개입방안 연구. pp.15-18 재구성.

03 과제중심모델의 개입기술

과제중심모델의 개입기술을 리드(Reid, 1992)은 다음과 같이 제시하고 있다(Reid, 1992: 3). ① 추리이론은 피하고 검증된 방법과 이론을 선호하는 경험적인 기원, ② 다양한 접근법을 선택하는 통합적인 자세, ③ 클라이언트가 인식한 문제에 초점을 맞추고, ④ 체계와 상황에 관심을 갖고, ⑤ 단기로 설계(4개월 내에

6~12회)하며, ⑥ 클라이언트와 협조적 관계, ⑦ 개입프로그램의 구조화, ⑧ 문제해결은 과제를 통해 달성 등으로 제시하고 있다.

과제중심모델의 개입기술을 직접적인 개입기술과 간접적인 개입기술로 구분하여 살펴보면 다음과 같다(황미경, 1996: 13-14; 사회복지사 1급 수험연구회 편저, 2008: 129-131).

1) 직접적인 개입기술

(1) 인식의 증진

클라이언트뿐만 아니라 타인이나 그의 상황에 관한 정보를 클라이언트에게 제공해주기 위한 워커의 노력으로 구성된다. 여기서는 해석, 명확화, 직면 및 반성이 포함된다. 이에는 심리치료의 해석, 명료화, 직면, 반성 등과 같은 수준의 기법에 해당하며, 클라이언트로 하여금 과제를 수행하게 하도록 지원하는 데 도움이 된다. 과제와 관련성이 없는 문제에 대한 클라이언트의 인식에는 거의 관심을 두지 않는다. 과제중심 개입의 목적은 클라이언트 상황에 대한 인식의 증진과 클라이언트 자신의 행동이나 다른 사람과의 상호작용의 성질과 역동에 대한 인식증진에 있다.

(2) 격려

사회복지사는 클라이언트가 수행한 행동에 대한 인정이나 기타의 긍정적인 반응을 표현할 때 격려의 방법을 사용한다. 격려는 변화에 기여하는데, 왜냐하면 클라이언트는 그가 존경하는 사람의 인정이나 시인을 가져오는 행동을 수행할 가능성이 있기 때문이다. 격려는 진솔하고 정성된 마음으로 표현해야 하며, 클라이언트의 행동을 강화하고 자극하기 위해 사회복지사가 클라이언트나 그 행동에 대해 선택적으로 활용한다.

(3) 지시

클라이언트가 시작한 행동을 사회복지사가 인정해주는 격려의 방법과는 달리 지시는 클라이언트가 생각하지 않았거나 생각하고 있는 몇 가지 중의 하나를 사회복지사가 추천해 주는, 즉 행동가능성을 제시해 주는 것을 말한다. 즉 사회복지사가 과제와 관련된 가능한 행동에 대해 클라이언트에게 조언, 충고를 하는 것이다. 지시는 격려와는 달리 클라이언트가 생각하지 못했던 가능한 행동을 제안하거나 클라이언트가 생각하고 있는 내용에 대한 조언이며, 무차별적으로 이유 없이 제공해서는 안 되며 단기치료에서 많이 사용되고 과제의 진보를 촉진할 목적으로 사용된다.

2) 간접적인 개입기술

(1) 상황분석

상황분석에서는 사회복지사는 클라이언트로 하여금 자원을 찾아내고 활용할 뿐 아니라 장애물을 확인하여 해결하도록 돕는다. 상황요인은 물리적, 인지적, 가족, 지역사회 체계가 포함된 다차원적 틀 속에서 이루어지며 표적체계와 관련하여 검토한다. 사회복지사는 클라이언트의 왜곡된 지각, 비현실적인 기대를 수정하도록 돕고 비기능적 상호작용이나 행동유형을 지적한다. 과제중심모델의 목적은 비교적 단순하고 직접적인 과제를 통해 표적문제를 완화하는 데 있고, 상황변화는 우연히 부수적으로 얻어지는 것이다. 포함된 다차원적 틀 속에서 이루어지며 표적체계와 관련하여 검토한다.

(2) 구조화기술

구조화는 개입초기에 주어지는 치료의 목적과 특성에 대한 일반적인 설명을 포함하지만 과정 중에는 그것으로 지나치게 표현할 필요가 없다. 즉 개입의 문제, 과제 및 시간제한에 관한 의사소통, 과제수행에 적합한 내용으로 클라이언트의 의사소통의 흐름을 분명하게 유도하는 반응들이다.

치료개시기에 시행했던 치료의 성격과 목적, 치료의 조직화와 관련된 문제, 과제, 시간제한적, 과제와 관련 있는 내용에 대한 명확한 의사소통 반응들에 대해 클라이언트에게 다시 들려주는 작업으로부터 시작된다. 사회복지사가 클라이언트의 의사소통에 대한 명확한 지침을 제공하는 것 등과 같이 조작적 과제들을 구조화하는 작업들로 구성된다.

(3) 의사소통기술

과제중심모델에서는 과제에 대한 클라이언트의 노력은 과제중심모델에서는 결정적이며, 클라이언트가 무엇을 바라고 있는가를 클라이언트와 함께 언어화하는 것이 중요하다. 그리고 단기계약기간 동안에 클라이언트가 선택한 명확한 목표를 성취할 수 있도록 원조하는 서비스이다.

(4) 탐색기술

탐색은 2가지 목적을 가지고 있는데 하나는 필요한 정보를 얻는 것이며 다른 하나는 의사소통의 흐름을 적절한 내용에 초점을 맞추도록 하는 것이다. 과제중심모델에서는 탐색이 클라이언트 문제를 끌어내고 문제를 명확히 하며, 과제의 가능성을 검토하는 것으로 집중된다. 탐색은 클라이언트로부터 자료, 정보를 이끌어 내려는 사회복지사들의 노력이며, 탐색의 목적은 클라이언트에 관한 정보를 얻어내고, 의사소통의 내용을 문제와 관련시켜 초점화하는 데 있다.

04 과제중심모델의 실천적용과 한계성

과제중심모델은 의료기관, 교정, 주거보호, 노인서비스, 아동상담소, 공공복지, 가족복지, 근로자지원프로그램 등에서 단기치료로서 사용되고 있으며(Epstein, 1992: 71-72), 서비스 효율성이 높고 문제사정이나 해결과정에서 다양한 이론들을 사용할 수 있는 장점이 있다.

과제중심모델의 한계점은 인간을 너무 한쪽 측면에서 바라보고 있다는 것이다. 사회현상에 내포된 인간의 속성이 실천현장에서는 아주 복잡한데 모델의 일반적이고 긍정적이기만 한 관점에 의문이 제기되곤 한다. 그 외에도 자아탐색과 발견에 있어서 자발적이고 표현적인 것을 전제로 하고 있는데, 그렇지 못한 클라이언트에 대한 개입이 어렵다는 점이 지적되고 있다(백은령 외, 2008: 194).

연구문제

1. 과제중심모델의 개입과정을 초기단계(문제의 확인과 계약)-중간단계(수행)-종결단계로 나누어서 설명하시오.

확인문제

1. 과제중심모델의 특성을 설명하시오.

2. 표적문제에 대해서 설명하시오.

3. 일반적 과제, 조작적 과제를 비교 설명하시오.

4. 인식증진의 기술을 기술하시오.

5. 직접적인 개입기술과 간접적인 개입기술의 종류를 기술하시오.

CHAPTER 11

심리사회모델과 실천기술

제11장은 심리사회모델의 정의와 주요개념을 이해하고 실천과정과 실천기술을 바탕으로 효율적인 심리사회모델을 효율적으로 운영할 수 있는 역량을 향상시킨다.

학습목표

1. 심리사회모델의 정의와 주요개념을 이해한다.
2. 심리사회모델의 실천과정을 설명할 수 있다.
3. 심리사회모델의 개입기술을 설명할 수 있다.

01 심리사회모델의 배경과 주요개념

1) 심리사회모델의 배경

심리사회모델은 1930년대 사회복지실천 분야에 있었던 진단주의와 기능주의의 논쟁에서 진단주의의 실천양식에 뿌리를 둔 모델이며, 대표적 학자는 프로이트

(Freud), 에릭슨(Erikson), 하트만(Hartmann), 라포포트(Rapoport) 등이다. 심리사회모델은 홀리스(Hollis, 1950)에 의해 집대성되었고, 사회복지의 실천이론과 접근방법으로 구체화되었다. 우드와 홀리스(Woods & Hollis)는 심리사회모델의 이론적 배경으로 생태체계이론, 정신역동이론, 역할이론, 의사소통이론 등을 제시하였다(김혜란 외, 2003: 72).

이 모델에서는 가족, 개인 및 가족의 최근접환경, 상황 속의 인간 등을 철저히 조사하는 사정 또는 진단이 강조된다(엄명용 외, 2007: 409-410). 심리사회모델의 주요개념을 살펴보면 다음과 같다(조휘일·이윤로, 2007: 111; 나동석 외, 2014: 119-120; 전남련 외 2012: 132-133)

2) 주요개념

(1) 환 기

클라이언트가 공격, 적대감 같은 감정을 표현하지 않고 억압시키고 있으면 그의 사고와 행동을 올바르게 표현하지 못하게 되므로 클라이언트의 감정을 정화시켜 준다.

(2) 관계형성의 교정

클라이언트가 사회복지사를 통해 마치 어머니와 아동 같은 관계를 경험하도록 하여 클라이언트가 과거에 주변 인물과 가지고 있었던 불만족스러웠던 관계를 보상해 준다. 이전에 주 보호자와 가졌던 부정적인 상호작용은 사회복지사와의 긍정적인 경험을 통해 클라이언트의 개인적인 성숙을 가져오게 되어 이전에 해결되지 못한 문제를 교정하는 경험을 갖도록 도울 수 있다

02 심리사회모델의 개입목표와 실천과정

1) 심리사회모델의 개입목표

심리사회모델의 개입목표는 클라이언트가 경험한 과거의 경험이나 사건 또는 현재의 경험과 관련된 심리내적 갈등과 어려움을 클라이언트가 스스로 이해하고 통찰할 수 있도록 원조하는 것이다. 또한 사회복지사가 클라이언트의 변화를 직접 이끌어가는 것이 아니라, 클라이언트 스스로가 자신과 환경을 변화시키는 노력을 하는 과정에 최대한 도움을 제공하고, 현실적 자원을 제공하는 것을 목표로 한다(금기윤 외, 2013: 71). 이를 구체적으로 보면 다음과 같다(사회복지사 1급 수험연구회 편저, 2008: 63).

① 심리사회모델은 클라이언트의 과거 경험이 현재의 심리적 사회적 기능에 영향을 미친다고 본다. 따라서 클라이언트의 과거 그리고 현재의 경험과 관련한 내적 갈등을 이해하고 통찰함으로써 클라이언트가 성장할 수 있도록 할 수 있다.

② 사회복지사가 클라이언트 주변의 변화를 직접 행하기보다는 클라이언트 스스로가 주변을 변화시키는 노력을 하는 과정에 최대한 도움을 제공하도록 하고, 모든 변화가 가능한 것이 아니기 때문에 변화가 가능한 선까지 변화가 있을 수 있도록 현실적 지원을 주는 것을 목표로 해야 한다.

2) 심리사회모델의 실천과정

심리사회모델의 실천과정을 살펴보면 다음과 같다(장수미 외 2010: 92-93; 나동석 외 2014: 120; 사회복지사 1급 수험연구회 편저, 2008: 64).

(1) 조사 단계

조사 단계는 초기면접을 통해 클라이언트의 문제와 문제상황에 기여한 요소와 심리사회적 사정 및 진단, 치료에 필요한 정보를 수집하는 단계이다. 즉 사회복지사는 클라이언트의 문제가 무엇인지와 문제의 원인, 클라이언트가 문제해결을 위해 시도한 방법, 클라이언트의 현재 문제 상황에 기여한 요소를 수집한다. 그리고 문제와 관련된 클라이언트의 초기 발달과정 및 원가족에 대한 정보를 수집한다. 클라이언트는 자신의 문제에 대해 인식하게 되고 다시 생각해 보는 기회를 갖는다.

(2) 사정과 진단 단계

사정은 심리사회적 조사에서 얻어진 사실들을 세밀하게 분석하는 과정이다. 이때 사정은 조사단계에서 수집된 정보에 대해 비판적으로 검토하는 것으로서 수집된 사실로부터 추론을 전개하는 과정이다. 진단은 문제의 성격을 상세하고 엄밀하게 이해하기 위해 클라이언트와 상황의 복합체와 도움이 요청되는 문제에 대해 비판적으로 검토하는 것이다. 임상적 진단(클라이언트의 기능적인 측면을 분류), 원인적 진단(문제의 원인이 상호작용인지, 클라이언트의 딜레마의 원인 속에 있는지 검토), 역동적 진단(클라이언트의 인성의 측면이 작용하는 것)으로 구분된다. 다루어져야 할 내용은 신상정보, 의뢰경위, 제시된 문제, 문제의 역사, 이전의 상담경험, 가족배경, 개인력, 의료적 사항, 문화적 배경, 종교, 정신상태와 현재 기능의 수준, 정신상태 검사, 정신장애의 진단 및 통계 편람에 따른 진단, 요약, 치료 모델에 대한 추천 및 치료목표, 평가계획을 설명할 수 있다.

(3) 개입 단계

이 단계는 개입목표와 방향을 설정한다. 목표는 클라이언트가 겪은 과거의 사건이나 경험 혹은 현재의 경험과 관련된 심리내적인 갈등과 어려움을 이해하고 통찰할 수 있도록 도와주는 것이다. 심리사회모델에서는 클라이언트가 과거에 겪었던 경험이 현재 클라이언트의 심리적 혹은 사회적 기능에 영향을 미친다는 것을 중요시한다. 사회복지사는 상담자, 자원제공자, 탐색자, 해석자, 중재자, 옹호자, 사례관리자 역할을 담당한다.

(4) 종결 단계

헤어짐에 대한 감정과 사회복지사와 형성된 관계 및 감정 다루기 및 사후 관리를 한다.

03 심리사회모델의 개입기술

홀리스(Hollis)는 심리사회모델의 개입기술을 다음과 같이 제시하였다(Payne, 1997; 서진환 외, 2001; Woods & Hollis, 1990; 엄용명 외, 2005: 193-196; 이윤로, 2007: 242-243; 김혜란 외, 2006: 65-68; 장수미 외, 2010: 95-103; 나동석, 2014: 121-122; 전남련 외, 2012: 133-134).

1) 직접적 개입기술

(1) 클라이언트의 감정과 행동을 지지(sustainment)

관심과 수용, 공감적 이해 재보증, 격려를 높여 주는 언어적 · 비언어적 의사소통을 모두 포함하고 있으며 클라이언트의 불안, 취약한 자아상, 낮은 자아존중감을 감소시키고 사회복지사와의 관계를 형성하는 것을 목적으로 한다.

(2) 문제해결에 직접적인 영향(direct influence)

직접적 영향이란 클라이언트의 행동을 향상하기 위한 조언이나 제안 등을 통해 사회복지사의 의사를 관철하기 위한 과정이다. 클라이언트가 자신의 의사에 따라 문제해결을 위한 결정에 도달하는 것이 바람직하지만, 때로는 사회복지사가 결정에 직접적으로 영향을 미칠 수 있다. 사회복지사가 자신의 의견을 제시하여 특정 행동을 촉진시키는 것을 목적으로 하여 다양하고 주의 깊은 제안이나 충고를 제시한다. 사회복지사는 클라이언트의 욕구에 따라 조언해야 하며 조언하기 전에 충분히 경청해야 한다.

(3) 클라이언트의 감정을 탐색(exploration)–기술(description)–환기(ventilation)

클라이언트가 자신과 상황에 대해 갖고 있는 견해를 이해하도록 돕고 감정을 표현하는 것을 의미한다. 탐색과 기술은 클라이언트의 문제와 관련하여 클라이언트, 클라이언트의 환경, 혹은 클라이언트와 환경과의 상호작용에 관한 사실을 진술하고 설명하도록 원조하는 것이다. 그리고 환기는 사실과 관련된 감정을 끄집어냄으로써 카타르시스를 경험하도록 원조하는 것이다. 탐색-기술과 환기는 연관되어 있는데, 사실을 진술하거나 설명하는 과정에 자연히 감정이 표현되기 때문이다.

(4) 상황속의 인간이라는 관점을 고려(person situation reflection)

클라이언트와 그를 둘러싸고 있는 환경, 주변 인물들과의 상호작용에 초점을 두고 있으며 사회복지사가 클라이언트에게 자신과 환경의 상호작용과 관련된 인식, 사고와 감정을 잘 알 수 있도록 돕는다. 인간-상황에 대한 고찰은 현재 혹은 최근 사건에 대한 고찰로서 다음의 여섯 가지를 포함한다. ① 다른 사람, 건강, 상황, ② 클라이언트의 행동이 자신과 다른 사람에 미치는 영향은 클라이언트의 외부환경, ③ 클라이언트 행동의 성격, ④ 클라이언트 행동의 원인, ⑤ 자기평가는 클라이언트의 주관적 내부 상황과 관련된다. ⑥ 사회복지사와 치료과정은 원조 상황과 관련된다.

(5) 클라이언트의 성격과 행동 사이의 역동성을 성찰(pattern-dynamic reflection)

클라이언트로 하여금 사건들에 대한 특정한 행동이나 사고방식을 이끄는 클라이언트의 행동 혹은 사고와 감정 유형, 방어기제 등을 성찰하도록 하는 것이다. 이 기술의 목적은 행동과 사고유형에 대한 클라이언트의 이해를 증진시키는 것이다.

(6) 발달적 성찰(developmental reflection)

발달적 성찰은 클라이언트가 과거와 관련해서 현재의 사건을 이해하도록 함으로써 과거의 문제가 현재의 문제에 어떤 영향을 미치는지를 파악하여 점진적인 변화를 증진시킨다. 명확화, 해석, 통찰의 개발, 논리적 토의 및 추론, 설명, 일반화, 행동시연, 역할극, 강화, 옹호, 직면, 요약, 교육 등의 기법을 활용한다.

2) 간접적 개입기술

클라이언트를 둘러싼 사회환경에 관련된 문제를 해결한다. 클라이언트 대인관계에 개입하거나 사회환경적 변화를 추구하는 활동이다. 클라이언트에게 필요한 자원을 발굴, 제공하여 클라이언트에 대한 옹호 및 중재활동을 한다.

〈표 11-1〉 심리사회모델의 환경적 개입과정

• 자원유형: - 사회복지사 자신의 사회복지기관 - 사회복지사가 고용된 비사회복지기관 - 다른 사회복지기관 - 사회복지사를 고용하거나 전혀 고용하지 않는 비사회복지기관 - 클라이언트와 도구적·정서적 관계를 가진 사람들
• 의사소통 유형: 비밀보장, 지지, 직접적 영향, 환기, 고찰

• 역할유형: – 자원제공자 – 자원발굴자 – 클라이언트를 다른 사람에게 설명하는 사람 – 클라이언트와 다른 사람 사이의 중재자 – 클라이언트와 다른 사람 사이의 공격적 조정자

출처: Woods & Hollis(2000). p.128.

〈표 11-2〉 심리사회모델의 개입기술

치료기술	설명
1. 간접적 치료	클라이언트의 환경에 개입하는 과정으로서, 클라이언트를 지지하고 영향을 미칠 수 있는 가용한 자원을 연계하고 배치시킴
2. 직접적 치료	사회복지사와 클라이언트의 신뢰관계를 바탕으로 클라이언트에게 제안과 설득을 제공함
3. 자아지지 치료	자아의 기능을 보존, 지지, 회복시키기 위해 필수적인 방어(기제), 자아의 통제력과 기능, 지적 과정, 현실 판단력, 충동조절능력 등을 향상시킴
4. 수용	클라이언트에게 온정과 친절함을 유지하는 태도로서, 타인의 감정이나 주관적인 상태에 참여하고 받아들이는 감정이입이 중요한 요소가 됨
5. 자기 지시권 존중	클라이언트 스스로가 내리는 자기결정권을 존중함
6. 비밀을 노출할 권리를 존중	클라이언트가 자신의 정보를 숨기거나 혹은 개방할 권리를 존중함
7. 지지	클라이언트에게 언어적 혹은 비언어적 의사소통을 통해 관심, 수용, 감정이입적 이해, 재확신, 격려 등을 제공함
8. 직접적 영향	클라이언트에게 주의 깊게 제안과 충고를 제공함
9. 탐색·묘사·환기	클라이언트의 상황에 관한 사실들을 드러내고 다른 감정을 표현하게 함으로써 감정의 전환을 제공함
10. 인간과 환경 간의 구성을 성찰	현재의 상황과 타인과의 상호작용에 관한 클라이언트의 인지, 사고, 감정을 인식하도록 도움
11. 유형의 역동적 성찰	클라이언트의 행동, 사고, 감정의 경향을 명확히 하도록 도움
12. 발달적 성찰	현재의 클라이언트의 성격이나 기능에 영향을 미친 가족기원이나 초기 경험을 고찰하도록 함

출처: Woods, M. E., & Robinson(1996). pp.555-580; 엄명용 외(2005). 사회복지실천의 이해. p.194.

04 심리사회모델의 적용과 한계점

심리사회모델은 개인, 커플, 가족, 집단치료, 환경과 작업 등 여러 가지 형태로 실천되고 있다. 또한 장·단기개입, 위기개입, 예방적 개입, 외상치료 등 다양한 상황에서 사용되고 있다(Woods & Hollis, 1990).

양적 연구방법과 질적 연구방법을 모두 동원하여 성과평가가 이루어지고 있다고 하지만(Woods, 1996) 어떤 유형의 문제에 대해서 어떤 형태의 실천이 더 효과적이라는 실증적 연구결과는 빈약한 편이다. 이것은 연구결과를 과학적으로 측정하기가 어렵기 때문이다. 이 모델은 개인, 환경 그리고 개인과 환경과의 상호작용의 성격을 이해하는 데 도움이 되는 지식을 받아들이며 확장되어야 할 것이다(엄명용 외, 2005: 427).

연구문제

1. 자신의 유년기의 발달적 고찰을 해보고 갈등이 해결되지 않았던 사건들을 기술하고 환기시킬 수 있도록 자기생각을 표현해 보시오.

확인문제

1. 심리사회모델의 특성을 설명하시오.

2. PIE(Person-in-Environment)를 설명하시오.

3. 심리사회모델의 개입기술의 종류를 기술하고 각각의 의미를 설명하시오.

4. 심리사회모델의 환경적 개입과정을 기술하시오.

CHAPTER 12

인지행동주의모델과 실천기술

제12장은 인지행동주의모델의 정의와 특성 및 목표와 주요개념을 바탕으로 인지행동 모델의 실천과정과 개입기술을 이해하고 다양한 사례에 대한 인지행동주의 모델의 적용 능력을 향상시킨다.

학습목표

1. 인지행동주의모델의 특성과 목표를 이해한다.
2. 인지행동주의모델의 주요 개념을 설명할 수 있다.
3. 인지행동주의모델의 개입 기술을 설명할 수 있다.
4. 인지행동주의모델의 개입 프로그램을 파악한다.

01 인지행동주의모델의 특성과 목표

1) 인지행동주의모델의 특성

인지행동모델은 인지모델과 행동주의 모델을 통합한 것을 기반으로 1960년대 이후 등장한 이론이며 정신분석과 행동주의 배경을 가지기도 하며, 개인과 환경

모두에 초점을 두면서 문제에 접근할 수 있는 이론적 틀을 제시한다.

인지행동주의모델이란 인간이 생각하고(사고), 판단. 추리하며, 정보를 처리하는 과정인 인지과정의 개념과 함께 행동주의이론과 사회학습이론의 여러 개념들을 통합하여 적용한 이론이며(전남련 외, 2012: 181), 아들러(Adler)의 개별심리학, 엘리스(Ellis)의 이성 및 감성정신치료, 베르너(Wemer)의 이성적 개별사회사업, 글래서(Glasser)의 현실치료 그리고 그 밖의 감정이나 행동 등을 사고의 산물로 보는 사람들의 사고체계를 포함하는 통합적 범주이다(나동석 외, 2014: 122). 여기에다 과제 내주기, 강화, 보상, 반복, 행동기술의 교육 및 습득 원조 등의 행동주의적 요소가 결합된 것을 인지행동주의적 접근이라 한다(엄명용 외, 2005: 390). 주요 학자로는 백(Beck), 엘리스, 메이크바움(Meichbaum) 등이 있다(Bruce & Fedric, 1997).

인지행동모델에 입각한 치료과정은 문제를 일으키는 잘못된 가정과 사고의 유형을 확인·점검하고, 재평가하여 수정하도록 격려하고 원조한다. 이 접근에 포함되는 치료적 하위접근 중에 행동치료, 인지치료, 합리정서치료, 현실치료, 인지행동치료가 있다(Gilliand & James, 1997: 양옥경 외, 2005: 386).

인지행동주의모델에 입각한 치료과정은 문제를 일으키는 잘못된 가정과 사고의 유형을 확인·점검하고, 재평가하여 수정하도록 격려하고 원조한다.

인지행동주의모델의 특성을 살펴보면 다음과 같다(이삼연, 1999: 197-200).

첫째, 인지-행동치료 과정에서 사회복지사는 클라이언트와 협동적 관계를 수립해야 한다는 것이다. 사회복지사와 클라이언트는 함께 문제를 발견·관찰 측정하고, 변화를 위한 전략을 세워, 그것을 실행하고 평가하여 검토하는 것이다.

둘째는 '질문의 활용'이다. Beck와 그의 동료들(1979)에 의하면 질문의 형식으로 대답을 유도하는 방법은 클라이언트로 하여금 자신의 사고를 일시적인 가정으로 전환시켜, 클라이언트 스스로가 다른 대안적 사고를 찾게 하고 그것에 대해 실험해보는 단계에 이르도록 도와준다.

셋째 '여기-지금에 초점을 둠'이다. 이를 통해 클라이언트의 관심사는 현재의 상황이 된다. 이렇게 볼 때 치료하는 동안에 일어나는 사건 그 자체가 중요한 임상적 초점이 된다(Sagran & Segal, 1990).

넷째, '숙제활용'은 치료의 초기단계에서 클라이언트의 숙제는 자신의 감정, 행동 혹은 비기능적인 사고 등을 매일 기록하는 것이 된다. 다양한 형태의 숙제가 있는데, 그 형태에 관계없이 숙제를 내주는 것은 인지-행동치료의 중요한 요소이다.

다섯째 '단기치료'이다. 단기간에 이루어지는 특성으로 보통 효과적인 우울 치료를 위해 치료 횟수는 20회기까지 권장되고 있는데(Beck, 1979), 이와 같은 단기치료는 사회복지사와 클라이언트에게 문제 중심적으로 접근하려는 동기를 부여해 준다. 또한 장기치료에 비해 분명하고 체계적인 치료계획과 치료에 적절한 클라이언트 선정을 중요시하는 경향이 있다(Safran, et al., 1990).

2) 인지행동주의모델의 목표

인지행동주의모델의 목표는 다음과 같다(이삼연, 1999: 205). 인지의 구조적 차원의 변화이다. 이것은 인지구조를 변화시키면 비기능적인 정보처리와 부정적인 자동적 사고가 동시에 변화될 수 있다는 이론적 가정을 반영한다. 인지행동의 치료의 초기단계에서는 부정적인 사고를 깨닫고, 그것을 찾고 관찰하고 변화시키는 데 초점을 두고, 다음 단계에서는 비기능적인 정보처리과정을 찾고 수정하는 데 치료의 중점을 둔다. 그러고 난 후 잠재되어 있는 부정적인 자기도식의 변화에 중점을 두게 된다.

02 인지행동주의모델의 주요 개념

인지행동주의모델의 주요개념은 주관적인 경험의 독특성, 클라이언트와의 협력적인 노력, 자신과 타인을 위한 무조건적 관심, 치료자는 문제해결을 위한 구조화된 절차를 가짐, 클라이언트는 적극적인 역할을 하도록 기대된 문헌치료, 쓰기과제, 오디오와 비디오테이프 사용, 강의와 세미나 참여 등 직접적인 교육을 포함, 소크라테스식 질문이나 논박에 의한 인지과정의 발견이다. 치료자는 클라이언트가 정서적 행동적 반응에 관계된 인지적 기능에 대해 경험적으로 탐구하도록 협력을 해야 한다(양옥경 외, 2005: 411-412).

1) 백의 인지이론

(1) 기본가정

인지이론에서 제시하는 기본 가정을 보면 다음과 같다(장인협, 1989: 351-358).

① 행동은 사고에 의해 결정된다. 부정확한 지각이 부적절한 행동을 초래한다고 본다.
② 인간의 중요한 사고 중의 하나는 단기적인 것이든 장기적인 것이든 간에 그들의 목적과 관련된다.
③ 개인의 생활은 무의식적인 힘에 의해 통제되지 않는다.
④ 본능적 충동이 존재하기는 하지만 인간의 '공격성'은 여기에 포함되지 않는다.
⑤ 인간은 본능적 충동에 의해 지배당하지 않으며, 자신의 목적과 일치하지 않는 충동을 수정하거나 거부하는 경향이 있다.

(2) 핵심내용

벡의 인지치료이론에서 핵심이 되는 주요 개념은 자동적 사고, 스키마, 인지적 오류 등이다. 이를 구체적으로 살펴보면 다음과 같다(양옥경 외, 2005: 405-409; 전재일 · 이성희, 2004: 370-371; 전남련 외, 2012: 184-185)

① 자동적 사고

자동적 사고(automatic thinking)란 한 개인이 어떤 상황에 대해 내리는 즉각적이고 자발적인 평가를 의미한다. 이것은 합리적으로 판단하거나 심사숙고한 것이 아닌 자동적으로 튀어나오는 스쳐가는 생각이다

② 스키마

스키마(schema)란 특정 대상에 대한 경험, 그 대상에 대해 타인이 겪은 경험의 관찰, 그 대상에 대한 타인과의 대화, 개인의 기본적인 신념과 가정, 어떤 사건에 대한 개인의 지각, 반응 등을 형성하는 인지구조로 대개 이전의 경험에 의해 형성된다. 즉, 개인이 보고, 듣고, 느끼고, 맛보고, 경험한 직접경험의 모든 자극들과 타인에게 듣고, 관찰한 간접경험 모두를 말할 수 있다.

③ 양분적 사고

양분적 사고(all-or-nothing thinking)란 모든 경험을 한두 개의 범주로만 이해하며 흑백논리로 현실을 파악하거나 흑백논리를 전개함으로써 그 이외의 보다 적절한 평가를 못하는 경우이다.

④ 과도한 일반화

과도한 일반화(overgeneralization)란 한 가지 단순한 사건이나 경험을 가지고 부당하게 일반적인 법칙을 세우려는 경우이다. 즉, 한두 개의 고립된 사건에 근거해서 일반적인 결론을 내리고 그것에 서로 관계없이 상황에 적용하는 것을 의미한다.

⑤ 임의적 추론

임의적 추론(arbitrary inference)은 사실과는 전혀 반대되는 근거를 가지고 결론을 내리는 경우로 어떤 결론을 지지하는 증거가 없거나 그 증거가 결론에 위배되는데도 그러한 결론을 내리는 것을 말한다.

⑥ 정서적 추론

정서적 추론은 사람이 정서적 경험에 근거해서 그 자신, 세계 혹은 미래에 관해서 추리를 하는 경우를 말한다.

⑦ 선택적 축약

선택적 축약은 생활에 관련된 경험적 지식에 주의를 집중하여 그것을 제대로 종합하고 이용하지 못한다. 즉, 다른 중요한 요소들은 무시한 채 사소한 부분에 초점을 맞추고 그 부분적인 것에 근거해서 전체 경험을 이해하는 것을 의미한다.

⑧ 긍정적 측면의 무시

긍정적 측면의 무시는 개인의 상황의 부정적인 측면들에 초점을 맞추고 긍정적인 측면들은 무시한다. 개인은 긍정적인 측면들을 능동적으로 무력화시킨다.

⑨ 완곡한 진술

완곡한 진술은 완곡한 표현의 죄의식, 압박감 및, 원망을 야기할 잠재력을 갖고 있다. 타인에게 완곡한 표현을 할 때에도 실망과 분노를 나타내는 경우가 있다. 완곡한 진술에는 반드시 "…해야 한다."라는 의미를 포함하는 것은 아니지만 "왜 그는 칭찬에 인색하지?"와 같이 때로는 현실에 대한 불만족을 표현하기도 한다.

⑩ 극대화 및 극소화

극대화 및 극소화는 어떤 사건에 대해 사실을 과장하거나 아니면 축소시키는 것이다. 즉, 어떤 사건이나 개인이 경험한 일을 그 사건의 경험이 가진 특성의 한 측면만 고려하여 그것이 실제로 가진 중용성과는 무관하게 과소평가하거나 과대평가하는 것을 말한다.

⑪ 진단적 명명

진단적 명명이란 개인이 자신의 오류나 불완전함에 근거해서 하나의 부정적 정체성을 창조하여 그것이 마치 진실한 자기 마냥 단정 짓는 일과 관련 있다.

2) 엘리스의 인지·정서·행동치료(REBT: Rational Emotive Behavior Therapy)

(1) 기본가정

인지 · 정서 · 행동치료(REBT)는 엘리스(Ellis)가 창시한 것이며 REBT는 인간을 이루는 3가지 요소인 인지 · 정서 · 행동이 서로 상호작용하는 과정에서 인지가 핵심이 되어 정서와 행동에 영향을 준다고 강조한다. REBT는 사고, 판단, 결정, 분석, 행동을 강조한다는 점에서는 인지치료와 행동치료와 공통점이 있으나, REBT는 인지 · 정서 · 행동이 서로 영향을 주고, 상호 인간관계를 가진다는 가정을 기초로 한다는 개입과정을 'ABCDE'모델을 통해 설명하고 있으며 인지이론가들은 인간이 합리적 사고와 비합리적 사고를 할 수 있는 존재라고 보고 있으며, 엘리스(Ellis)는 정서장애는 비합리적 사고의 산물이라고 보았다. 엘리스는 인간이 '하겠다'는 단순한 선호(사랑, 인정, 성공에 대한 욕망들)들을 극단적인 욕구로 잘못 생각함으로써 정서적, 행동적, 장애를 겪게 되는 존재라고 간주하였다(Ellis, 1996). 엘리스와 그의 제자들이 제시하는 인간관은 다음과 같다(임상록 외 2010: 97-98).

① 인간은 외부적인 요인에 의해 방해 받기보다는 자기 자신에 의해서 방해 받는다.
② 인간은 왜곡되게 생각하려는 생리적, 문화적 경향이 있으며 이로 인해 자신이 스스로 방해한다.
③ 인간은 왜곡된 신념을 만드는 독특성이 있고 자신의 문제에 대해 계속 방해받도록 만드는 경향이 있다
④ 인간은 인지적, 정서적, 행동적 과정을 변화시키기 위한 역량을 지니고 있다.

(2) 비합리적 신념

비합리적인 신념은 환경을 능동적으로 통제할 수 없는 선택권이 없었던 어린 시절 부모와 문화적인 환경에서 습득되는 것이며 부모로부터 합리적이나 비합리적

인 사고가 주입된다(임상록, 2010: 99). 비합리적 신념에는 '반드시', '절대로', '모든', '완전히', '전혀', '파멸적인', '해야만 한다' 등이 저변에 깔려 있다(김혜란 외, 2001: 94-95). 엘리스는 비합리적인 사고를 임상실험을 통해 제시하고 있으며 비합리적 신념에 대한 합리적 신념의 예를 보면 다음과 같다(임상록, 2010: 100-102).

〈표 12-1〉 비합리적 사고와 합리적 사고

비합리적 사고	합리적 사고
알고 있는 모든 사람들로부터 사랑받고 인정받고 이해받아야만 한다. (인정의 욕구)	사랑받기보다는 사랑하는 것에 관심을 두는 것이 바람직하고 생산적이다.
나쁘고 사악한 사람들은 반드시 비난 받고 처벌받아야 한다. (비난성향)	사람들은 비윤리적인 행동을 하는 경우가 흔하며 이들을 비난하지 말고 행동을 변화시킬 수 있도록 도와주는 것이 좋다.
일이 뜻대로 진행되지 않는다면 이는 끔찍한 일이다. (좌절적 반응)	일이 뜻대로 되지 않는 다고해서 끔찍한 일은 아니다.
위험하거나 두려운 일이 일어날 가능성을 늘 생각하고 있어야 한다. (과도한 타인 염려)	그 일이 어쩔 수 없다는 것을 받아들여야 한다.
완벽한 능력이 있고 성공을 해야만 가치 있는 인간이다. (완전무결주의)	인간은 불완전한 존재라는 것을 받아들여야 한다.
인간의 문제는 완전한 해결책이 있고 그 해결책을 발견할 수 없다면 이는 끔찍한 일이다. (완전무결주의)	내 삶을 즐기기 위해 나는 아무런 보장이 없더라도 결정을 내리고 위험을 무릅쓰겠다.
세상은 반드시 공평해야 하고 정의는 반드시 승리해야 한다. (완전무결주의)	세상에는 불공평한 경우가 자주 있으며 불만을 갖기보다는 시정하도록 노력해야 한다.
나는 항상 고통이 없이 편안해야 한다. (과도한 타인 염려)	좋아하지 않아도 불편을 참아야 한다.
아마 나는 미쳐가고 있는지도 모른다. 그러나 미쳐서는 안 된다. 왜냐하면 그것을 견딜 수 없기 때문이다. (과도한 불안)	정서적 곤궁은 확실히 즐거운 것은 아니지만 이것은 참을 수 있다
인생의 어려움을 부딪치기보다는 피해가는 것이 편하다. (문제 회피성향)	인생의 어려움은 궁극적으로는 피해 갈 수 없으며 쉬운 방법이 더욱 어려운 방법이다.

비합리적 사고	합리적 사고
우리는 다른 사람에게 의지해야 하고 의지할 강한 누군가가 있어야 한다. (의존)	타인과 친밀하게 지내는 것은 즐기지만 나를 도와 줄 사람을 원하지는 않는다. 나는 내 자신을 믿고 의지할 수 있어야 한다.
행복이란 외부사건들에 의해 결정되며 우리는 통제할 수 없다. (정서적 무책임)	현재의 정서적 괴로움은 나의 책임이며 내가 사건들을 보고 평가하는 방식을 변화시킴으로써 나의 감정을 조절할 수 있다.
나의 과거의 사건들이 현재의 행동을 결정한다. (정서적 무책임)	과거의 일들에 대한 나의 지각과 과거의 영향에 대한 나의 해석을 재평가함으로써 과거의 영향을 극복할 수 있다.

출처: 임상록 외(2010). 상담의 이론과 실제. 파란마음, pp.100-102 재구성.

(3) Ellis의 ABC(혹은 ABCDEF)모형

A—B—C이론은 REBT의 핵심이다. 이를 살펴보면 다음과 같다(임상록, 2010: 102). A(Activating Event)는 사실, 사건, 개인의 행동이나 태도 등이다. B(Belief System)는 개인의 신념이며, C(Consequence)는 사람의 정서적, 행동적 결과 혹은 반응이다. D(Dispute)는 내담자의 비합리적인 신념에 대한 논박을 통한 개입을 의미하는 논박인 Dispute를 나타낸다. E(Effect)는 상담자가 논박한 뒤의 효과를 의미하는 Effect이고 F(Feeling)는 효과 때문에 나타나는 새로운 감정을 의미하는 Feeling을 나타낸다.

3) REBT 모델의 상담기법

Ellis에 의하면 REBT의 심리상담치료자는 대부분의 다른 상담자/치료자와는 달리 다른 역할을 한다고 하였으며 대개는 교육을 강조하는 설득방법을 사용한다(장성화 외, 2013: 274). 이를 살펴보면 다음과 같다.

① 내담자에게 많은 장애행동을 유발하는 기본적 합리적인 사고를 찾아내도록 격려함.
② 내담자에게 자신의 생각이 타당한지를 확인하도록 함.
③ 내담자에게 자신이 가진 사고의 비논리적 속성을 보여줌
④ 유머를 사용하여 내담자가 가진 사고의 비합리성에 직면시킴
⑤ 논리적 분석을 통해 내담자의 비합리적 신념을 최소화
⑥ 내담자의 신념이 얼마나 비생산적이며, 어떻게 정서적·행동적 장애를 일으키는지 보여줌
⑦ 비합리적 사고를 경험적 토대를 가진, 더 합리적인 사고로 대처할 수 있는 방법을 설명.
⑧ 사고에 과학적 접근을 적용하는 방법을 가르쳐서 그들이 관찰할 수 있도록 하고 자기 파괴적 방식으로 느끼고 행동하게 만드는 현재나 미래의 합리적 사고와 비논리적 추론을 최소화할 수 있게 함.
⑨ 인지적·정서적·행동적 기법을 사용해서 내담자가 직접 자신의 감정을 처리하도록 도와 장애에 대항해서 행동하도록 함

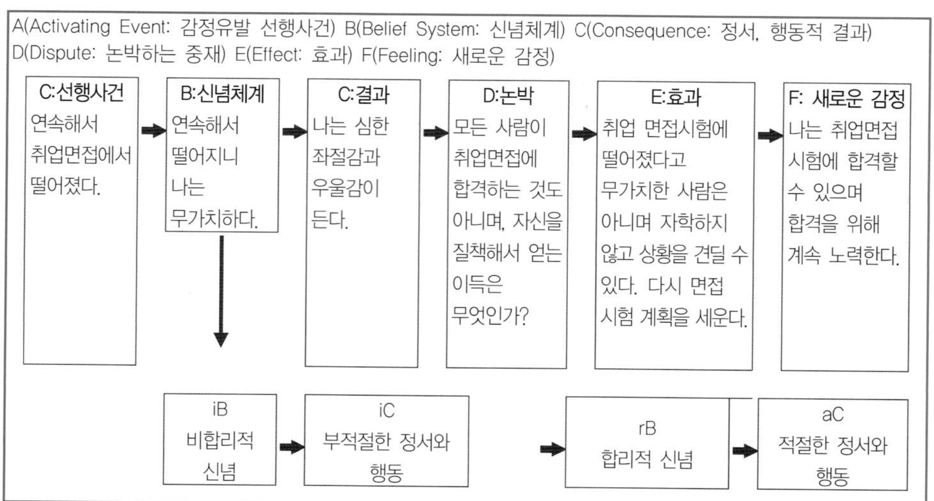

〈그림 12-1〉 Ellis의 ABC 모형의 예

출처: 임상록(2010). 상담의 이론과실제. 파란마음. p.103 재구성.

03 인지행동주의모델의 개입 기술

1) 인지행동주의모델의 개입원칙

인지행동모델의 개입과정은 잘못된 가정과 사고의 유형을 확인 · 점검하고, 재평가하여 수정하도록 원조한다. 인지행동모델의 주요 개입원칙은 다음과 같다(양옥경 외, 2005: 413). 인지행동모델은 클라이언트의 문제를 인지용어로서 공식화하고 이를 기초로 이루어지며, 건강한 치료적 동맹을 필요로 한다. 인지행동모델은 상호협의와 클라이언트의 적극적인 참여를 강조하고, 목표 지향적이고 문제중심적인 치료이며, 지금-여기서의 상황을 강조한다. 그리고 교육적이고 클라이언트 자신이 스스로 치료자가 될 수 있도록 교육하는 것을 목표로 하며, 재발방지를 강조하고, 시간 제한적이고, 구조화된 치료모델이다. 또한 클라이언트들이 역기능적인 사고와 믿음을 식별하고 평가하며 반응하도록 하며, 사고, 기분, 행동을 변화시키기 위하여 다양한 기법을 사용한다.

2) 인지행동주의모델의 개입기술

사회복지사는 클라이언트의 문제를 사정할 때의 개입기술로 클라이언트의 역기능적 인지왜곡이나 잘못된 사고, 감정, 행동 등을 파악하고 수정하기 위해 다음의 표와 같은 다양한 기법을 활용하게 된다(엄명용 외, 2005: 204-212; 전남련 외, 2012: 183-192).

〈표 12-2〉 인지행동주의모델의 개입기술

기술	내용
내적의사소통의 명료화	① 클라이언트 스스로에게 피드백을 줌으로써 자신의 생각과 이야기 속에 숨겨진 인지적 오류와 비합리적 신념에 대한 통찰력을 발전시키고 이해할 수 있도록 돕는다. ② 기술은 클라이언트 스스로 자신에 대해 독백하고 사고하는 것에 대해 사회복지사가 피드백을 주는 것이다. 이런 과정을 통해 클라이언트는 자기 자신과 다른 사람에게 하는 말 속에 숨겨진 잘못된 생각과 비합리적인 신념에 대해 더 잘 이해할 수 있게 된다.
설명	클라이언트의 정서가 엘리스가 제시한 ABC모델. A는 촉발사건(activation event), B는 (Belief)신념, C는 결과(consequences)에서 어떻게 작용하는가를 가르쳐 주는 일련의 치료기술이다.
기록과제	① 과제(written homework) 혹은 숙제는 클라이언트의 적극적인 협조와 참여를 기반으로 한다. 과제는 클라이언트가 엘리스의 ABC 모델을 활용하는 방법에 대해 읽고 기록할 수 있도록 양식을 제공한다.
경험적 학습	① 클라이언트에게 자신의 인지적 오류에 부합하지 않은 특정한 행동을 하도록 함으로써 클라이언트가 자신의 인지적 오류를 발견하고 수정하도록 함. ② 자기주장훈련, 모델링, 역할극, 사회기술훈련, 심리극을 활용할 수 있다.
역설적 의도	① 특정 행동에 대한 클라이언트의 불안이 그 행동을 유발할 때, 클라이언트가 두려워하는 행동을 하도록 지시함으로써 클라이언트의 인지적 오류에 도전하고 불안을 감소시킴 ② 주의: 자해 혹은 타해의 위험이 있는 클라이언트에게는 절대로 사용해서는 안 되며, 문제의 원인이 신체적인 것에 기인하고 있는 증상일 때도 이 기술은 사용할 수 없다. 클라이언트에게 치료기술에 대해 충분히 이해시킨 후 동의한 경우에만 사용한다.
역동적 실존적 반영	객관적이고 물질적인 세계에 초점을 두고 실제적인 문제에 대한 답을 찾아가는 것에 강조를 두는 역동적 숙고와 삶에 대한 의미와 잠재적 의미에 대해 숙고하는 실존적 숙고를 통해 인지재구조화를 촉진시킨다.
인지 재구조화	클라이언트의 역기능적 사고와 관념을 인식하고 이를 현실적인 사고와 관념으로 대치하고 지능적일 수 있도록 돕는 것이다 절차는 다음과 같다 ① 클라이언트는 생활사건에 대한 자신의 정서적 반응을 매개할 가정이나 신념을 갖고 있다. 따라서 사회복지사는 클라이언트가 이 점을 수용할 수 있도록 돕는다. ② 클라이언트가 문제에 내재해 있는 역기능적인 신념과 사고과정의 유형을 파악할 수 있도록 돕는다. ③ 클라이언트가 자신의 역기능적 인지를 유발한 상황을 파악할 수 있도록 돕는다. ④ 클라이언트가 자학적인 인식을 대치할 만한 긍정적이고 순기능적인 대안적인 자기진술(self statement)로 대체할 수 있도록 돕는다. ⑤ 성공적 대처 노력을 클라이언트 스스로 보상할 수 있도록 돕는다.

기술	내용
인지 재구조화	〈표 12-3〉 단계별 자기주장훈련(Sharon & Gorden)) 1단계: 사전 평가하기 ·클라이언트의 공격적(aggressive), 주장적(assertive), 수동적(passive) 행동평가 2단계: 주장적 행동이 어려운 문제 상황 설정하기 3단계: 변화를 위한 시나리오(LADDER) 작성하기 ·Look: 자신의 권리, 소망, 요구를 살피라. ·Arrange: 문제(어려움)에 대해 이야기할 시간과 장소를 정하라. ·Define: 문제를 구체적으로 정의하라. ·Describe: 나-전달법(I-message)을 활용해 자신의 감정을 전달하라. ·Express: 자신의 요구를 알기 쉽고 확고하게 표현하라. ·Reinforce: 원하는 것을 얻을 가능성을 강화시키라. 4단계: 주장적 신체언어 전달하기 ·시선접촉(eye-contact) ·바른 자세 유지하기 ·명확하고 분명한 목소리로 단호하게 말하기 ·강조할 때는 몸짓이나 얼굴 표정 사용하기 5단계: 듣는 법 배우기 ·들을 준비하기 ·경청하기, 상대방의 말을 명료화하기 ·상대방의 감정을 인정해주기 6단계: 실현 가능한 타협점에 도달하기 ·이번에는 내 방식으로, 다음에는 당신 방식으로 하자. ·당신이 나를 위해 ~한다면 난 당신을 위해 ~할 것이다. 출처: 한국행동요법학회(2003); 장수미 외(2010). p.125 재인용.
모델링	관찰학습과정을 통해 클라이언트가 시행착오학습을 거치지 않고 원하는 행동을 학습할 수 있도록 하는 것이다. 즉석 모델링, 상징적 모델링, 복합 모델링, 참여자 모델링이 있다. 구성요소는 ① 변화를 필요로 하는 구체적인 행동을 파악한다. ② 모델을 제시한다. ③ 클라이언트가 모델링에 주의와 관심을 갖도록 한다. ④ 모델 행동을 따라하도록 한다. ⑤ 따라한 행동을 강화한다(Granvold, 1994: 51)
생각중지 기법	부적응적인 신념과 이에 동반하는 정서적·신체적 감각의 경험을 생각해 보게 하고, 이러한 생각을 긍정적인 생각의 틀이나 자기지시 기법으로 대체하는 것을 의미한다.

기술	내용
시연	발달시키고자 하는 행동을 반복적으로 연습함으로써 행동으로 숙달되도록 하는 것이다. 이 기술은 집단상담을 통해 여러 사람의 피드백을 동시에 받을 수 있다는 점에서 매우 효용가지가 높다. ① 숨겨진 시연: 원하는 반응에 대해 속으로 상상해 보고 반영한다. ② 명백한 시연: 원하는 행동을 역할극에서 실제로 말로 표현해 보고 행동으로 나타내는 것이다.
자기 지시 기법	목표선택, 목적행동 형성, 자기탐지, 계획의 실천 등의 과정을 통해 자신이 통제하거나 변화시키기를 원하는 구체적인 행동에 대한 지침과 계획들을 세우는 것이다. 자기지시는 다음의 다섯 단계를 거친다. ① 사회복지사는 과제에 대한 수행방법을 모델로 제시하면서 큰 소리로 자기 자신에게 말함(인지적 모델링). ② 클라이언트는 사회복지사로부터 언어적 도움을 받으면서 똑같은 과제를 수행 (명백한, 외부적인 도움). ③ 클라이언트는 과제를 수행하면서 자기 자신에게 큰 소리로 지시(명백한, 자기도움). ④ 클라이언트는 지시를 속삭이듯이 말하면서 과제를 수행(감소한, 명백한, 자기도움). ⑤ 클라이언트는 자기 자신에게 속으로 말하면서 과제를 수행(숨겨진 자기지시) (Granvold, 1994: 25)
체계적 둔감화	클라이언트에게 가장 덜 위협적인 상황에서 가장 위협적인 상황까지 상황들을 순서대로 제시하면서, 불안자극과 불안반응 간의 연결이 없어질 때까지 불안을 일으키는 자극들을 반복적으로 이완 상태와 짝짓는 것이다(corey, 1991; Lantz, 1996). 〈표 12-4〉 고소공포증을 체계적 둔감법으로 해소시키는 방법의 예 → 고소공포증은 → 63빌딩 꼭대기에서 아래를 내려다보기 → 63빌딩 꼭대기 층에서 걸어 보기 → 12층 건물에서 창문 밖을 내려다보기 → 4층 건물의 발코니 난간에서 아래를 내려다보기 → 4층 건물에서 창문 밖을 내려다보기 → 30층 빌딩을 길 건너 공원에서 쳐다보기 → 초고층 빌딩의 건설에 대한 기사 읽기 출처: 장수미 외(2010). 사회복지실천기술론. p.128.

기술	내용
이완훈련	① 근육의 수축과 이완이나, 깊고 규칙적인 호흡, 즐거운 사고와 심상 등을 훈련함으로써 일상생활에서 유발되는 스트레스에 대처할 수 있도록 가르친다. 이 기술은 클라이언트가 겪을 수 있는 스트레스 상황에 적절히 대처할 수 있도록 돕는 기술이다. ② 이 기술은 만성적으로 긴장되어 있거나 불안한 클라이언트, 위기 상황에 부딪힌 클라이언트, 앞으로 있을 사건이나 상황에 대해 미리 불안해하는 클라이언트, 두통이나 편두통, 답답함, 불면증, 분노 및 우울 등을 느끼는 클라이언트에게 효과적이다(Hepworth et al., 1997).
자기대화	자기대화란 스스로에게 주는 메시지를 말하며 자기대화의 왜곡을 수정하도록 도움으로써 습관적인 사고방식을 변화시켜, 문제가 되는 감정이나 행동을 좀 더 효과적으로 통제할 수 있다고 본다. 5단계가 있으며, ① 자신의 생각과 느낌이 무엇인지 명확히 한다. ② 스스로 자기대화를 되뇌어 본다. ③ 자신을 객관적인 현실로 본다. ④ 사실을 직시하고 부적절한 단어사용을 피하면 다르게 느끼게 될 것이고 상황이 전처럼 나쁘지 않다는 것을 알게 된다. ⑤ 상황에 대한 사실을 명심하고 당신이 할 수 있는 것이 무엇인지를 고려한다.
이미지 안내	① 자신의 잠재의식과 긴밀하게 관계할 수 있도록 돕고, 새로운 신념, 기대, 습관을 잘 형성해 나갈 수 있을 것인가를 가르쳐 준다. ② 방법: 최면유도, 명상, 머리부터 발끝까지 하는 근육체계의 점진적 이완, 조용하고 유쾌하여, 편안한 상황을 상상하는 것, 호흡에 집중하거나 다른 생각을 떨쳐버리고 "나는 편안하다"라는 말에 집중하는 것
대처카드의 활용과 기법	① 가로와 세로가 3×5인치 정도 되는 카드로 클라이언트의 손이 닿지 않는 곳에 붙이거나 보관하여, 이를 규칙적으로 읽을 뿐 아니라 필요할 때마다 읽게 한다. ② 특정 행동을 도와주는 자기지시 등의 내용을 기록하여 늘 참고함으로써 괴로움을 주는 사고를 평가하고 대처할 수 있게 도와준다.

출처: Corey,G.(1991). ① *Theory and Practice of Counselihg and Psychotherapy* (4th ed). Pacific Grove, CA:Brooks/Cole. 조현준 조현재 공역(1996). 심리상담과 치료의 이론과 실제. 시그마프레스. 엄명용 외(2008). 사회복지실천기술론. p.223; 손광훈(2012). 사회복지실천기술론. p.198 재구성.

04 인지행동주의모델의 적용과 한계점

인지행동주의모델의 장점은 행동주의자가 주장하는 환경결정주의, 프로이트주의자의 정신내적 결정주의의 양극단을 피하고 통합시켰다는 점이 새로운 시도이며, 인지이론과 행동주의 이론이라는 2가지 중요한 접근을 결합시킴으로써 각각의 접근이 갖는 장점으로 약점을 서로 보완할 수 있다는 것이다(장인협 감역, 2002: 286). 그리고 인간과 환경의 호혜적 상호교류를 잘 설명하며, 사회복지의 직접적 실천에 쉽게 적용될 수 있는 개입전략과 지침을 포함하고 있다. 그리고 클라이언트를 수동적이 아닌 적극적인 참여자로 이끄는 데 기여한다(사회복지사 1급 수험연구회 편저, 2008: 84).

그러나 한계점은 일정한 교육수준 혹은 능력을 가진 클라이언트에게 적용이 가능하다는 것이며 지적능력이 떨어지는 클라이언트일 경우 그 효과성에는 많은 제약이 따른다(손광훈, 2012: 199). 그리고 사회적 개입의 부재는 개인의 문제를 왜곡된 사고의 기능으로 보게 하며 인지에 대한 명확한 정의가 없다. 또한 인지와 감정의 상호작용을 설명하는 데 개념적 명료성이 떨어진다(사회복지사 1급 수험연구회 편저, 2008: 84).

연구문제

1. 다음의 사례를 읽고 엘리스의 ABC(혹은 ABCDEF) 형식에 맞추어서 해석하시오

사례

자신의 외모에 대해서 불만인 철수(가명)는 자신의 얼굴이 못생겼다고 생각한다. 철수는 외출도 안하고 친구들과도 만나지 않으며 혼자서 고립되어 있다. 거울 보면서 자신이 못생겼다고 생각하고 심지어는 외출 시 모르는 타인이 자신을 쳐다보아도 못생겨서 구경한다고 생각한다. 이로 인해 철수는 항상 우울하고 일상생활에 의욕이 없고 학업에도 집중할 수가 없어서 성적이 자꾸 떨어진다.

2. 2인 1조가 되어 각각의 불안하거나 두려운 사건을 이야기하고 체계적 둔감법에 의해 위계를 기록하시오.

확인문제

1. 인지행동주의모델의 특성을 기술하시오?

2. 이완훈련에 대해서 설명하시오

3. 인지행동주의모델의 주요 개입원칙에 대해서 설명하시오?

CHAPTER 13

위기개입모델과 실천기술

제13장에서는 위기개입의 상황을 이해하고 위기개입의 목표와 실천과정 및 실천기술을 파악하여 위기개입실천능력을 향상시킨다.

학습목표

1. 위기개입모델의 배경과 주요개념을 이해한다.
2. 위기개입의 목표와 실천과정을 파악한다.
3. 위기개입모델 개입기술을 알 수 있다.
4. 실천적용과 한계성을 파악한다.

01 위기개입모델의 배경과 주요개념

1) 위기개입모델의 배경

위기개입이란 위기에 처한 사람을 돕는 하나의 접근법이라고 하며 특별히 단기간을 통한 집중적인 활동을 하는 것으로 구성되며, 현재 상황의 구체적인 사실과 이를 변화시키는 자기 자신의 노력을 강조하며(김기태, 1995), 불균형의 기간 동안 개인의 심리사회적 기능에 적극적으로 영향을 주는 과정이라고 하였다(이소연, 2009: 13). 위기는 일시적으로 불평형 상태를 동반하여 인간성장의 잠재력을 가지며, 위기를 해결하면 대처능력을 향상시키는 것과 같은 긍정적이면서도 건설적인 결과를 가져올 수 있으며 자기패배감이나 역기능적 행동과 같은 부정적 측면은 감소될 수 있다(Janosik, 1984; 이소연, 2009: 14).

위기개입모델은 극심한 스트레스 상황에서 즉각적으로 필요한 서비스의 지원과 격심한 고통 이후에 발생할 수도 있는 심각한 심리적 붕괴현상의 예방에 관심이 있으며, 위기개입모델은 긴박한 스트레스 상황 속의 개인이나 가족을 진단하는 준거틀과 임상적 측면에서 예방법으로 일반화할 수 있는 접근방법을 제시해준다(양옥경 외, 2005: 355). 특히 이 접근방법은 단기간을 통해 집중적인 활동을 하는 것으로 현재상황의 구체적인 사실과 이를 변화시키는 클라이언트 자신의 노력을 강조한다. 위기개입은 일반적 상담 및 치료와는 구별될 수 있으며, 보통 상담에서 지속적인 정서적 문제를 재조정하는 것을 시도한 반면에 위기개입은 위기에 처한 사람이 외상적인 사건으로 인하여 발생된 정서적, 행동적, 인지적 왜곡을 인식하고 교정할 수 있도록 돕는 일에 초점을 맞춘다. 또한 위기에 처한 사람이 그 문제를 얼마나 과도하게 느끼는지, 정서적 불평형을 얼마나 많이 느끼는지에 대한 사건의 심각성이 개인을 위기에 이르게 하며, 이때 치료자가 위기개입을 실시하게 되는 것이다(이소연, 2009: 14).

위기개입 상담은 주로 내담자가 직접 하기 쉬운 전화상담이 많이 사용되어 왔으며, 1976년 서울에 설립된 '생명의 전화'를 시작으로 하여 현재까지 나눔의 전화, 사랑의 전화, 여성의 전화, 성폭력상담소 자비의 전화 등이 있다. 각 시 군 지역별로 국가나 민간에서 운영하는 상담소에서 자살 방지 및 위기상황의 내담자들을 돕고 있다. 법률적으로 이혼이나 사건 사고를 국가에서 위탁해 상담에 임하고 법적인 효력을 발생하는 경우도 위기상담의 한 예라고 하겠다(하상훈, 1995; 이선혜, 2009: 16).

즉, 위기개입이란 위기로 인한 불균형 상태를 회복하기 위하여 일정한 원조수단을 개인, 가족 및 집단 그리고 지역사회 등에 적용하는 단기치료과정이라고 할 수 있다(전재일 · 이성희, 2004: 353).

2) 위기개입의 주요 개념

(1) 위기의 유형

위기의 유형을 제임스와 길리랜드(2006)는 다음과 같이 발달적 위기, 상황적 위기, 환경적 위기. 실존적 위기로 구분하고 있으며 이를 살펴보면 다음과 같다(James & Gilliand, 2006; 한인영 외 역, 2008; 배은숙 외, 2014: 163; 양옥경 외, 2005: 365).

① 발달적 위기

인간이 성장하고 발달해 나가는 가운데 발생하는 사건으로 아이의 출생, 대학 졸업, 중년기의 직업의 변화, 은퇴 등으로 초래된다. 각 사건의 반응은 개인마다 다르므로 주의 깊게 사정하고 개입하여야 한다.

② 상황적 위기

위기상태를 촉발하는 사건을 중심으로 분류한 결과, 심각한 질병, 외상, 사랑하는 사람과의 사별, 자연재해와 인재(화재 등), 폭력범죄 등과 같이 갑작스럽게 발생하는 외부사건에 의한 위기 등이 있다.

③ 환경적 위기

태풍, 홍수, 지진, 화산폭발과 같은 자연재해나 기름유출 등과 같은 인재, 전쟁, 민족말살 등의 정치적 사건일수도 있으며 갑작스러운 경제 위기일수도 있다.

④ **실존적 위기**

실존위기는 인간에게 요구되는 책임감, 독립성, 자유 등이 충족되지 않을 때 갈등과 불안이 초래되면서 발생한다. 예를 들어 중년이후 남성이 직장에서 영향력이 없음을 깨달으면서 발생하는 위기이거나 독신여성이 50대 이후 어머님과 같이 살아온 삶에 독립적인 삶을 가지지 못한 것을 후회하면서 위기를 경험하는 경우이다.

(2) 위기의 구성요소

위기는 다섯 가지 요소들로 구성되어 있는데, 위험사건, 취약상태, 촉발 요인, 실제위기상태, 재통합 등이다. 이러한 구성요소는 위기의 발달 및 진행과정과 맥을 같이 한다. 그 내용을 살펴보면 다음과 같다(Golan, 1978; 신성자, 2007: 181-182 재인용).

① **위험사건**

위험사건은 외부적인 스트레스 사건일 수도 있고 혹은 내부적인 압력일 수도 있으며, 재앙 사건일 수도 있고 혹은 연속적으로 축적된 사건일 수도 있다. 위험사건으로는 갑작스런 배우자의 죽음, 교통사고로 인한 장애, 해고, 이혼, 강간, 이민 등을 예로 들 수 있다.

② **취약상태**

위험사건으로 항상적 균형을 잃으면 취약상태가 된다. 성공하지 못하면 새로운 방법을 강구하게 된다.

③ **촉발요인**

긴장과 불안이 취약상태를 불균형상태로 만든다. 예를 들어, 최근 실직한 남성이 이혼을 하여 평형상태가 깨지면서 실제 위기를 맞는 경우이다.

④ 실제 위기상태

실제 위기상태는 혼돈, 불안, 염려, 절망, 분노와 같은 감정을 동반하는 격심한 정서적 혼란 상태를 말한다. 위기에 처한 개인은 심리적 취약성, 방어기제의 위축, 문제해결 및 대처능력의 와해를 경험한다.

⑤ 재통합

재통합 단계에서는 위기에 대해서 인지하고 위기와 관련된 감정을 표현하며, 변화를 수용하고 새로운 대처능력을 개발한다. 또한 위기상황을 성공적으로 극복함으로써 자기효능감과 자아존중감이 증진되기도 하고 새롭게 학습한 적응기제는 앞으로 있을 수 있는 문제에 대처하는 데 적용될 수 있다.

02 위기개입의 목표와 실천과정

1) 위기개입 목표

위기의 기간은 대개 집중적인 개입이 필요하고 위기의 발생으로부터 회복까지 확인할 수 있는 일정한 단계와 과정이 있으므로 예방활동과 중재활동의 개입이 필요하다(Stone, 1993; 이선혜, 2009: 9).

라포포트(Rapoport, 1970)는 위기해결을 위한 개입 목표를 2단계로 제시하였으며 그 내용을 살펴보면 다음과 같다(김용한 외, 2013: 186).

(1) 1단계 개입의 기본 목표

위기로 인한 증상 제거, 위기 이전 수준으로 회복, 불균형 상태를 가져온 위기 촉발 시전에 대한 이해, 클라이언트나 가족이 지역사회 자원을 통해 얻을 수 있는 치료방법을 모색한다.

(2) 2단계 개입의 추가 목표

현재의 스트레스와 과거 경험이나 갈등상황과의 연관성을 인식한다. 새로운 인식, 사고, 정서를 개발하고 위기상황 이후에도 사용할 수 있는 새로운 적응 및 대처 기제를 개발한다.

〈표 13-1〉 정신분석·단기치료·위기개입모델의 목표·초점·상담자 활동 비교

구분	정신분석 모델	단기치료 모델	위기개입 모델
치료의 목표	• 성격의 재구조화	• 구체적 증상 제거	• 위기 해결
치료의 초점	• 과거 • 무의식	• 현재상황과 관련된 과거 • 무의식	• 현재 • 위기이전기능수준회복
상담자의 주요활동	• 탐색적 • 수동적 관찰자 • 비지시적	• 지지적 • 참여적 관찰자 • 간접적	• 지지적 • 적극적 참여자 • 직접적
징후	• 신경증적 성격 양상	• 급격히 와해된 정서적 고통 및 심각한 상황	• 인생 상황에 대처하는 능력의 급작스러운 상실
평균치료 기간	• 무한정	• 1–20회	• 1–6회

출처: D. Anguilera(1998). p.23, 나동석 외(2014). p.140.

2) 위기개입모델 실천과정

위기개입모델의 과정은 ① 골란 Golan(1978)의 분류인 초기–중기–종결의 과정, ② 제임스 길렌드(James & Gilliand, 2008)의 6단계 개입과정, ③ CISD(Critical Incident Stress Debriefing: 결정적 사건에 의한 스트레스 경감하기) 등으로 구분된다. 각 과정별로 특성이 있다고 볼 수 있다.

(1) 골란 Golan(1978)의 위기개입실천과정(Golan, 1978: 84-91; 나동석 외, 2014: 141-143)

① 위기개입 초기

〈표 13-2〉 위기 개입 모델-초기

사회복지사의 활동지침	
A. 위기상황에 대한 즉각적 초점	
1.'여기-지금'에서 출발한다. 클라이언트를 의뢰하거나 찾아오게 한 사건, 즉 촉발요인에 초점을 두고, 범위, 관련인물들, 결과, 영향, 시간을 탐색한다.	클라이언트 자신이 상황에 대해 말함으로써 자신의 상황을 인지하는 것이 중요하다.
2. 사건에 대한 주관적 반응을 이끌어 낸다. 사건과 관련하여 자신 혹은 다른 사람의 역할에 대한 정서적 반응을 알아본다.	현재 상황에 대한 정서적 반응(울음, 분노, 비난, 죄책감 등)을 표현하도록 돕는다. 이 시점에서는 해석을 하거나 직면하지 않도록 주의한다.
3. 감정이 누그러짐에 따라 위험 사건과 악화된 변화에 대해 알아본다. 이것이 가능하지 않으면, 적어도 언제부터 상황이 나빠지게 되었는지 알아본다.	
4. 취약상태의 성격과 지속 기간을 확인 한다. 문제를 다루는 능력에서의 변화, 문제에 대처하기 위한 이전의 시도, 원조를 구하려 했던 노력에 대해 알아본다.	사정을 시작한다. 클라이언트의 불안 수준, 정서반응의 정도, 감정과 현실 인식의 적절성, 변화 동기, 사고와 감성, 행동, 생리적 능력, 기능 수준, 이전 문제 해결 유형, 작업관계에 관여할 수 있는 능력 등
5. 실제 위기상황에 대해 사정한다. 역기능 영역이 전반적인지, 부분적인지, 상황이 고정되어 있는지, 아직도 진행 중인지 알아본다.	
B. 현재 처한 곤경에 대한 평가	
1. 무슨 일이 일어나고 있는지, 가장 중요한 문제가 무엇인지, 초점을 두어야 하는 부분이 어디인지를 결정하는 진술을 한다.	개입초점을 일반적·물질적인 지원에 둘지, 개인적·심리사회적인 지원에 둘지 결정한다. 해결하고자 하는 문제를 선정하기가 어려울 경우 문제의 크기를 줄임으로써 희망과 가능성을 갖도록 한다.
2. 클라이언트가 상황을 어떻게 이해하는지, 가장 중요한 문제를 무엇으로 보는지, 가장 먼저 작업하고 싶은 부분이 무엇인지 대해 묻는다.	
3. 클라이언트와 함께 하나의 표적 문제를 설정한다. 서로 연관된 두 개의 문제를 설정할 수 도 있다.	
C. 앞으로의 활동에 대한 계약	
1. 구체적 목표와 과정에 대한 임시동의안을 만든다. 클라이언트, 사회복지사, 혹은 다른 사람들이 해야 할 일에 관한 작업 계획을 세운다.	위기상황 속에서도 자신의 역할을 수행하는 성숙하고 기능적인 성인으로 클라이언트를 대한다.

출처: Golan(1978). pp.84-88 재구성.

② 위기개입 중기

〈표 13-3〉 위기개입모델 - 중기

<table>
<tr><th colspan="2">사회복지사의 활동지침</th></tr>
<tr><th colspan="2">A. 자료의 조직화</th></tr>
<tr><td>1. 위험사건 이후의 상황과 관련된 자료를 보충한다. 무슨 일이 일어났고, 현재 진행 중인지에 대해 보다 명확하고 일관된 그림을 그린다.</td><td rowspan="2">원조관계가 형성된 후, 대부분의 클라이언트는 보다 합리적, 이성적, 협력적으로 변화한다. 따라서 정확하고 세부적인 내용에 초점을 둔다. 이 부분은 개입의 핵심이 될 수 있다. 초기단계와는 달리 주제에 대해 깊이 탐색하고 해석하며 반복하는 주제에 대해 언급한다.
클라이언트의 정서가 적절한 경우에는 공유하고, 감정은 적절하지만 대상이 적절하지 않은 경우에는 보다 현실적인 방향으로 돌리며, 감정이 적절하지 않은 경우에는 문제를 제기한다.</td></tr>
<tr><td>2. 여러 개의 주요주제(상실, 자기존중감에 대한 공격) 가운데 선택한다. 주제의 현재와 적절한 경우 과거에 대해 묻는다.</td></tr>
<tr><th colspan="2">B. 행동변화의 초래</th></tr>
<tr><td>1. 초기 행동계략(C1)으로 돌아가 과거에는 상황에 어떻게 대처했는지, 결과는 어떠했는지, 위기상황을 다루고 균형을 회복하는 데 얼마나 효과적이었는지를 규명한다.</td><td rowspan="2">중기개입의 주요 영역이다.</td></tr>
<tr><td>2. 단기에 성취할 수 있는 전반적 과제영역 혹은 달성할 수 있는 중간목표를 설정한다.</td></tr>
<tr><td>3. 목표를 달성하기 위한 구체적 과제에 대해 작업한다. 과제는 행동지향적이며, 수행의 변화를 가져올 수 있어야 한다.</td><td>숙제를 부여함으로써 클라이언트가 시작하도록 도울 수 있다. 문제를 다루는 모델의 역할을 보여 준다. 클라이언트를 지지하고 격려한다.</td></tr>
<tr><td>4. 과제는 클라이언트가 행동과정 혹은 이를 수행하는 방법을 결정하도록 사고지향적일 수 있다.</td><td>지시와 활동에 깊이 관여하는 역할로 시작하지만 클라이언트가 자율성을 회복함에 따라 소극적인 역할을 수행한다.</td></tr>
</table>

출처: Golan(1978). *Treatment in Crisis Situaions*. pp.88-89 재구성.

③ 위기개입 종결

〈표 13-4〉 위기개입모델 - 종결기

사회복지사의 활동지침	
A. 종결결정	
1. 계약에 따른 남은 시간 혹은 남은 회기에 대해 상기시킨다.	
2. 계약을 맺지 않았다면, 종결 가능성을 가지고 회기의 공백을 둘 것을 제안한다.	
3. 종결에 대한 클라이언트와 사회복지사 자신의 저항을 다룬다.	종결반응은 세 가지로서 계약이 종료됨에 따라 종결을 원하는 경우, 종결에 대한 방어로 지속적 개입을 원하는 경우, 지속적 개입이 적절하며 이를 원하는 경우가 있다. 클라이언트의 현재 기능 수준에 따라 결정한다.
B. 진보에 대한 점검	
1. 최종 혹은 최종 이전 회기에서 첫 대면부터의 진보에 대해 요약할 것을 제안한다.	
2. 주요 주제인 정서적 이슈와 진보를 점검한다.	
3. 성취한 과제, 목표 변화와 이루지 못한 일을 점검한다.	
C. 앞으로의 활동계획	
1. 현재 상태와 장래에 대한 클라이언트의 계획을 논의한다.	
2. 문을 닫지만 조금은 열어둔다.	클라이언트의 독립을 강조하는 한편, 필요한 경우 언제든지 찾아올 수 있도록 한다.

출처: Golan(1978). pp.91-94 재구성.

(2) Gilliland(1982)의 위기개입 6단계 모델(이소연, 2009: 15-16)

위기개입 6단계 모델은 위기개입전략의 핵심을 통합하여 문제해결과정을 설계하였다. 간단하고 효과적인 개입 모델로서 사정과 개입으로 이루어진다. 사정은 6단계 전체에 걸쳐 전체를 포괄하며, 계속적으로 진행된다.

첫 번째 3단계는 문제정의하기, 안전을 확보하기, 지지 제공하기로 경청이 주요활동이 된다. 경청은 내담자에게 감정이입과 진실, 존중, 수용, 돌보는 태도를 가지고 지속해야 하는 활동이다.

그 다음 3단계는 대안 탐색하기, 계획 세우기, 긍정적 활동에 참여시키기로 후반부에는 내담자의 행동적 활동이 많아지는 단계이다. 행동적 활동에 대해 치료자는 내담자에게 사정된 욕구와 이용 가능한 환경적 지지의 정도에 따서 비지시적, 협력적, 지시적 수준에서 개입을 이루도록 해야 한다.

〈표 13-5〉 위기개입 6단계 과정

경청단계	활동단계
1단계: 문제 정의하기	4단계: 대안 탐색하기
2단계: 안전을 확보하기	5단계: 계획세우기
3단계: 지지 제공하기	6단계: 긍정적 활동 참여시키기

출처: Gilliland(1982); 이소연(2009). 가출 청소년의 집단미술치료 사례 연구. p.15 재구성.

(3) CISD(양옥경 외 2005: 374-379 재구성)

CISD(Critical Incident Stress Debriefing)는 아귈라와 메식(Agulera & Messick, 1989)이 제시한 것으로 위기가 일어난 현장에서 즉시 위기개입을 하는 것이다.

CISD의 목표는 정보제공, 감정환기, 상실의 의미 표현, 참가자의 정서반응의 정상성에 대해 재확인, 그룹과 동료의 사회적 지지 제공, 사건에 대한 오류와 잘못된 정보 줄이기, 참가자의 대처노력을 격려, 교육, 강화시켜 주기, 긴장과 불안을 완화시키는 방법 배우기, 사건 이전으로의 기능회복 돕기, 사후치료가 필요한 대상 확인하기이다.

CISD의 개입방법은 2가지로 그 내용은 다음과 같다(Grilliland & James, 1997: 588-590).

① **비공식적 경감시키기:** 1단계는 요원들이 자신을 소개하고 2단계는 겪었던 사실에 대한 외상적 경험을 노출시키고 스트레스 증상에 대해 표현하도록 돕는다. 3단계는 참가자들에게 정보를 제공하고 모순된 인식을 정상화시키고 스트레스와 외상에 대한 관리를 한다.

② **공식적인 경감시키기:** 외상적 사건 이후 24시간 내에 이루어진다.

가. 도입 단계: 팀요원을 소개하기

나. 사실확인 단계: 겪었던 일과 어떤 사실이 있었는지 표현하기

다. 생각표현 단계: 가장 많이 떠오르는 생각들을 표현하기

라. 감정표현 단계: 두려움, 공포 등을 표현하여 환기, 카타르시스 경험하기

마. 증상확인 단계: 위기사건으로 인한 수면장애, 우울 등의 디스트레스(distress)를 확인하기.

바. 교육단계: 스트레스로 인한 반응에 대해 전문가의 도움을 받도록 알려주고 평소 다양한 대처 방법을 알려주기

사. 재정리 단계: 진행된 내용 중 모호한 것을 표현하고 정리하며 사후관리 대상을 확인하기

03 위기개입모델 개입기술

위기개입모델의 실천기술은 다음과 같다(김용환 외, 2013: 191-193).

1) **경청:** 위기개입에서의 경청은 인간중심 상담에 기반을 둔다.

2) 개방형 질문

개방형 질문은 클라이언트의 감정, 생각, 행동에 관한 내용을 얻기 위해 사용하는 것이므로 위기개입에서는 개방형 질문을 활용한다. 예를 들면 "…에 대해서 이야기 좀 해주세요.", "…을 보여주세요.", "당신은 …을 어떻게 할 것입니까?" 등이다.

3) 재진술과 요약적 명료화

클라이언트는 주변 환경에서 일어나고 있는 혼돈과 자신의 무질서한 사고 과정으로 자신을 표현하는 데 어려움이 있다. 클라이언트가 말하는 것을 사회복지사가 자신의 말로 재진술하여, 그것이 클라이언트가 말하고 느끼고 생각하고 행동하려는 것인가에 대해 클라이언트의 피드백을 받아야 한다.

4) 감정을 자신의 것으로 표현하기

자신의 것으로 한다는 것은 즉 "그게 내 말이야."와 같다. 자신의 것으로 하는 '나' 진술은 위기개입에 중요한데, 그 이유는 위기개입을 하는 사회복지사는 흔히 안정되지 못한 상태에 있는 클라이언트에 대해 지시적인 입장에 있기 때문이다. 위기에 처한 클라이언트는 사회복지사를 모델로 삼기 때문에 사회복지사의 감정, 행동을 자신의 것으로 표현하는 것이 중요하다(김용환 외, 2013: 191-193).

5) 위기개입 의뢰시 원칙(이윤로, 2008: 257-258).

① 한 번에 3~4곳에 의뢰함으로써 클라이언트를 혼돈스럽게 하지 말라. 우선순위를 정하고 그 문제에 대해 한 곳에 의뢰한다.

② 클라이언트가 정보를 알고 있는지를 분명히 한다. 반복해주든가 적도록 한다.

③ 클라이언트는 스스로 연락을 취할 수 없는 경우를 제외하고는 클라이언트가 스스로 의뢰된 기관과 연락하도록 고무한다.

④ 의뢰를 반드시 즉각적으로 할 필요는 없다. 시간을 갖고 생각할 필요도 있다.

⑤ 의뢰를 하기 전에 클라이언트가 치료에 적극적으로 참여할 것인지를 확인하라. 클라이언트가 필요한 변화나 결정에 대해 두려움을 갖고 있으면 클라이언트는 도움에 대해 가치가 없다고 생각하고 있는 경우가 많다.

⑥ 가능하다면 의뢰 후 확인전화를 하라. 이는 연속성을 갖게 한다. 워커의 관심을 표현하는 방안이고 의뢰가 얼마나 효과적이었는지 알 수 있다.

6) 위기개입상담 프로그램의 기술

퍼이어(Puryear, 1979)는 효과적인 위기개입을 위해서는 여러 가지 원리에 의거한 상담프로그램을 말하였는데 이를 살펴보면 다음과 같다(김기태, 2008; 이선혜, 2009: 17-19).

① **신속한 개입**이다. 사람들은 위기에 처하여 오랫동안 견딜 수 없다. 일반적으로 위기상태에 들어간 때부터 6주 내에 어떤 형태로든 해결이 된다. 그러므로 이 기간 동안의 신속한 개입은 위기에 처한 사람들의 적응에 매우 중요하다. 일반상담은 주로 매주 1회 정도 상담을 하지만 위기개입은 사건 직후 보통 30분에서 2시간 사이에 이루어진다(James & Gilliand, 2008; 배은숙 외 2014: 160).

② **행동**을 중요하게 보았는데 즉, 위기개입의 기술은 적극적인 성격을 띠고 있으며, 행동에 초점을 둔다. 위기에 처한 사람은 고착되는 경향이 있고, 효과적이지 않은 행동을 하게 되는데 이러한 때는 치료사가 계획에 따라 적극적으로 돕고, 격려하며, 내담자를 이끌어 가야 한다.

③ **제한된 목표**로써 위기개입의 목표는 평형상태를 회복하는 것으로서, 그 최소한의 목표는 파멸의 예방이다.

④ **희망과 기대**인데 위기에 처하여 절망한 사람들에게 모든 문제가 다 해결될 것이라는 지나친 희망을 주는 것은 피해야 하지만 위기를 극복할 수 있다는 희망을 주는 것은 중요하다.

⑤ **지지**를 들 수 있는데 위기개입에 있어서 내담자를 지지하는 주요원리는 초기에는 필요한 만큼 지지를 많이 제공하지만 가능한 빠른 시일 내에 지지를 감소시켜서, 치료사에게 지나치게 또는 장기적으로 의존하지 않도록 하는 것이다.

⑥ **초점적 문제해결**로서 위기개입 시 치료사는 가능한 한 신속하게 위기과정을 유발시킨 문제를 파악하는 데 초점을 두어야 한다. 자신이 처한 사실을 모르는 것과 상상하는 것보다는 상황에 대한 올바른 인식이 문제해결에 중요한 도구가 된다.

⑦ 특히 청소년에게 중요한 **자아상**으로 위기가 해결되지 않으면 사람들은 자신을 실패자로 보는 경향이 있는데 내담자의 낮아진 자아상을 보호하고 증진시켜야 한다.

⑧ 마지막으로 **자립**을 들 수 있는데 자립성을 촉진시키는 방법은 내담자 자신이 할 수 있는 것은 대신해주지 않는 것이다(Puryear, 1979; 강경미, 2003에서 재인용; 이선혜, 2009: 18).

7) 위기 개입 시 다루기 어려운 클라이언트에 대한 대처방안 기술

다루기 어려운 클라이언트의 대처 방안은 다음과 같다(Janmes & Gililand, 한인영 외 역, 2008; 장수미 외, 2010; 배은숙 외, 2014: 171-172).

① 상습전화 클라이언트는 자신의 문제가 해결될 수 없는 것임을 확인하려고

하는 경우가 많기 때문에 클라이언트의 성장을 저해한다고 판단된 경우 지지해주지 말아야 한다.

② 망상이나 환상을 가지고 있는 클라이언트는 저항적이며 비순응적이기 때문에 무조건 클라이언트를 달래거나 동정하기보다 감정이입적으로 반응하고 대처기술을 탐색하여 클라이언트의 감정을 찾아내는 것이 필요하다.

③ 장난전화의 경우 그냥 전화를 끊어 버리면 계속해서 전화하는 경향이 있으므로, 오히려 진지하게 받아주는 것이 다시 전화하지 않도록 하는 방법이다.

04 위기개입모델의 적용과 한계성

위기개입은 주로 스트레스가 높은 지역사회정신보건영역, 자살방지센터, 가족서비스센터, 의료체계, 성폭력상담, 가정폭력상담, 재난구조센터 아동복지체계, 학교 등에서 많이 활용되고 있다. 단기간에 안정과 통제를 제공하기 때문에 다문화적 접근이 필요하다. 이러한 유용성에도 불구하고 위기개입에 대한 효과성은 실증적 자료가 부족하고 이론적 체계와 기술이 미흡하다는 비판이 대두되고 있다(신성자 외, 2007: 185).

연구문제

1. 다음을 읽고 그에 해당하는 내용을 기록하시오. (발표를 하고 학우들 간에 서로 다른 방법으로 대처할 수 있는지에 대해 토의할 것)

〈자신의 생의 위기를 경험했던 사건중 하나를 선정한다〉
① 그 사건이 발생했을 때의 감정을 세 가지 진술한다.
② 그 위기를 다루는 데 가장 도움을 주었던 사람은 누구인가?
③ 그 사람이 해주었던 가장 중요한 것은?
④ 그 사람은 그것을 어떤 식으로 해주었는가?
⑤ 누군가 도와준다고 한 것이 최악의 결과를 초래한 것은 무엇인가?
⑥ 가장 받기를 원했던 도움은 무엇이며 그러나 얻지 못한 것은?
⑦ 그 위기에 대한 나의 감정은?

출처: 이윤로(2007). p.259.

2. 다음의 빈칸을 채우시오. (교재 참조)

정신분석·단기치료·위기개입모델의 목표·초점·상담자 활동 비교

구분	정신분석 모델	단기치료 모델	위기개입 모델
치료의 목표			
치료의 초점	• 과거 • 무의식	• 현재상황과 관련된 과거 • 무의식	
상담자의 주요활동			
징후	신경증적 성격 양상	급격히 와해된 정서적 고통 및 심각한 상황	
평균치료기간	무한정	1–20회	1–6회

확인문제

1. Gilliland의 위기유형에 대해서 기술하시오.
2. 위기개입의 실천과정을 설명하시오.
3. 위기개입 시 다루기 어려운 클라이언트에 대한 대처방안 기술에 대해서 설명하시오.

CHAPTER 14

정신분석모델과 실천기술

제14장에서는 정신분석모델의 배경을 이해하고 정신분석모델의 주요 개념을 파악하여 불안과 방어기제를 알 수 있고 정신분석적 모델 적용의 실천과정과 실천기술을 적용할 수 있는 능력을 향상시킨다.

학습목표

1. 정신분석모델의 배경을 이해한다.
2. 정신분석모델의 주요개념을 설명할 수 있다.
3. 불안과 방어기제를 파악한다.
4. 정신분석모델의 실천과정을 설명할 수 있다.
5. 정신분석모델의 개입기술을 설명할 수 있다.

01 정신분석모델의 배경

프로이트의 정신분석이론은 1909년 정신치료를 위한 이론으로 미국에 소개되면서 사회복지실천에 많은 영향을 주기 시작하여 1920년대에는 진단주의학파를

태동시켰고, 1930년대에는 개별사회사업모델로 확산되면서 현재까지도 사회복지실천의 중요한 이론적 토대가 되고 있다. 현대 정신분석이론은 행동에 대한 기본적 영향력을 본능적 충동(drives)의 개념으로 보는 관점에서 벗어나 어떻게 개인들이 사회와 상호작용하는지에 더욱 관심을 갖고 있다. 이는 자아심리학의 영향에서 비롯되었다(Goldstein, 1984; 조휘일 · 이윤로, 2007: 102)

정신분석이론에서는 개인의 행동이나 감정, 사고 등은 우연히 일어나는 것이 아니고 무의식적인 성적, 공격적 충동에 의한 것이라 보고 성격결정론을 주장한다. 정신분석이론모델의 목적은 사회복지사가 클라이언트의 현재 문제를 이해하기 위해 과거의 경험, 특히 무의식적으로 내재되어 있는 성적 · 공격적인 충동을 이해하고 클라이언트가 이러한 경험과 충동을 통찰력을 가지고 인식하며 현재의 문제를 이해할 수 있도록 돕는 것이다. 클라이언트의 통찰력 또는 문제인식능력과 이해능력을 향상시키는 것이다(엄명용 외, 2006: 177; 전남련 외 2012: 110).

02 정신분석모델의 주요개념

정신분석모델의 마음의 지형학적 모델과 성격의 구조적 모델, 역동적 모델, 심리성적발달단계를 중심으로 그 내용을 살펴보면 다음과 같다(이종복 · 전남련, 2005: 160-169; 엄명용 외, 2005: 178-183; 전남련 외, 2012: 110-116; 권중돈, 2014: 330-339).

1) 마음의 지형학적 모델

지정학적 관점은 인간의 정신을 일종의 지도로 제시하여 가시화하였는데, 인간의 내면을 의식, 전의식, 무의식으로 나누고 있다.

① **의식(conscious)**은 우리가 인식하고 있고 현재 느끼거나 알 수 있는 정신적

활동이다.

② **전의식**(preconscious)은 현재는 의식되지 않지만 전에 의식했던 것이 저장된 것으로 주의집중을 통해 쉽게 의식될 수 있는 경험이라고 한다(Freud, 192: 14). 전의식은 무의식과 의식 사이에 존재하며 무의식에서 떠오르는 충동이나 욕구들을 검열하고 조절한다.

③ **무의식**(unconscious)은 욕구나 본능이 깊게 자리하고 있는 영역으로 인식할 수 없고 직접적으로 확인할 수도 없는 접근 불가능한 창고에 해당하는 것이다. 무의식은 본능적인 역동적, 성적 본능으로 이루어져 있으며 충족되지 않은 소망들이 담겨 있다(Freud, 1923: 1-15). 프로이트의 무의식은 일차과정이고 에너지의 흐름이 자유롭고 모순이 공존하며 시간과 공간관념이 없으며 인지활동의 잠재적 측면이다. 꿈은 잠재된 소망과 생각이 무의식으로 응축되어 전위되고 상징화된다는 것이다. 즉 의식에서 받아들이기 어려운 자극, 흥분, 적개심 등의 것이 무의식으로 추방된 것이다.

2) 성격의 구조적 모델

구조적관점은 인간의 성격이 원초아(id), 자아(ego), 초자아(super ego)로 구성되어 있으며 이 세 부분은 각기 독특한 기능을 하면서 상호작용을 하여 전체 성격체계를 구성하고 행동에 영향을 미친다.

① **원초아**(id)는 성격의 기초로서 쾌락을 추구하고 고통을 회피하는 쾌락원리 추구이며, 출생 시부터 타고난 것으로, 본능적이고, 정신에너지의 저장고이며, 무의식에 속한다.

② **자아**(ego)는 이드와 초자아를 중재하며 내부세계와 외부세계 사이에서의 기능이 잘 집행되도록 하는 역할을 담당한다. 자아는 맹목적인 정신에너지의 방출을 지연시키고 사회적으로 바람직한, 수용될 수 있는 방법이 발견될 때

까지 긴장을 참아내며 실제적인 만족을 얻기 때문에 현실원리에 입각하여 작용한다.

③ **초자아**(super ego)는 선악을 판단하는 기준이며 금지의 개념이 강하고 일부는 사회의 도덕률이나 금기로 구성되어 있으며 일부는 부모에게 받은 도덕교육을 토대로 형성된 도덕관념으로 구성된다. 초자아는 외부세계의 대변자이기 때문에 사회원리를 따른다고 볼 수 있다. 현실보다는 이상적인 것을 추구한다. 양심이나 자아이상이 이에 해당한다.

3) 역동적 모델

정신역동적 관점에서는 개인은 원초적 본능에 의해 정신적 추진력을 갖게 되며 이와 상반되는 사회적 기대와 갈등을 겪게 된다는 관점에 기반을 둔 모델이다. 즉 정서적 긴장을 해소하려는 욕구가 심리적이고 사회적인 행동을 일으킨다는 것이다.

4) 심리성적발달단계(유전학적 모델)

프로이트는 인간의 성격발달이 성적인 욕구와 관련이 있다는 관점에서 심리성적발달단계를 제시하고 있다.

(1) 구강기(oral stage: 출생~1세)

리비도가 입에서 나타나며, 빨고, 삼키고, 깨물면서 만족을 얻는다. 구강기에 만족하면 개별화, 분리, 대상관계의 형성이 잘되며, 고착되면 성인이 되었을 때 극도의 의존성, 희생해서라도 타인에게 인정을 받고 싶어 하며, 손톱 물어뜯기, 껌 씹기, 흡연, 과식의 증상이 나타난다.

(2) 항문기(anal stage: 2~3세)

리비도가 항문영역으로 몰입된다. 배변훈련이 성공하면 사회적 승인을 얻는 쾌감을 경험하고 창조적이고 생산적이며 관용, 자선, 박애행동의 성격특성이 발달하지만 강압적인 배변훈련으로 고착되면 부모에게 대항하며, 성인이 되었을 때 난폭하고 완고하며, 인색하고 통제된 행동을 보인다.

(3) 남근기(phallic stage: 4~6세)

리비도가 성기 부위에 집중되며 성기에 대해 관심을 갖고 많은 질문을 한다. 남아는 어머니에 대해 이성적 관심을 갖고 아버지를 적수로 생각하여 갈등을 느끼는 오이디푸스 콤플렉스, 여아는 자신의 성기거세의 책임을 어머니에게 돌려 어머니에 대한 적대감을 갖게 되는 엘렉트라 콤플렉스를 경험한다. 오이디푸스 콤플렉스와 엘렉트라 콤플렉스는 양가감정을 초래하여 아동은 동성부모와는 경쟁자로서의 관계를 형성하게 되고, 질투와 분노감정을 갖게 되며 갈등을 경험한다. 이를 성공적으로 해결할 경우 성적 역할의 동일시와 성적 정체감을 가질 수 있으며, 충성심, 효도, 낭만적 사랑이 가능하고 고착이 되면 성적무기력, 불감증, 경솔, 야심적, 경솔한 성격을 보인다.

(4) 잠재기(latency stage: 7~12세)

리비도가 무의식 속에 잠복하고 성에 무관심하고 사회 기술 즉 지적 호기심, 운동, 친구와의 우정 등의 활동이 싹트는 시기이다. 이 시기를 적절히 성취하면 원만한 대인관계와 자신감 적응능력이 생기고 고착이 되면 열등감을 갖게 된다. 또한 과도하게 충동을 억제하면 성격발달이 정체되고 강박적 성격으로 발전할 가능성이 있다(권석만, 2012).

(5) 생식기(genital stage: 12세 이후)

신체적 성숙이 이루어짐에 따라 진정한 의미에서의 성욕이 나타나는 시기이다. 생산적으로 활동하고 깊은 사랑을 하며 성숙을 성취할 수 있다.

〈표 14-1〉 Freud의 심리성적 발달 단계와 성격의 특성

단계	갈등의 장	방어기제	성격특성
구순기	음식섭취	투사, 거부, 내면화	낙천-비관/어수룩함-의심/능동적-수동적/감탄-시기
항문기	배변훈련	지성화 반동형성 격리 무위	인색-관대/고집-순종/청결-지저분/정확-모호
남근기	오이디푸스/엘렉트라 콤플렉스	억압	허영-자학/자신-소심/저돌-우유부단/화려함-수수함/순결-음란/남성적-여성적
잠재기		성본능의 잠복, 성본능과 관련 없는 사회적 기술 습득	
생식기	오르가슴	승화	성숙-미숙/적응-부적응

출처: 권중돈(2014). 인간행동과 사회복지실천. p.339 재구성.

03 불안과 방어기제

자아의 가장 중요한 가능 중의 하나가 방어기제이다. 방어기제는 인간이 갖는 세 가지 불안 즉 신경증적 불안, 현실적인 불안, 도덕적 불안을 야기하는 상황에 직접 대처할 수 없을 때 자신을 불안으로부터 보호하기 위하여 무의식적으로 방어기제를 사용한다(김혜란 외, 2002: 72-73). 방어기제의 종류와 내용은 다음과 같다(전남련 외, 2012: 118-122; 권중돈, 2014: 324-325).

① **억압**은 자아가 수용할 수 없는 것을 무의식 속에 밀어 넣어 불안으로부터 자아를 보호하고자 하는 것이며, 꿈, 농담, 말의 실수 등으로 나타난다.

② **반동형성**은 불안을 야기하는 충동, 감정을 반대의 표현을 통해 의식에서 감춰지는 것이다. 증오는 애정으로 대체되고, 관심은 무관심으로, 질책 대신 칭찬으로 표출된다.

③ **퇴행**은 초기 발달단계로 후퇴하는 것이다.

④ **격리**는 고통스러운 기억과 연관된 감정을 의식에서 떼어내는 것이며, 아버지의 갑작스러운 죽음에 슬픈 감정을 보이지 않으면서 아버지를 연상시키는 권위적인 남자가 죽는 영화를 볼 때 슬피 우는 것이 한 예가 된다.

⑤ **취소**는 보상과 속죄의 행위를 통해 죄책감을 일으키는 행동을 중화 또는 무효화하는 것으로 심리적 말살이라고 불리기도 한다. 여비서에게 성적으로 끌리는 것을 느낀 남자가 부인에게 줄 비싼 선물을 사는 것이다.

⑥ **투사**는 사회적으로 인정받을 수 없는 자신의 행동을 다른 사람의 것인 양 생각하고 남의 탓으로 하는 것이다. 남자들에 대해 느끼는 강한 성적 감정을 인정하고 싶지 않은 여성이 모든 남자들이 성적으로 그녀에게 관심이 있고 그녀를 원한다고 느끼는 것이다.

⑦ **투입**은 투사와 반대적인 개념으로 외부의 대상을 자기 내면의 자아체계로 받아들이는 것으로, 어머니를 미워하는 나 자신을 내가 자신이 미운 것으로 대치된다.

⑧ **자기로의 전향**은 공격성 같은 본능적인 충동이 본인에게 향하는 것이며 남편이 머리를 벽에 부딪치며 부인에 대한 분노를 자기에게로 향하는 것이다.

⑨ **합리화**는 용납할 수 없는 태도, 신념, 행동을 정당화하기 위해 그럴듯한 설명을 하는 것이다.

⑩ **전치**는 실제로 있는 어떤 대상에 향했던 감정을 그대로 다른 대상에 표현하는 것이다.

⑪ **동일시**는 주위의 중요 인물들의 태도와 행동을 닮는 것을 의미한다.

⑫ **전환**은 심리적 갈등이 신체감각기관과 수의근육계의 증상으로 표출되는 것이며, 글을 쓰는 데 갈등을 느끼는 소설가가 원고를 쓰는 오른팔에 마비를 가져오는 것이다.

⑬ **지성화**는 고통스러운 감정과 충동을 누르기 위해 그것들을 직접 경험하는 대신 그것들에 대해 생각을 많이 하는 것이며, 용납할 수 없는 정서를 경험하지 않고 지성적으로 사고함으로써 피하는 것이다.

⑭ **보상**은 자신의 결함을 메우려는 무의식적인 노력을 의미한다.

⑮ **내면화**는 다른 사람의 가치관을 자신의 성격으로 흡수하는 것이며, 어머니를 미워하는 감정을 자기 자신을 미워하는 것으로 대치하는 것이다.

⑯ **부정**은 감당할 수 없는 어떤 생각이나 욕구를 무의식적으로 부정하는 것이다.

⑰ **치환**은 무의식적인 욕구나 충동이 다른 제2의 대상으로 향하여 바뀌지는 작용이며, 사랑하는 사람으로부터 받은 선물을 애지중지하며 애정이 물건으로 바뀌는 현상이다.

⑱ **대치**는 바라는 대로 이루어지지 않았을 때 비슷한 것을 취하여 만족을 얻는 상태이며, 남자친구와 헤어진 후 비슷한 용모를 가진 남자를 사귀는 것을 들 수 있다.

04 정신분석모델의 실천과정

1) 개입대상과 증상

심리적인 문제는 충동이 과도하게 좌절되거나 과도하게 충족되었을 때, 구순기, 항문기, 남근기에 정신적 외상을 입었을 때, 유아기에 해결되지 않은 무의식적 갈등이 원인이 된다(권중돈, 2014: 340). 개입대상은 치료자가 되길 원하는 전문가나 더 성숙을 원하며 심한 정신적 고통에서 해방되기를 원하는 사람들이다. 자아의 힘이 부족하고 자기중심적이며 충동적인 내담자 혹은 심한 정신병환자에게는 맞지 않다. 환경적, 문화적 영향을 고려해야 하는 내담자에게는 알맞지 않다(서정현, 2015: 30-31).

2) 개입 목표

정신분석모델의 개입의 목표는 메르텐스(Mertens, 1990)에 의하면 ① 부적응 행동을 변화시키고, ② 증상을 제거하며, ③ 정신장애로 인해 중단 또는 지연되었던 발달과정을 재구성하는 것이라고 했다(권중돈, 2014: 342). 이에 손광훈(2012: 123)은 더 추가하여 ④ 중단되었던 발달과정을 정상궤도로 진입하게 하고, ⑤ 자기분석능력을 키우며, ⑥ 전이 신경증을 유발시켜 훈습하고 극복하는 데 있다고 하였다. 즉 무의식을 의식화하고, 성격을 재구성하는 것이고, 어린 시절 초기경험을 재경험하고 억압된 갈등을 훈습하도록 하여 지적인 인식을 갖는 것이다(서정현, 2015: 30-31).

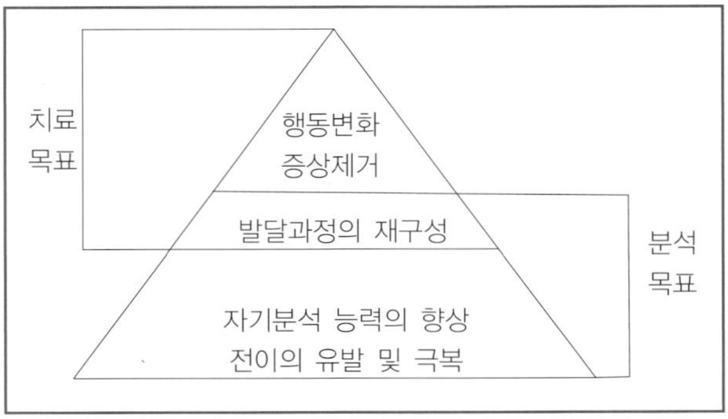

〈그림 14-1〉 정신분석의 치료 및 분석 목표

출처: 권중돈(2014). 인간행동과 사회복지실천. p.342.

3) 개입실천과정

개입과정은 내담자와 대화를 통해 정화, 통찰, 무의식적인 지적 · 정서적 문제의 이해, 훈습 또는 재교육의 순으로 이어지는 내담자와 치료자의 노력의 과정이다(권중돈, 2014: 344). 사회복지사와 클라이언트의 원조관계의 진행에 따라 살펴보면 다음과 같다(손광훈, 2012: 126; 장수미 외, 2010: 77-78; 권중돈, 2014: 340-344).

① **시작단계**: 클라이언트와 만남으로 문제를 파악하고 정신분석의 여부를 결정한다.
② **발달 및 전이단계**: 클라이언트와 사회복지사 간의 친숙한 관계를 형성하고 클라이언트는 자신의 무의식적인 갈등을 표출하고 사회복지사에게 갈등대상에 대한 감정을 전이하게 된다. 이에 사회복지사는 클라이언트의 전이를 알고 분석하여 갈등의 본질을 통찰할 수 있도록 한다.
③ **작업단계**: 지속적인 상담으로 자유연상과 전이와 역전이 분석, 클라이언트의 저항과 방어기제를 해석하여 클라이언트의 문제에 대한 통찰을 심화시킨다.
④ **해결단계**: 전이분석이 종결되는 단계이며 사회복지사에 대한 클라이언트의 무의식적이고 신경증적 애착을 해결하게 된다.

05 정신분석모델의 개입기술

정신분석모델의 개입기술은 자유연상, 저항, 전이와 역전이, 경청, 명료화, 해석, 훈습 등의 기술을 활용하게 된다. 각각의 내용은 다음과 같다(엄명용 외, 2005: 180-187; 정원철, 2005: 184-187; 손광훈, 2012: 114-118; 권중돈, 2015: 343-347).

1) 자유연상

자유연상은 클라이언트의 마음속에 떠오르는 감정, 생각, 기억, 환상, 꿈 등을 자유롭게 말하도록 하는 것이다. 클라이언트가 거리낌없이 말할 수 있도록 분위기를 조성하고 무의미한 것처럼 보이는 마음의 조각들을 세심하게 조각맞춤으로써 클라이언트의 무의식 속에 숨겨진 갈등을 찾는다는 것이다. 예를 들어, 클라이언트가 "바다에 가고 싶어요."라고 말하면 사회복지사는 "바다하면 무엇이 생각납니까?"라고 질문한다. 그리고 이 질문에 대한 클라이언트의 반응을 또 다른 연상에 연계하도록 하는 것이다.

2) 저 항

저항은 클라이언트가 치료의 목적에 상반되는 태도를 보이는 것이며, 클라이언트가 과거의 경험과 억압된 기억이나 감정을 떠올릴 때 고통을 회피하고 치료를 거부하고 싶은 양가감정을 경험하게 되어 발생하는 것이다. 저항은 치료를 방해하기 때문에 치료자는 이것을 지적해 주어야 하며, 클라이언트가 갈등의 상황을 직면할 수 있도록 도와주어야 한다(전재일 · 이성희, 2004: 349).

3) 전이와 역전이

전이란 이전에 알았던 사람과 현재의 사람을 동일시하여 이전에 느꼈던 감정을 현재의 사람에게 옮기는 현상이다. 긍정적인 전이는 상담자를 긍정적인 인물로 보거나 상담시간에 일찍 도착하고 상담자의 신상에 관심을 가지는 경우이고 부정적인 전이는 치료의 효과에 대해서 의문을 가지거나 치료실 조건이 마음에 들지 않는다고 말하며 상담자의 안색이 안 좋다고 걱정하는 경우가 이에 해당한다.

역전이는 사회복지사가 과거에 다른 사람에게 가졌던 감정을 현재의 클라이언트에게 느끼는 현상으로 클라이언트의 전이에 대한 사회복지사의 무의식적 반응을 말한다. 역전이가 치료의 흐름을 방해하지 않도록 사회복지사는 자신의 정신분석에 철저해야 하며 객관성을 잃지 말아야 한다.

4) 경 청

정신분석이론에 근거한 사회복지사의 중요한 과업 중 하나는 경청이다. 클라이언트가 주제를 꺼내면 사회복지사는 질문을 통해 주제가 보다 상세하게 표현될 수 있도록 돕는다. 사회복지사는 클라이언트의 표현에 대해 공감적인 태도를 보이고 주의 깊게 듣는다.

5) 직 면

클라이언트가 특정 문제에 대한 해결과정에서 저항과 비순응적인 태도를 보이게 될 때 클라이언트가 특정 현상에 대해 주의를 기울이고 무엇을 피하려고 했는지 알기 위해 사회복지사는 클라이언트에게 직면할 수 있다.

6) 명료화

명료화는 직면 다음에 나타나며, 클라이언트가 날카로운 관점에서 직면하였던 심리학적 현상들을 이해하는 것으로 그 현상의 원인이 되는 과거의 중요한 세부사항들을 파헤쳐 클라이언트의 생각, 감정, 환상의 심리역동적 의미를 해석하게 된다. 명료화를 통해 사회복지사는 클라이언트의 통찰력을 향상시키고 클라이언트가 자기이해를 할 수 있도록 돕는다.

7) 해 석

해석은 클라이언트의 행동의 의미를 설명하고 가르치기도 하며 클라이언트가 더 깊은 무의식을 탐색할 수 있도록 도와주는 기능을 한다. 해석의 유형은 내용해석, 저항해석, 전이해석, 꿈의 해석, 주요타인에 대한 해석이 있다.

8) 꿈의 분석

프로이트는 꿈을 무의식에 이르는 왕도라고 하였다. 꿈을 통해 무의식적 욕구를 찾아내고 문제에 대한 통찰력을 얻을 수 있게 한다. 꿈은 잠재적 꿈과 명시적 꿈이 있다. 잠재적 꿈은 고통스럽기 때문에 위장되고 숨겨진 무의식적 동기로 구성되어 있고, 명시적 꿈은 용납 가능한 내용으로 대체되어 나타나는 것이다. 사회복지사는 클라이언트의 명시적 꿈의 내용에서 잠재적 의미를 추출해야 한다.

9) 훈 습

훈습은 클라이언트가 억압했던 무의식적 자료를 정확히 이해하고 통합하여 일상생활에 적용할 수 있을 때까지 사회복지사가 반복적인 해석과 지지를 제공해 주는 연습과정이다.

정신분석모델의 사회복지실천기술을 좀 더 구체적으로 살펴보면 다음의 〈표 14-2〉와 〈표 14-3〉과 같다.

〈표 14-2〉 정신분석적 접근방법의 실무원칙

- 모든 행동은 의미가 있고, 설명이 가능하다는 점을 수용하라.
- 원조관계에서 내담자가 제시한 재료가 지니는 의미를 파악할 수 있도록 경청하라.
- 현재의 행동을 관찰하고 분석함으로써 심리성적 발달 단계의 결과를 사정하라.
- 자아방어기제의 활용 유형과 활용 정도, 성숙 수준뿐만 아니라 융통성 취약성을 사정하라.
- 치료자 자신의 동기와 감정에 주의를 기울이라.
- 내담자가 치료자인 당신에게 보이는 반응에 대해 해석하라.
- 내담자가 자발적으로 감정, 사고, 행동을 돌이켜 볼 수 있는 기회를 부여하라.
- 내담자의 환상, 감정, 사건에 대해 해석하고, 해석이 효율적인지에 대해 환류할 수 있는 기회를 부여하라.

출처: 권중돈(2014). 인간행동과 사회환경. p.344 재인용.

〈표 14-3〉 정신분석모델의 개입기법

실천기술	설 명
자유연상	① 클라이언트가 마음에 떠오르는 감정, 생각, 기억, 환상, 꿈 등을 자유롭게 말하도록 한다. ② 사회복지사는 클라이언트의 무의식적인 의미를 지속적으로 탐색해야 한다. ③ 자유연상에서 클라이언트의 무의식 속의 억압된 욕구를 확인하며 불안의 요소가 무엇인지에 대한 단서를 제공해준다.
해석	① 사회복지사는 꿈이나 자유연상의 내용, 저항, 상담관계 자체의 의미를 지적 또는 설명하고 가르친다. ② 클라이언트의 저항, 방어적 태도를 지적하고 설명해 주어야 한다.
꿈의 분석	① 꿈을 통해 나타나는 무의식적인 소망과 욕구, 두려움을 해석함으로써 무의식적으로 억압했던 자료들을 풀어내고 새로운 통찰력을 갖게 한다. ② 사회복지사는 꿈과 해결되지 못한 갈등 간의 관계에 대한 분석과 해석을 한다. ③ 사회복지사는 꿈의 해석을 밝히기 위해서 꿈의 표현적 내용에 관련된 자유연상을 하도록 요구한다.
저항의 분석과 해석	① 저항은 치료향상을 저지하고 클라이언트의 무의식적 욕구발산을 방해한다. 사회복지사는 저항을 지적해 내어야 하며 클라이언트는 저항과 대결해야 한다. ② 사회복지사가 저항을 해석하는 목적은 저항은 불안으로부터 자신을 방어하려는 기제이므로 클라이언트가 저항에 대한 원인을 자각하고 처리할 수 있도록 하려는 것이다
감정전이의 분석과 해석	① 감정전이는 치료과정에서 클라이언트가 과거에 영향력 있었던 사람과 가졌던 사랑이나 증오의 감정을 사회복지사에게 전이시킬 때 나타나는 현상이다 ② 클라이언트가 전이관계를 알고 자신의 과거 갈등에 대한 통찰력을 갖게 되며 정화를 통해 치료 개선이 시작된다.
경 청	① 자유연상을 통해 클라이언트가 자유롭게 말하는 내용을 중립적이고 공감하는 태도로 주의 깊게 듣는 것 ② 클라이언트가 주제를 꺼내면 사회복지사는 질문을 통해 주제가 보다 상세하게 표현될 수 있도록 돕는다. ③ 사회복지사는 클라이언트의 표현에 대해 공감적인 태도를 보이고 주의 깊게 듣는다.
직 면	① 클라이언트에게 나타나는 저항이나 부적응적인 행동, 특정 현상에 주의를 기울이도록 유도하고, 이제까지는 회피해 왔지만 앞으로는 이해해야 할 문제로 인지하도록 돕는다. ② 클라이언트가 특정 문제에 대한 해결과정에서 저항과 비순응적인 태도를 보이게 될 때 클라이언트가 특정 현상에 대해 주의를 기울이고 무엇을 피하려고 했는지 알기 위해 사회복지사는 클라이언트에게 직면할 수 있다.

실천기술	설 명
명료화	① 클라이언트가 직면한 심리적 현상에 대해 예리하게 초점을 맞추거나 혹은 현상의 원인이 되는 중요한 과거력을 파헤쳐 나간다. ② 클라이언트의 생각, 감정, 환상의 심리역동적 의미를 해석함으로써 클라이언트의 통찰력을 향상시키도록 돕는다. ③ 직면 다음에 나타나며, 클라이언트가 날카로운 관점에서 직면하였던 심리학적 현상들을 이해하는 것으로 그 현상의 원인이 되는 과거의 중요한 세부사항들을 파헤쳐 클라이언트의 생각, 감정, 환상의 심리역동적 의미를 해석하게 된다. 명료화를 통해 사회복지사는 클라이언트의 통찰력을 향상시키고 클라이언트가 자기이해를 할 수 있도록 돕는다.
훈 습	① 클라이언트가 저항이나 전이에 대해 이해한 것을 반복, 심화, 확장함으로써 통합적으로 이해하도록 한다. ② 전이의 분석과 동시에 일어나며 전이의 분석을 지속시킨다.
해 석	① 준비기간과 해석을 통해 통찰에 이르러 이것을 행동화하기까지의 모든 과정을 해석과정이라고 한다(권중돈, 2014: 345). 그러므로 클라이언트의 꿈, 자유연상, 저항, 치료관계 자체에서 나타나는 행동의 의미를 클라이언트에게 지적하고 설명하고 가르치며, 통찰을 갖도록 클라이언트의 사고, 감정, 환상의 정신역동적 의미에 대해 해석을 한다. ② 해석과정 • 내담자를 어떤 특정사실이나 경험에 직면하게 하고 • 직면한 사실이나 사건, 의미 등의 초점을 잡아 명료화하고 • 지금까지 유추한 사실을 내담자에게 말로 전달하며 • 내담자가 억압된 것을 받아들이고 분석과정에서 해석된 것을 통합하고 그 과정에서 생겨난 저항을 극복하는 훈습단계로 구성된다. ③ 해석의 종류는 첫째, 발견적 해석은 감추어진 소망들이 의식으로 드러나는 것 둘째, 연결적 해석은 클라이언트의 현재 상황이 과거와 어떻게 연결되어 왜곡되어 있는지 파악하는 것, 셋째, 통합적 해석은 다양한 자원들로부터 협력하는 것(Strean, 1996: 523-554; 엄명용 외, 2005: 186에서 재인용). 사회복지사는 클라이언트의 통찰력 향상을 위해 클라이언트의 사고, 감정, 환상의 정신역동적 의미와 꿈, 자유연상, 저항, 치료관계에서 나타나는 행동의 의미를 클라이언트에게 지적하고, 설명하고 가르칠 목적으로 해석을 활용한다.

출처: Corey, G.,(1991), 조현춘 · 조현재 공역(1996); 엄명용 외(2005). 사회복지실천의 이해. pp.183-187; 손광훈(2009). 사회복지실천기술론. pp.128-130; 전남련 외(2012). 사회복지실천기술론. p.123 재구성.

06 정신분석 모델의 실천적용과 한계점

정신분석치료모델이 사회복지실천에서 가지는 의미는 ① '대화가 내담자를 변화시킬 수 있다'는 토대를 제공해 주었고, ②사회복지사에게 개인을 사정하는 객관적인 준거틀을 제시하여 주었다(최옥채, 2003; 정원철, 2005: 193).

그러나 치료자의 권위와 우월성을 강조하고, 클라이언트를 낙인화시키는 문제점을 가지고 있으며 (백은령 외, 2008: 174). 자기중심적이며 충동적인 내담자 혹은 심한 정신병환자에게는 맞지 않다. 치료자는 오랜 훈련을 받아야 하고 내담자는 많은 시간과 경비를 들여야 한다. 이 이론은 사회적, 문화적, 대인관계적 요인을 무시하고 본능적, 생물학적 요인을 강조한다. 하위계층의 내담자에게는 적용할 수 없고 자아의 힘이 부족하여 '전이신경증' 치료를 받을 수 없는 내담자도 많다. 대개는 상담상황에는 적합하지 않다. 환경적, 문화적 영향을 고려해야 하는 내담자에게는 알맞지 않다(서정현, 2015: 30-31).

연구문제

1. 다음의 빈칸을 채우시오.(교재참조)

〈정신분석적 접근방법의 실무원칙〉

단계	갈등의 장	방어기제	성격특성
구순기	음식섭취	투사, 거부 , 내면화	
항문기	배변훈련	지성화 반동형성 격리 무위	
남근기	오이디푸스/엘렉트라 콤플렉스	억압	
잠재기		성본능의 잠복, 성본능과 관련 없는 사회적 기술 습득	
생식기	오르가슴	승화	

〈정신분석모델의 개입기법〉

실천기술	설 명
자유연상	
해석	
꿈의분석	
저항	
감정전이	
경 청	
직 면	
명료화	
훈 습	
해 석	

확인문제

1. 불안과 방어기제의 관계를 설명하시오.

2. 방어기제의 종류에 대해서 기술하시오.

3. 인간성격의 구조적 관점을 설명하시오.

4. 자유연상기법을 설명하시오.

5. 정신분석모델 실천과정에 필요한 주요 실천기술을 설명하시오.

PART 04

기록과 사례연구의 실제

CHAPTER 15

사회복지실천을 위한 기록기술

제15장에서는 사회복지실천기록의 목적과 내용, 기록의 원칙과 조건, 기록의 종류와 기록방법을 파악하고 사회복지실천의 단계별 기록내용을 습득하여 사회복지사의 기록기술을 향상시킨다.

학습목표

1. 기록의 목적과 내용을 이해한다.
2. 기록의 원칙과 조건을 파악한다.
3. 기록의 종류와 기록방법을 설명할 수 있다.
4. 사회복지실천의 단계별 기록의 내용에 대해서 설명할 수 있다.

01 기록의 목적과 내용

기록은 사회복지실천에서 매우 중요한 부분이며 실무자들 대부분은 업무의 부담으로 기록의 시간이 충분하지 않아 기록에 소홀하기 쉽다. 하지만 기록은 서비스 과정과 사례의 진행과정 등을 탐색하고 재확인할 수 있으므로 시간이 경과됨에 따라 지속적으로 문서화되어야 한다.

기록의 목적은 ① 사회복지실천 활동의 문서화, ② 효과적 서비스를 위한 모니터, ③ 사례의 지속성의 유지, ④ 전문가 간 의사소통 활성화, ⑤ 슈퍼비전의 활성화, ⑥ 클라이언트와 정보공유, ⑦ 행정적 자료, ⑧조사연구를 위한 자료제공이다(Kagle, 1991: 2-5; Wilson, 1976: 3-5; 윤현숙 외, 2001: 310-314).

기록내용은 상황정보, 사정정보, 개입정보, 결과정보 등이 기록되어야 하며 사회복지단계별 기록의 내용은 다음의 〈표 15-1〉과 〈표 15-2〉와 같다.

〈표 15-1〉 기록내용

구분	내용
상황 정보	클라이언트의 나이, 연령, 성, 직업, 교육수준, 사회력
사정 정보	문제 정의, 개입의 필요성, 서비스 제공 이유, 사정의 근거(면접, 내용)
개입 정보	단계별 목표, 계획, 과정 정보 등 서비스 과정
결과 정보	종결 평가 내용, 사후관리

출처: 오봉옥 외(2013). 사회복지실천기술론. p.336.

〈표 15-2〉 사회복지실천과정의 단계별 기록의 내용

(1) 접수단계:	① 상담신청서	② 초기면접지	
(2) 자료수집 및 사정 단계:		③ 동의서	④ 접촉일지 ⑤ 사회력 조사지
	⑥ 사정질문지	⑦ 자원조사지	⑧ 사정 및 개입 계획서
	⑨ 가계도	⑩ 생태도	⑪ 사례관리 지역사회자원망
(3) 목표설정 및 계약단계:		⑫ 목표설정 및 계약기록지	
(4) 개입단계:	⑬ 면담과정 기록지	⑭ 요약기록지	⑮ 문제중심기록지
(5) 종결단계:	⑯ 종결보고서		

출처: 양옥경 외(2005). 사회복지실천론. pp.286-290.

기록은 다음과 같이 다양하게 활용될 수 있다(Kagle, 1991; 최해경, 2009: 174-175)

① 클라이언트의 욕구확인과 서비스 내용의 보고

② 담당자 혹은 담당자 부재 시 대리인에게 사례관련 연속성의 유지
③ 전문가 간의 의사소통의 원활화
④ 슈퍼비전, 자문, 동료 검토의 원활화
⑤ 학생과 다른 전문가들에 대한 교육
⑥ 행정 업무를 위한 자료와 연구조사 자료로 제공

〈표 15-3〉 기록의 활용

용도	기록 활용 대상	내용
책무성 입증	자원 지원자	자원 사용에 대한 정당성 확보
지속성 확보	후임 사회복지사	담당사회복지사가 변경되더라도 지속성 유지
의사소통 수단	다른 전문가 집단	개입 주체간 의사소통 및 책임 소개 명확화
슈퍼비전 자료	수퍼바이저	슈퍼비전을 제공할 수 있는 감독 및 교육 활성화
평가 근거 자료	평가기관	피평가기관의 개입활동에 대한 평가근거 제시
기술 개발 자료	사회복지직	효과적인 사회복지 실천기술 개발 및 확산

출처: 오봉옥 외(2013). 사회복지실천기술론. p.331.

02 기록의 원칙과 조건

기록의 원칙은 다음과 같다(오봉옥 외, 2013: 332-333). 첫째, 기록을 위한 메모는 개입활동에 방해가 되지 않는 선에서 최소한의 핵심 사항을 중심으로 간략하게 한다. 둘째, 기록은 비언어적 표현에 대한 관찰을 포함하여야 한다. 셋째, 사회복지사의 주관적 판단도 전문성을 갖도록 근거에 기반하여 기술해야 한다. 넷째, 기록을 위한 메모나 보조기록 장치의 활용을 위해서는 클라이언트의 사전 동의를 받아야 한다. 다섯째, 모든 기록은 클라이언트의 사생활 보호를 위한 관리가 철저하게 이루어져야 한다.

좋은 기록의 조건과 나쁜 기록의 조건은 다음의 〈표 15-4〉와 같다.

〈표 15-4〉 좋은 기록과 나쁜 기록의 기준

	좋은 기록	나쁜 기록
초점	• 서비스의 결정과 행동에 초점	• 초점 없거나 모호
정보	• 클라이언트와 상황 정보 포함 • 서비스 전달 정보 • 단계별 목표, 계획, 과정 정보 제시	• 과잉 또는 과소 정보 • 관찰 없이 추리에 의존 • 불필요한 정보
기술	• 상황묘사와 해석의 분리 • 구조화된 문서 • 서비스 전달의 정확한 묘사 • 간결한 기술/구체적인 기술 • 명확한 기술/논리적 기술 • 유의미한 기술/사실 기반	• 비조직화된 기술/과잉단순화 • 맞춤법의 오류/반복된 표현 • 장황한 표현/진부한 용어 • 의미가 없는 표현/과장된 표현 • 행위자(주어)가 식별 불가 문장
윤리	• 전문가적 윤리 반영	• 비윤리적 행동
이론	• 수용된 이론에 기초 • 이론보다 현상 우위 입장	• 근거 이론의 미제시 • 근거 이론과 기술 태도의 부조화
관점	• 전문가적 견해 제시 • 클라이언트 관점의 존중	• 전문가 견해 미제시 • 독단적 견해의 표현

주: Kagle(1997)의 견해를 바탕으로 저자 견해를 포함하여 재구성; 오봉옥 외(2013). 사회복지실천기술론. p.334.

03 기록의 종류와 기록방법

사회복지실천 현장에서 사회복지사는 기록을 정확하고 효율적으로 유지하고 발전시키기 위해서 기록의 종류와 각 기록방법의 장단점을 알고 있어야 한다. 기록의 종류와 과정기록, 이야기체 요약기록, 문제중심기록에 대해서 다음과 같이 살펴보고자 한다(Kagle, 1991: 54-104; Wilson, 1980: 18-140; Sheafor, Horejsi & Horejsi,

1997; Johnson, 1995: 382-384; 윤현숙 외, 2001: 330-342; 양옥경 외, 2005: 291-299; 이종복 외 2012: 216-225).

1) 과정기록

과정기록은 사회복지실천에서 가장 오랜 역사를 가진 기록방법으로 사회복지실천의 초창기에 사회조사가 중요한 목적이었을 때 과정의 기록을 통하여 클라이언트 및 그들의 사회적 상황에 대하여, 말하고, 행동하고, 관찰하고, 추측한 것을 사회복지사가 기억할 수 있는 한 모두 기록하였다. 사회복지교육에서 학생들이나 초보 사회복지사의 기본적 기술학습 및 진단적 사고를 돕기 위한 교육용 도구로서 과정기록이 광범위하게 사용되고 있다. 장점은 첫째, 과정기록은 사회복지실습이나 교육방법으로 유용하게 쓰인다. 둘째, 과정기록은 학생의 자아인식 및 서비스 과정에서의 자아의 활용을 향상시켜 준다.

〈표 15-5〉 과정기록방법

슈퍼바이저의 코멘트	면접내용과 사회복지사의 느낌, 분석에 대하여 슈퍼바이저가 추후에 코멘트한다.
면담내용	클라이언트의 언어적·비언어적 의사소통을 포함하여 면접 중에 일어난 일을 있는 그대로 기록한다.
사회복지사의 느낌	대화가 진행되는 동안 사회복지사의 느낌을 솔직하고 개방적으로 적는다.
분석	사회복지사의 느낌은 근원, 면접기법에 대한 분석, 다른 대안적 접근 등을 기록한다.

출처: 이종복 외(2013). 사회복지실천론. p.217.

〈표 15-6〉 과정기록의 사례

클라이언트	사회복지사
클라이언트 : 사람들이 없는 사람 사정 그런 거 잘 몰라요. 이제 내가 이 나이에 식당 가서 일도 잘 못해요. 내 조건에 맞는 것이 어디 있겠어요? 그래도 선생님은 내 이야기 들어보고 예산 생각들도 나게 해주었어요.	사회복지사: 흔히들 내가 살아왔던 것 생각만 하고 끝날 수 있는데, 어머니께서는 그런 것들을 생각하신 것이 지내시는 데 어떻게 도움이 되셨길래그래도 괜찮았다'이야기하실 수 있으신지 궁금해요.
클라이언트 : 하루종일 집에 있다 보면 답답한 생각이 들거든요. 그런데 선생님 만나서 이야기하면서 나도 시를 좋아했었구나, 낭만도 있었구나, 장구를 좋아해서 열심히 배웠던 것들도 기억나고 하면서 내가 이렇게 멍하게 살아야 되나 그런 생각을 하게 되었거든요.	사회복지사: 사시면서 다른 분들도 만나시잖아요. 그래도 저희를 만나면서 예전에 이런 것도 했었는데 이제는 이렇게 살지 않고 다르게 살아야 되겠다 하는 생각을 하게 된 것들이 다른 분들과 만나신 것과 달랐던 것인가요? 제가 이렇게 이해해도 되나요?
클라이언트 : 예.(잠시 생각) 우리 같은 사람들은 외로워요. 선생님이 나이는 어리지만 어떻게 내 마음을 이리도 잘 이해해 주나, 내 마음을. 내가 사람대접 받았다고 느낀 것은 처음이었거든요.	사회복지사: 그렇게 이야기해 주셔서 감사합니다. 제가 궁금한 것이 있는데요. 그러면 저와 만나시는 것이 끝난 다음에 어머니가 사람대접 받았다고 경험하시고 느끼신 것을 이후에 다른 분들과 만나시고 살아가시면서 어떻게 쓰실 수가 있나요?

출처: 최인숙 · 김윤주 · 황혜숙(2006). 강점관점 해결중심 사례관리 매뉴얼. 보건복지부 · 솔루션센터. pp.113-114.

2) 이야기체 요약 기록

이야기체 요약기록은 기록내용이 이야기체 요약의 형식을 취하고 있어서 일반적으로는 이야기체 기록이라고 한다. 이야기체 요약기록은 간결하며 초점이 분명하며 사회력이나 임상실무를 문서화하는 데 적합하고, 기록에 융통성이 있어서 중요하다고 생각되는 것을 포괄적으로 기록할 수 있다. 이야기체 요약은 사회복지사의 재량에 의존해야 하며, 기록시간이 많이 걸리고 개별적 구성과 부담스러운 양 때문에 원하는 정보를 쉽게 찾기 어렵다.

〈표 15-7〉 이야기체 요약 기록의 예

1) 개인력

클라이언트는 초등학교 졸업 후 2006년 중학교 2학년 때 정신분열병이 발병하여 학교를 중퇴함. 초등학교 시절 성적은 하위권이었고, 친구 사귀는 방법을 몰라서 친구들을 귀찮게 하여 친구가 없고 친구들이 클라이언트를 싫어했음. 특히, 중학교 때 클라이언트의 도시락이나 옷차림으로 인해 친구들에게 왕따를 당했고, 집을 나가면 들어오지 않고 한밤중에 전화를 걸어 택시를 타고 집에 오는 경우가 많았으며, 식당에서 돈을 훔치려고 유리창을 깨뜨리는 등의 행동을 하였음.

정신분열 발병 이후 김의 병원에서 치료를 받는 중 법원에서 소환장이 발부되어 청소년보호관찰소에서 1개월 정도 있었던 경험이 있고, 관찰소를 나온 후 한 달 정도 약을 복용하다가 중단하고 식사도 안하며 집에 누워만 있어 OO복음병원에서 입원치료를 받음.

이후 병세의 호전에 따라 병원 입·퇴원을 반복하면서 하루 종일 집에서 텔레비전만 보고, 동생을 괴롭히는 행동을 함. 클라이언트를 의뢰 받았을 때 병원에서 입원 중이었음.

2) 가족력

클라이언트의 모는 전라도 순창 출생으로 고등학교 졸업 후 회사원이던 클라이언트의 부를 만나 1985년에 결혼하였음. 결혼 후 클라이언트와 동생을 출산하여 자녀를 양육하는 중 1993년 남편이 위암판정을 받아 남편과 함께 과일 장사를 하면서 생계를 유지하였으나 1996년 남편이 사망하였음. 남편 사망 후 심리적으로 위축된 상태에서 1997년 교통사고를 당했고, 이 과정에서 자녀들의 양육문제로 당진에 계시던 시부모님이 상경하셔서 지금까지 함께 생활하고 있음. 현재 클라이언트의 모는 교통사고 이후 특별한 기술이 없어 공공근로와 가정 내 부업(리본제작)을 하고 있음.

조부는 가족에 대해 무관심하시며 음주 후 주정을 심하게 하고, 조모는 말씀이 없고 애정표현을 거의 안하며, 손주들에게 밥도 챙겨주지 않음. 조부모님이 함께 생활하고 있으나 생활비도 따로 쓰고, 심지어 냉장고의 공간을 나누어 사용하는 정도임.

클라이언트의 동생은 중학교 입학 후 학교생활에 적응하지 못하여 학교에 가기 싫다고 자퇴하고, 집에서 텔레비전을 시청하거나 PC방을 다니고 있으면서 비용마련을 위한 도벽이 심한 상태임.

출처: 서울특별시 · 서울복지재단(2009). 사회복지관 프로그램 매뉴얼 지역사회보호사업: 사례관리 실천 메뉴. p.84.

3) 문제중심기록

문제중심기록은 현재 제시되고 있는 문제를 중심으로 구성되며, 문제영역을 규명하고, 사정하고, 각 문제에 대하여 무엇을 할 것인지에 대한 계획을 기록하는 것이다. 문제중심기록은 책무성을 향상시키며, 여러 상이한 전문직 간의 의사소통을 촉진하며, 여러 분야 간의 공조를 원활하게 해준다. 반면 문제를 강조하여 사회복지사의 관심을 한정시키고, 개인을 강조하여 현상의 복잡성을 단순화시킬 우려가 있다. 그리고 부분화를 강조함으로써 통합적이며 체계적인 쟁점들을 왜곡시킬 우려가 있다. 문제중심기록은 데이터베이스, 문제목록, 초기계획, 진행노트 4부분으로 이루어진다.

① **데이터베이스**: 클라이언트의 문제목록을 작성하기 위한 기본 자료가 된다.

② **문제목록**: 각 문제마다 번호가 붙여지고, 나중에 새로운 문제가 규명되면 문제목록에 추가된다.

③ **초기계획**: 서비스 제공자들은 독립적으로 혹은 개별적으로 문제목록의 각 문제에 대해서 계획을 세운다.

④ **진행노트**: 사례가 진행되면 서비스 진행과 변화내용에 대해 문제목록에 기재된 번호에 따라 SOAP방식으로 기록한다.

- S(Subjective information): 주관적 정보. 클라이언트가 지각하는 문제, 자신의 상황과 문제에 대해 어떻게 생각하고 느끼고 있는지에 대한 주관적 정보를 기술한다.
- O(Objective information): 객관적 정보. 클라이언트의 행동이나 외모에 대한 사회복지사의 관찰과 사실적 자료와 같은 객관적 정보를 기술한다(클라이언트의 주거상태, 경제적 상태, 건강상태 등이 포함될 수 있다).
- A(Assessment): 사정. 주관적 정보, 객관적 정보에 기초하여 사정, 견해, 해석, 분석을 기술한다. 사회복지사의 관찰 및 사실적 정보의 의미를 사정하고 분석한 견해를 기술하는 것이다.
- P(Plan): 계획. 위의 주관적 정보, 객관적 정보 사정을 기반으로 하여서 확인된 문제에 대하여 무엇을 할 것인지에 대한 계획을 기술한다.

〈표 15-8〉 문제중심기록의 사례

① 데이터베이스 (2000년 12월 1일 접수 면접에서 얻은 정보에 의해 작성됨)

이름 : OOO 나이 : 30세

클라이언트는 결혼한 지 7년 된 기혼여성으로 35세의 남편과 5세가 된 아들 하나를 두고 있다. 어젯밤 술 취한 남편으로부터 구타당하여 현재 허리통증과 함께 걸음걸이가 불편하다. 남편의 반복되는 음주 후 구타행동 때문에 본 기관에 도움을 요청하였다. 경찰에는 연락한 적이 없다. 클라이언트의 남편은 IMF사태 이후의 대규모감원으로 인해 8개월 동안 실직상태에 있다가, 현재는 친척이 운영하는 작은 사업체에서 일하고 있다. 클라이언트는 결혼 후 6개월 때 맞은 따귀가 결혼 후 처음으로 당한 폭력 경험이다. 그 이후에는 폭력이 없다가, 실직상태 이후부터는 남편의 음주 및 폭력이 증가하였다. 남편의 폭력에 대한 아내의 반응은 함께 소리 지르고 울며 대드는 것이다.

② 문제목록

번호	문제	확인된 날짜	중단/ 해결된 날자
1	남편의 구타	12/1	12/1
2	클라이언트의 피신처 마련	12/1	12/1
3	클라이언트의 허리 통증	12/1	12/4
4	클라이언트의 정서적 어려움	12/1	
5	클라이언트의 결혼지속의사 여부 불분명	12/1	12/8
6	클라이언트의 법 및 지원체계에 대한 지식 부족	12/1	12/4

③ 초기계획

문제 1: 남편의 음주 및 구타: 남편과 연락하여 면담을 약속하고 남편에 대한 심리사회적 개입을 한다. 음주 및 폭력에 대해서는 전문치료기관에 의뢰한다(남편이 동의한다면). 이러한 개입계획에 남편이 동의하도록 사회복지사와 관계형성에 주력한다.

문제 2: 클라이언트의 피신처 마련: 클라이언트의 희망대로 언니네 집에 머물도록 하고, 이에 관해 추후 점검한다.

문제 3: 클라이언트의 허리통증: 클라이언트가 병원치료를 받고 있는지 추후 점검한다.

문제 4: 클라이언트의 정서적 어려움: 정서적 어려움의 근원, 강점 및 약점에 대한 사정 및 지지적 개입을 한다. 심리적 갈등 혼란 등.

문제 5: 클라이언트의 결혼지속의사여부 불분명: 이에 대한 클라이언트의 결정을 돕는다.

문제 6: 클라이언트의 법 및 지원체계에 대한 지식 부족: 클라이언트를 본 기관과 연계되어 있는 법률 상담소와 연결시킨다.

④ 진행노트

날짜 : 12월 6일 클라이언트 남편과의 첫 번째 개별 면담

문제 1 남편의 음주 및 구타

S(주관적 정보)
남편은 자기의 음주 및 구타 사실은 인정했지만, 아내가 자기에게 바가지를 긁었기 때문에 이런 일이 발생했다고 주장하고 있다. IMF 사태로 인한 실직 이후의 좌절감과 스트레스, 그리고 현재 직장에 대한 불만을 이야기하는 데에 많은 시간을 할애하였다. 아내와의 결혼 생활을 계속하기 원하며, 현재 언니 집에 있는 아내가 하루빨리 집으로 돌아오기를 원하고 있다. (생략)

O(객관적 정보)
남편의 체격은 보통이며 목소리가 크고 막힘없이 이야기를 잘하는 편이다. 실직으로 인해 직업을 바꾼 후 경제적으로 쪼들리는 편이다.

A(사정-분석한 견해)
남편은 문제를 부인하고 있다. 자기의 행동을 책임지기 보다는 아내에게 책임을 미루고 있는 것으로 보인다. 가부장적 가치관이 현저하다. 그러나 결혼생활을 계속할 의사가 확실한 것, 아내 및 아이에 대한 애정을 나타내는 것, 개별 및 부부 상담에 개방적인 것은 이 부부관계에 강점으로 생각된다.

P(계획)
남편이 구타에 대한 책임을 인정하기 위하여 계속적인 개입이 필요하다. 이것이 아내와 아이에게 어떠한 고통을 야기하는지를 인식할 필요가 있다. 개별면담을 계속할 예정이다.

출처: 윤현숙 외(2001). 사회복지실천기술론. pp.343-345.

이상의 기록의 세 가지 종류, 특징, 활용, 장점, 단점을 비교하면 다음의 〈표 15-9〉와 같다.

〈표 15-9〉 기록의 종류·특징·활용·장점·단점

	과정 기록	이야기체 요약 기록	문제 중심 기록 (문제지향적 기록)
특징	• 대화내용 중심 • 면접(인터뷰) 적합 • 대화체, 이야기체 기술	• 요약 기록 • 활용도 높음 • 시간, 사건, 주제별 요약	• 문제 중심으로 기록 • 문제해결중심모델 적합 • 과정은 SOAP방식 기록
활용	• 교육적 도구	• 가장 많이 활용	• 의사소통, 정보 교환
장점	• 비평이 쉬움 • 시행착오의 개선 용이 • 판단의 근거 파악 용이 • 면담 기록에 적합	• 기록 비용 절감 • 전반적 경향 쉽게 파악 • 기록 형식에 따른 제약이 작음	• 전문직간 의사소통 유리 • 책임성 및 집행력 강조
단점	• 완벽한 기록은 불가능 • 기록 비용이 많이 소요 • 기억에 의존	• 기록자의 판단에 의존 • 판단의 근거 확인 불가 • 초점이 불명확	• 사정의 단순화 • 강점이나 자원활용, 협업 등 한시

출처: 오봉옥 외(2013). 사회복지실천기술론. p.337.

4) 사회복지실천의 단계별 기록의 내용

사회복지실천의 단계별로 기록의 내용을 살펴보면 다음과 같다(윤현숙 외, 2001; Kagle, 1991; 설진화, 2013: 256-258 재인용).

(1) 탐색단계

탐색단계는 클라이언트의 특성, 서비스를 개시하는 이유, 현재와 과거의 내담자 및 상황에 대한 서술(사회력), 자원과 제약, 사정에 관한 내용을 기록한다.

① **클라이언트의 특성**: 클라이언트의 인구학적 특성인 이름, 주소, 생년월일, 성, 교육수준, 가족구성, 직업, 수입, 종교, 결혼상태 등을 기록한다.

② **서비스를 개시하는 이유**: 클라이언트가 의뢰된 경로, 현재의 문제에 대한 인식 등을 기록한다.

③ **현재와 과거의 내담자 및 상황에 대한 서술(사회력)**: 클라이언트의 문제를 역사적·생태학적 맥락에서 이해하기 위하여 현재 클라이언트의 상황을 이해하는 데 적절한 정보 등을 기록한다.

④ **자원과 제약**: 클라이언트의 문제해결을 위하여 필요로 하는 이용 가능한 자원과 사회복지서비스, 그리고 자원의 부적합요인과 장애요인과 같은 자원활용에 대한 제약 등을 기록한다.

⑤ **사정**: 클라이언트의 현재 상황, 문제의 원인과 개입계획에 대한 사회복지사의 소견과 사정 등을 기록한다.

(2) 형성단계

형성단계는 서비스에 영향을 미치는 결정, 서비스의 목적, 서비스의 계획, 서비스의 특성 등으로 구분된다.

① **서비스에 영향을 미치는 결정**: 클라이언트에게 제공되는 사회복지서비스에 영향을 미치는 중요한 결정과 그 정당성 등을 기록한다.

② **서비스의 목적**: 사회복지실천을 통해서 무엇을 달성할 것인지를 구체적이고 명확하게 기록한다.

③ **서비스의 계획**: 어떻게 사회복지실천의 목표를 달성할 것인지를 기록한다.

④ **서비스의 특성**: 행정적 처리나 조사연구를 위한 구조화된 기록으로서, 사회복지서비스의 특성을 기관별로 표준화된 기록양식에 따라 기록한다.

(3) 실행단계

실행단계는 중간노트와 서비스의 재검토로 구성된다.

① **중간노트**(midterm notes): 계획된 사회복지서비스가 시작되면, 클라이언트의 상황과 제공된 사회복지서비스에 대해 정기적으로 사정하고 기록한다. 그 내용은 클라이언트의 상황과 변화내용, 그에 대한 사정, 사회복지서비스 활

동과 내용, 중요한 사건의 보고, 사회복지서비스의 목적, 계획, 과정, 진행에 대한 사정, 사회복지서비스의 목적이나 계획의 변화 등이다.

② **서비스의 재검토**: 사회복지서비스의 결정과 활동에 대한 공식적 재평가를 기록한다. 일반적으로 날짜, 참여자, 제안내용, 결정내용 등이 기록되며, 사회복지서비스의 목적과 계획에 새로운 제안과 결정을 반영하여 수정할 수도 있다.

(4) 종결단계

종결단계는 서비스의 종결의 방법과 사유, 서비스 활동과 결과에 대한 요약(종결요약), 사후지도(follow-up)로 구분된다.

① **서비스의 종결의 방법과 사유**: 사회복지실천의 책무성과 평가, 향후의 계획을 위해 사회복지서비스의 종결이유와 방법을 기록한다.

② **서비스 활동과 결과에 대한 요약(종결요약)**: 사회복지서비스의 개괄적 서술, 서비스 개시 이유, 서비스 진행 동안의 클라이언트와 그 상황, 서비스의 목적, 계획과 과정, 중요한 사건, 종결 시의 클라이언트 및 클라이언트의 상황, 서비스에 대한 평가, 향후 서비스와 사후검토를 위한 제안 등을 기록한다.

③ **사후지도(follow-up)**: 서비스 종결 이후에도 클라이언트가 달성한 변화의 지속적 유지를 위한 사후지도가 필요하며, 클라이언트의 현재상황 및 상태, 향후 서비스에 대한 제안, 클라이언트와 관련한 모든 행동에 대한 정보 등을 기록한다.

연구문제

1. 다음의 기록의 종류에 대한 종류 · 특징 · 활용 · 장점 · 단점이다. 빈칸을 채우시오. (교재 참조)

〈기록의 종류·특징·활용·장점·단점〉

	과정 기록	이야기체 요약 기록	문제 중심 기록 (문제지향적 기록)
특징			
활용			
장점			
단점			

확인문제

1. 기록의 목적에 대해서 설명하시오.

2. 기록의 내용을 단계별로 나누어서 설명하시오.

3. SOAP방식 기록을 설명하시오.

4. 조별로 나누어서 각자의 문제에 대해서 면담을(약 30~50분)하고 면담의 내용을 과정 기록, 이야기체 요약 기록, 문제 중심 기록으로 구분하여 기술하시오.

CHAPTER 16

사회복지실천모델에 따른 사례연구와 다양한 적용기법

제16장에서는 사회복지실천 사례연구의 개념과 분석절차를 파악하고 사회복지실천모델을 적용한 사례연구를 통하여 사례연구와 분석의 역량을 향상시키고, 다양한 종류의 사회복지실천기법을 활용한 교육현장 및 실천현장의 사례를 제시하면서 사회복지실천기술 능력을 폭넓게 확대시킬 수 있다.

학습목표

1. 사례연구의 개념과 분석절차를 이해한다.
2. 사회복지실천모델에 따른 사례연구의 실제를 경험한다.
3. 다양한 사회복지실천기법 적용사례를 이해한다.

01 사례연구의 이해

사회복지실천현장에서 사회복지사에 의해 운영되는 사례연구와 분석은 사회복지사의 전문적 역량강화와 업무능력의 성장을 도모할 수 있는 중요한 연구방법이라고 할 수 있다. 이에 사례연구의 의의와 사례연구와 사례분석의 절차에 대해서 살펴보고자 한다(고이치즈다, 조지아이자와 저, 이윤로 외 편저, 2005: 13-15; 강숙정 외, 2007: 444-464).

1) 사례연구의 개념

사례연구란 개별적인 클라이언트의 문제와 지원에 대해 종합적 또는 과학적으로 분석함으로써 지원의 시각 및 방법을 배움은 물론 사회사업이론의 구축을 이끌어 가는 연구 방법이다. 사례연구는 클라이언트의 문제를 종합적으로 분석하므로 새로운 시각 및 방향성의 발견이 가능하고, 동료에게 슈퍼비전을 주는 데 활용 가능한 도구이며, 사회복지사의 훈련의 장이 된다. 또한 사례연구는 다른 사람의 사례를 객관적으로 판단·분석함으로써 현재 관계하고 있는 클라이언트를 지원하는 데 응용할 수도 있다. 사례연구를 통해서 사회복지사 자신의 반성과 자각을 촉진하여 사회복지사의 원조능력과 상담능력이 향상된다고 볼 수 있다.

2) 사례연구의 절차

① **기본 정보수집**: 기본적인 정보란 클라이언트의 성명, 주소, 전화번호, 연령, 성별, 종교, 결혼여부, 교육정도, 직업, 직위, 봉급수준 등의 인적사항에 관한 것이다. 이것은 접수면접이나 초기면접에서 기록하는 것이다.

② **클라이언트 호소내용 정리**: 내담자의 이야기를 경청하면서 문제가 무엇인지를 파악하는 것이다.

③ **내담자 가족 관계의 자료수집**: 사례연구는 가족관계가 매우 중요한 부분으로 취급되고 있으며, 가족관계는 상세히 수집하고 3대에 걸친 가족 상황을 조사하여 기록하는 것이 유용하다.

④ **내담자 개인 특성의 정리**: 사회복지사는 클라이언트의 현재 상태를 파악하고

자신의 생각을 정리해야 한다. 우선 클라이언트의 신체적, 성적, 정서적 성숙도가 어떠한지를 살펴보아야 한다.

⑤ **심리검사자료 등의 정리**: 심리검사의 자료가 첨부되는 것이 좋다. 성격검사, 지능검사, 적성검사 이외에도 투사적 검사나 기질적인 요인에 관한 정보를 줄 수 있는 여러 검사자료가 있다면 제반자료와 함께 수집해두어야 한다.

⑥ **사례 진행과정 기록**: 과정 기록은 상담이 진행된 과정에 대한 정리·기록이 중요하다. 사례를 이해하고 연구하기 위하여 상담자와 클라이언트 간의 상호작용을 포함하는 상담의 진행과정을 검토해야 한다. 진행과정의 구체적인 기록이 필수적이다. 상담진행과정을 정리할 때에는 어떠한 상담기법을 적용하였고 상담의 빈도와 전체 횟수는 몇 회인지, 상담자에 대한 내담자의 반응은 어떠하였는지 등을 기록한다. 그리고 상담 중 일어난 중요한 일들과 상담의 효과로 어떠한 변화가 내담자에게 일어나고 있는지, 자신의 문제에 대한 통찰 정도는 어떻게 변화되어가고 있는지 그 변화상황과 통찰한 내용이 얼마나 행동으로 실천되고 있는지 기록한다.

3) 사례연구의 분석

사례연구의 분석은 사회복지사와 참여자들이 논의하면서 사례의 이해, 대처 방법에 대한 해결책을 결정하는 데 목적이 있다. 사례연구 분석 단계를 살펴보면 다음과 같다.

① **1단계**: 사례제공자는 사전에 사례보고서를 작성하여 참가자 인원수에 맞게 인쇄한다.

② **2단계**: 사례제공자는 보고서를 제출하고 짧은 시간에 보고한다.

③ **3단계**: 사례보고를 듣고 느낀 문제점을 전원에게 제출받아 기록해 둔다.

④ **4단계**: 사회자가 문제점을 기초로 사실을 확인하고 관련된 정보를 수집한다.

⑤ **5단계**: 참가자가 문제점마다 구체적인 해결방법을 용지에 적어 제출토록 한다.

⑦ **6단계:** 본 사례의 문제점과 해결방법에 관해 논의하는 중에 얻어진 원조 시의 유의점을 명확히 한다. 이 작업을 통해 얻은 학습을 공유화하여 팀으로 원조하는 것을 추진해 볼 수도 있다.

⑧ **7단계:** 자문위원이 동석했다면 지도를 받도록 한다.

4) 사례발표와 슈퍼비전

사회복지사에게 상담사례에 대한 보고서 작성과 사례연구회의 발표는 동료, 선배 사회복지사에게 질문과 토론을 할 수 있는 전문적인 학습의 기회를 제공한다. 사회복지사 혹은 전문상담사들도 사례발표를 통해서 전문피드백을 받고 사례에 대한 통찰력과 이해력을 넓힐 수 있다.

슈퍼비전의 목적은 상담자의 자질향상 및 전문적 성장을 조장할 뿐만 아니라 상담 내담자에게 믿을 수 있고 효과적인 상담 서비스의 제공을 담보하는 내재적인 목적이 포함되어 있다.

02 사례연구의 실제

1) 사례관리모델 적용사례(우울증과 대인 기피증의 독거노인)[1]

(1) 사례개입 배경

클라이언트는 대전시에 거주하는 81세의 노인으로 혼자 살고 있으며 대인기피와 우울증으로 외부와 단절된 생활을 하고 있다. 연락을 하고 지내는 가족이 아무도 없는 상황에서 시댁쪽 조카딸이 가끔 찾아오고 있으며 남편은 젊은 시절 가

1) 본 사례는 대전광역시 소재 ○○ 복지관에서 2013년 운영하였던 사례관리모델의 사례이다.

출을 한 이후 연락이 두절된 상태이다. 직계가족인 오빠와 남동생은 사망하였으며 가족에 대해 이야기하는 것을 싫어한다. 우울증과 만성두통으로 몇 년째 약을 복용하고 있으며 대인기피로 인하여 외출을 거의 하지 않고 있다. 클라이언트의 무기력과 우울증 증세가 있는데 우울증은 자살과 동반되므로 치료와 개입이 필요한 사례이다.

(2) 사례개요

① 대상자 인적사항(2013. 1월 기준)

클라이언트	오○○	성별	여	생년월일	1933년 6월 4일	
세대유형	독거노인	정부보호	국민기초생활/수급대상1종	주정보원	클라이언트	
가족사항	성명	나이	성별	관계	직업	비고
	김○○		여	조카딸	주부	
의뢰된 문제	클라이언트는 우울증과 대인기피를 가지고 혼자 살고 있으며 이로 인해 고독사, 자살 등의 위험이 있어 의뢰된 사람					

(3) 사정

① 가계도: 남편과 아들은 실종된 상태 **② 환경 및 자원사정(eco-map)**

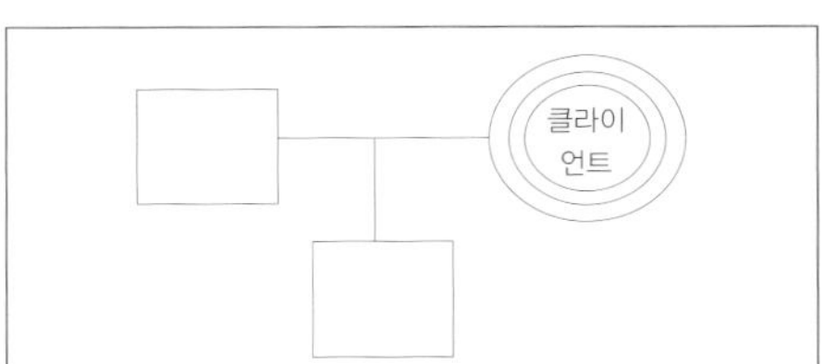

〈그림 16-1〉 가계도

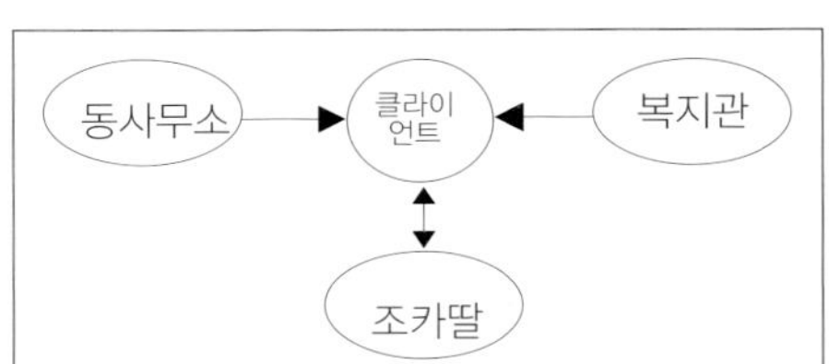

〈그림 16-2〉 환경 및 자원사정

③ 클라이언트의 주요 문제(어려운 점)

가. 클라이언트의 우울증

클라이언트는 과거의 아픔으로 인하여 우울증을 앓고 있다. 우울증과 만성 두통으로 약을 복용하고 있으나 심리적인 안정을 찾지 못하고 있다.

나. 클라이언트의 대인기피

클라이언트는 현재, 우울증을 앓고 있어 이와 관련하여 대인기피가 있어 외부 활동을 일절 하고 있지 않고 집안에서만 생활을 하고 있는 상황이다.

다. 클라이언트의 자살문제

클라이언트는 나이가 많고 외로운 환경에서 지내고 있어 자살에 대한 우려가 높으며 외부인과의 접촉이 없어 위험 상황에 대처하기가 어려운 실정이다.

④ **강점 및 장애물**

* **클라이언트의 강점(Strength)**

내부	외부
• 도움을 필요로 하지 않는다. • 인지능력이 가능하다. • 강인한 성격을 가지고 있다.	• 의료급여증 1종으로 무료로 약을 받을 수 있다. • 조카딸이 가끔 돌봐주고 있다.

* **장애물(Weakness)**

내부	외부
• 대인기피증세가 있다. • 삶에 대한 의지가 약하다. • 마음을 잘 열지 않는다. • 노령으로 활동에 어려움이 있다.	• 지역 주민들과의 왕래가 없다. • 조카딸 외에 연락 가능한 다른 가족이 없다.

* **클라이언트의 욕구 및 활용자원**

클라이언트의 욕구	활용자원
• 약을 그만 먹고 싶어 한다. • 기분이 좋았으면 좋겠다. • 남편과 아들이 보고 싶다. • 가사도우미를 원한다.	① 공식적 자원: 사회복지기관, 의료급여증 1종 ② 비공식적 자원: 자원봉사자, 이웃

(4) 개입목표 및 계획

① **개입목표**

가. 클라이언트의 우울증 약 복용을 지원한다.

클라이언트의 경우 우울증으로 인하여 약을 지속적으로 복용해야 하는 상황으로 약을 잘 복용할 수 있도록 그 이유와 상황들을 설명하고 의학적인 정보들을 제공한다.

나. 클라이언트의 손자녀 결연 연결

복지관 손자녀 결연사업에 연결하여 클라이언트의 외로움과 대인기피 증상을 완화시키고 원활한 외출을 할 수 있도록 지원이 필요하다.

다. 클라이언트의 주거환경의 청결유지 및 심리적 안정을 위한 가사도우미 파견

클라이언트는 노령으로 거동이 불편하며 가사 일을 하기 힘들므로 가사도우미를 파견한다. 가사(집안청소, 빨래, 설거지) 등 주거환경의 청결을 위하여 사회복지관의 가사도우미 연결서비스를 실시하여 파견한다.

또한 클라이언트의 경우 거동이 불편하여 외출을 마음대로 하지 못하여 심리적 고독감과 불안을 보여 가사도우미와 외출 등이 심리적 안정을 위하여 필요하다.

② **개입방법**

가. 가사서비스 연결 및 안정된 환경 제공

클라이언트에 대한 가사서비스 지원을 실시하며 안정적인 생활환경을 만들어나간다.

나. 클라이언트에 대한 개인적인 지속적 지지를 통한 자신감 부여

지속적인 관심과 상담으로 우울증을 완화하고 결연연결로 심리적 불안과 고독감을 감소하고 자신감을 획득할 수 있도록 지원한다.

다. 클라이언트의 주변자원과 복지관의 다양한 자원연결

한가족손자녀 결연사업, 재가복지봉사센터의 재가복지대상자관리사업에서 가사서비스 가정봉사원파견서비스의 다각적인 지원을 한다.

(5) 사례개입과정

① 개입과정요약

상담 회수	내 용
1회	클라이언트는 2005년 7월에 ○○아파트에 이사 오셨다. 젊어서 남편과 동거하여 아들을 낳았는데 이후 남편이 아들을 데리고 가출한 후 지금까지 연락이 없으며 생사조차 확인하지 못하고 있다. 이후 클라이언트는 혼자서 생활해왔으며 가족(자녀)에 대한 그리움, 자신의 처지에 대한 비관으로 오랫동안 불면증을 앓았으며 정서적으로 불안한 상태에 있고 만성 두통에 시달리고 있다. 머리가 너무 아파서 몇 년 전 병원에서 MRI를 찍었는데 검사결과 뇌혈관이 부어있어 그것이 두통을 유발한다고 이야기해주시고, 가족사를 물어보니 그냥 남편은 죽고 자녀는 없다고 대답하신다. 현재 클라이언트는 두 달에 한 번 약을 타러 ○○ 선병원에 가는 것을 제외하곤 바깥출입을 거의 하지 않는 상황이다. 정부 보조금으로 생활하고 계시는데 관리비, 임대료, 각종 공과금과 병원 오가는 택시비로 수급비를 거의 지출하고 있다. 불면증, 우울증, 고혈압, 관절염, 골다공증, 두통 등으로 거의 외출을 안 하시고 집안에서 조용히 지내시며 가끔 베란다에 앉아 있거나 집 앞 벤치에 나가 앉아 있다가 들어오신다고 하심. 어디 가고 싶은 마음은 있으나 두통 때문에 겁이 나서 못나간다고 하신다. 사례관리사정실시(사례관리대상판정 기준 평가, 한국형 노인우울척도, 노인우울, 불안 척도)후 상담을 마무리했다.
2회	내일 '설맞이 잔치'가 있어 복지관에 오실 수 있도록 안내해 드렸다. 자기는 가기 싫다고 극구 사양하셔서 계속 권하지는 않았다. 전에는 경로식당에서 식사를 하셨는데 자리 맡는 것에 여러 사람들이 치열한 것 같아 그 뒤로 안 간다고 하신다. 다행이 복지관에서 음식배달서비스를 실시하여 클라이언트에게 식품을 지원해 드릴 수 있어 클라이언트가 집에서 식사하시는 데 도움이 된다.
3회 3회	오후에 방문하였을 때 멍하니 베란다를 바라보고 앉아 계시다 들어가도 별 동요가 없으시다. 클라이언트는 자신의 이야기를 하는 것을 싫어하는 편인데 그것은 아직 유대관계가 생기지 않아서인 것 같다. 집안에 살림이 많지는 않지만 구석구석 먼지가 없이 매일 정갈하게 닦아놓으신 것이 눈에 띈다. 현재 가족 중 형제들도 모두 사망하여 아무도 없는 실정이다. 시댁 쪽으로 조카딸이 가끔 찾아와 자신을 돌봐 주고 있어 위급 상황 시 조카딸에게 연락해야 한다고 하신다. 머리가 너무 아프다고 하시면서 기분도 안 좋아 보이셨다. 치아상태가 나빠서 틀니를 해야 하는데 비용이 만만치 않아 몇 년째 벼르고만 있다가 조카딸이 조금 도와주어서 이번에 하게 됐다고 하시는데 좋아하시기보다는 어떻게 치과를 다녀야 할지 고민이 더 되시는 모양이다. 이야기를 들어드리고 방문을 마쳤다.
4회	힘이 없어 한 달에 한 번 병원에 약 타러 가는 것이 힘들다. 누가 같이 가주거나 약을 타다 주면 좋겠는데 부탁할 사람이 없다. 조카딸도 가족이 있고 이제 나이도 50이 넘어서 자기 시간이 나야 오지 클라이언트가 오란다고 올 수 있는 것은 아니다. 그래도 이번에 돈을 보태줘서 틀니를 할 수 있어 고맙게 생각하고 계신다. 매일 치과 진료가 있는 날은 아침 일찍부터 서둘러 치과에 걸어서 다녀오시는데 몇 번은 쉬셨다 가셔야 해서 동네 치과인데도 한참 걸리신다고 하심. 치아가 안 좋아서 죽이나 요플레 같은 부드러운 음식만 오랫동안 드셔서인지 많이 야위어 보인다.

상담 회수	내 용
	치과에 다녀오신 날은 점심 식사 후 저녁 내내 누워서 쉬셔야 한다고 하시는데 그래도 틀니를 해 넣을 수 있을 만할 때 해야지 더 늙으면 무슨 소용이 있겠냐고 하신다. 진료에 열심이신 것이 좋아 보인다고 지지해드리고 상담을 마무리 했다. 틀니 치료가 시작되어 단조롭던 클라이언트의 생활에 조금이나마 활기가 있어 보인다.
5회	5월 어버이날을 보내고 단지 내 주민들과 독거노인분들을 위한 '어르신 한마당' 축제가 내일 열리게 되어 클라이언트에게 안내 차 방문하게 되었다. 클라이언트의 집 앞에서 열리는 행사이다보니 클라이언트도 참석하여 공연도 보고 식사도 하실 수 있도록 이야기했다. 17일에 있는 '우리는 한 가족' 캠프에 같이 가실 수 있는지 물어보니 무주까지는 멀어서 못 간다고 하신다. 결연가족과는 지난주에 클라이언트에게 찾아와 만나 식사하고 가셨다고 이야기하심. 대화 시에도 항상 같은 톤으로 작게 이야기하신다.
6회	날씨가 더워져서 잘 지내고 계신지 전화로 안부를 물어보고 방문하게 됨. 밤에도 날씨가 더워서 이제 문을 열어놓고 지내신다고 하신다. 모기가 많지 않느냐는 질문에 별로 없다고 하신다. 얼마 전까지 깔아놓았던 이불을 빨아서 넣어놓고 싶다고 하신다. 방문을 마치고 가는 길에 수거해 가겠다고 말씀드렸다. 치과에 다니는 것은 어떤지 물어보니 잇몸이 약해서 틀니가 잘 걸어져야 할 텐데 걱정이라고 하신다. 이제 날이 더워서 아침 일찍 가도 땀이 많이 난다. 그래도 활동량이 있어 밤에는 그냥그냥 잘 잤다고 하신다. 수면제는 꼬박꼬박 드시고 계신다. 이야기 하는 동안에도 머리가 아프다고 하시며 몇 번씩 얼굴을 찌푸리신다. 언제부터 머리가 아프기 시작했냐고 물어보니 언제부턴지도 모르겠다고 원래 아팠던 것 같기도 하고 시큰둥하신다. 좀 누우시라고 이야기 한 후 상담을 마무리했다.
7회	방문상담 실시했다. 클라이언트의 치과치료가 잘 이루어지고 있지만 치료중이라서 음식 드시는 것이 많이 불편하다고 하신다. 지난주에 결연가족이 호박죽을 만들어 가지고 왔었는데 그것으로 일주일 드셨다고 하신다.. 평소에도 음식을 잘 드시지 않는 편이었지만 치아를 거의 뽑고 치료를 다니니까 더 먹기 힘들다고 하신다. 그러면서 왜 자꾸 오느냐고 물어보신다. 오는 것이 불편하시냐고 하니 그런 건 아니고 저쪽 복지관에서도 가끔 사람이 와서 대강 치워주고 앉아 있다가 간다고 하신다. 집에 혼자 있는 날들이 많다보니 와서 앉아있다 가도 된다고 하신다. 보건소에서도 방문간호사가 가끔 왔다간다고 하신다. 목욕서비스와 청소서비스는 거의 이용을 안 하시고 혼자 하는 것이 아직은 좋다고 하셔서 필요하실 때 이용하시라고 했다.
8회	방문상담 실시함. 김○○신경과에서 약을 타 오셨다고 한다. 오래전부터 먹어서 이제는 먹어도 그저 그런 것 같은데 안 먹으면 바로 티가 난다고 하신다. 혈압, 고지혈증, 소화제는 ○○ 선병원에 두 달에 한 번씩 가신다. 신경과 약은 수면제와 안정제이다. 신경과 약도 오랫동안 드셨다고 하나 왜 드시게 되었는지 무엇이 힘들었는지는 이야기하지 않으신다. 허리가 많이 굽으시긴 하였지만 가까운 거리를 다니실 때는 실버카 없이도 다녀오신다. 여름이라 옷은 조물조물해서 널어놨다 입는다고 하신다. 아침부터 저녁까지 고무다라에 물을 받아놓으면 저녁때엔 물이 따뜻해지는데 그 물로 씻는다고 하신다.

상담 회수	내 용
9회	금요일에 '한가위 잔치'가 열린다고 알려드렸다. 추석에 무슨 계획이 있으신지 물어보니 똑같지 뭐. 하신다. 조카딸이 한 번 다녀갈려나 자기 식구들 돌봐야 되니 바쁠 테지 하고 마심. 치과 치료가 거의 끝나고 클라이언트의 입안에 틀니가 잘 자리잡도록 맞추는 과정이라 클라이언트도 거북스럽다고 한다. 그래도 틀니를 하니 훨씬 젊어 보인다고 말씀드리니 배시시 웃으신다. 웃는 얼굴을 거의 못 보고 지낸 듯하다. 보라 아파트에 사신지도 10년이 더 넘었는데도 친하게 지내는 이웃은 많지 않은 것 같아 물어보니 한두 명 이야기 하시는데 매번 보지는 않는다고 하신다. 방문 시 혼자 계실 때가 많음. 한가위 잔치에 오셨다 가시라고 다시 말씀드리고 마쳤다.
10회	방문한다는 전화를 드리니 잘 안 들리신다고 하신다. 댁에 방문하니 기다리고 계심. 치과를 가지 않아서 오전에는 이제 시간이 좀 된다고 하신다. 복지관에서 하는 세탁서비스 외에 건강안마 교실과 한의원에서 진료 받으실 수 있도록 지원되는 서비스가 있다고 하니 별 관심이 없다고 하신다. 경로식당에서도 자리를 잡고 앉아야 하는 것이 자신은 힘에 부친다고 한다. 사람들과 어울리는 것을 힘들어 하시는 것 같다. 좀 외로워도 혼자 있는 것이 편하다고 하시고 두통이 언제 또 심해질까 항상 불안하기 때문에 외출이 꺼려지기도 한다고 하신다. 작년까지는 교회도 잘 다녔는데 올해는 그렇지 못하다고 하신다.
11회	내일 명사초청강연회에 한국전통무용가들이 와서 공연을 한다고 안내해 드렸다. 오셔서 보고 가시면 좋을 것 같다고 꼭 오시라고 하니 잘 모르겠다고 하신다. 혹시 같이 오실 분이 없어서 그러시냐고 하니 딱히 그런 것도 아니고 그냥 내일 봐서 하겠다고 하셨다. 지난번에 상담시 중요한 것들을 잊어버릴까 하여 종이에 몇 번 적은 적이 있는데 그것을 매우 신경 쓰여 하셨다. 왜 적는지, 뭘 적는지, 적어서 뭐에 쓰려는지, 왜 물어보는지 자기 신상에 대해 누가 아는 것을 싫어하셔서 사과드리고 그 뒤로는 이야기만 나누고 나왔다.
12회	복지관에서 김장 나누기 행사가 있어 종일 김장을 담고 독거어르신들에게 김장을 나누어드리는 시간을 가졌다. 클라이언트에게 김장김치를 가져다드리니 좋아하신다. 혼자서 많이 먹지도 못한다고 하시며 이 정도면 충분하다고 하신다. 아파트 근처의 복지관에서도 음식배달을 조금씩 해주고 있다고 하시면서 일 년 동안 음식배달 해줘서 잘 먹었다고 고맙다는 인사를 하신다.
13회	클라이언트를 방문하여 한해 만족도 조사를 실시하였는데 클라이언트의 참여가 많이 부족하여서인지 복지관내에서 이루어지고 있는 건강교실이나 문화 프로그램 등은 참여하지 않았고 세탁지원서비스와 행사참여, 월초에 경로식당 점심식사 등을 이용하셨다. 음식배달 서비스도 만족해 하셨고 가끔 오라는 말씀도 하셨다. 내년에는 어떤 한 해가 되었으면 좋겠냐는 질문에 그냥 한 해 한 해가 똑같다고 하신다. 장판을 틀고 계셔서인지 방안은 포근할 정도의 온도는 아니었다. 장판 위에서 지낸다고 하신다. 전기가 누전되지 않도록 잘 살펴보시길 당부 드리고 상담을 마무리함.

(6) 종괄평가 및 사후계획

본 사례는 클라이언트가 독거노인으로서 나이가 많고 혼자 생활함으로 인한 외로움을 많이 느끼고 있었으며 그로 인한 우울증과 대인기피, 불면증 등 정서적으로 불안한 상황이었고 조카딸이 가끔씩 돌보고는 있지만 자살 및 고독사의 위험도 있는 상황이었다. 클라이언트의 경우 나이가 많아 거동이 불편하고 집안일을 혼자서 하기 어려운 실정이며 다른 사람의 방문도 거부하였다. 현재 정부보조금으로 생활을 하고 있으며 실종된 남편과 아들에 대한 그리움으로 하루하루를 힘겹게 살아가고 있다. 또한 클라이언트는 주변에 도움을 줄 수 있는 이웃이나 친척들이 없어 심리적으로 더욱 불안한 상황이었다. 따라서 클라이언트를 사례관리 대상자로 선정하고 사례관리를 진행한 케이스이다. 사례선정 전 지역사회와 기관의 개입이 전무하였으므로, ㅇㅇ사회복지관의 서비스 연계가 가장 시급하였다. 따라서 클라이언트의 욕구를 사정하고 이를 바탕으로 사례회의를 거쳐 시급히 개입해야할 문제부터 접근하기로 하였다. 본 기관에서 클라이언트의 욕구를 충족할 수 있는 서비스를 파악한 결과 우리는 한 가족 손자녀 결연사업, 재가복지봉사센터의 재가복지대상자관리사업에서 가사서비스 가정봉사원파견서비스를 제공하는 것으로 결정하고 개입하였다. 클라이언트는 서비스를 받고 상담을 진행해 오면서 정서/심리적 안정을 찾고 있으며 외부 활동을 하는 빈도도 증가하였다. 그러나 아직까지는 새로운 사람들은 만나는 것에 대한 두려움을 가지고 있었으며 자신의 가정사에 대해 이야기 하는 것에 대한 어려움이 있고 살아오면서 받은 상처와 아픔들로 인해 마음을 열지 못하고 있다. 앞으로도 지속적으로 사업을 연계하여 진행한다면 긍정적인 변화를 기대할 수 있을 것으로 보인다.

이후 ㅇㅇ사회복지관의 지속적인 관심 및 적극적 지원으로 클라이언트의 최소한의 생존권 보장 및 인간다운 삶을 영위하는 데 있어 극적인 변화와 발전이 있을 것으로 기대한다.

2) 인지행동모델 적용사례(가정폭력피해여성)[2)]

(1) 인지행동 프로그램의 목표

인지행동 프로그램은 비합리적 신념을 합리적 신념으로 변화시켜 합리적인 정서적 · 행동적 결과를 이끌어 내고 이것을 유지시키기 위해 행동주의 기법을 사용하였다. 개인이 당면한 문제를 해결하려는 노력을 통해 문제에 좀 더 유연히 대처할 수 있는 기술과 힘을 습득하여 자아존중감 향상, 우울 감소, 주관적 삶의 질 향상에 목표를 두었다.

〈표 16-1〉 인지행동 프로그램의 주제별 목표와 내용

회기	주제	목표	내용
1회	지금 여기에서 시작해요!	• 집단원간에 신뢰감과 친밀감 형성 • 프로그램의 성격, 목적, 진행과정 및 활동 내용에 대한 이해 • 명상호흡법을 통한 긴장 이완과 심신의 안정	• 환영인사 • 집단소개, 각자의 소개 • 프로그램의 성격, 목적, 진행 과정 및 활동내용 설명 • 집단규칙안내, 서약서작성 • 명상호흡법 소개 • 사전검사
2회	이렇게 되고 싶어요!	• 공동체의 친밀감 강화와 자기개방 구체화 • 별칭 짓기를 통한 집단원의 욕구 파악 • 폭력과 관련된 경험나누기와 참여 강화	• 명상음악 감상 • 별칭 짓기, 명찰달기 • 내면적 노출 시도
3회	나의 감정 들여다보기!	• 폭력과 관련된 구체적 경험 나누기와 감정탐색 • 대인관계 반응패턴에 대한 방어기제 탐색	• 폭력과 관련된 경험 나누기 • 폭력과 관련된 사례회의 • 대인관계 시 반응탐색
4회	화가 나요!	• 감정 인식과 표출 • 빈의자 기법을 통한 감정 해소 • 정서적 조절능력 향상	• 빈의자 기법

2) 본 사례는 박애경(2003)의 "가정폭력 피해여성의 자아존중감과 우울에 대한 인지행동 모델 적용에 관한 연구"의 논문에서 발췌하였다.

회기	주제	목표	내용
5회	나는 소중해요!	• 긍정적 자아상 확립 • 자존감 향상	• 비디오 시청 • 칭찬 프로그램
6회	긍정적인 소리에 귀를 기울여요!	• 왜곡된 인지의 비합리적 신념 탐색 • 긍정적 사고로의 변화 • 의사소통훈련 습득	• 생각 전환 활동 • 의사소통 프로그램
7회	용서로의 여행!	• 용서의 의미를 알고 선택 • 용서를 통한 참자유 경험 • 타인수용능력 향상	• 고정역할치료
8회	주위를 둘러보세요!	• 경청의 방법 습득과 긍정적 해결 방안 모색 • 주변 사람들로부터의 지지를 통한 역량강화	• 사례별 문제의뢰 • 당신은 소중해요!
9회	새로운 나를 위하여!	• 인생에 대한 책임감과 삶의 소중함 인식 • 미래에 대한 준비 • 삶에 대한 목표 제시 • 의사소통훈련 습득	• 나의 생애설계 • 의사소통 프로그램 : 대인관계에서의 대화법
10회	앞으로 앞으로!	• 긍정적이고 감사하는 삶 • 변화와 성장에 대한 인식과 의지 강화 • 정리와 평가	• 나에게 쓰는 편지 • 칭찬의 파도 • 정리와 평가 • 거듭남의 축하 • 사후검사

(2) 대상 A씨에 대한 1회기에서 10회기까지의 상담과정 요약

회기	상담과정
1회기	A는 개인의 목표에 대해'저는 건강이 제일 중요한 것 같고 … (중략) … 건강 유지해서 돈을 벌어야죠'라고 말하며 건강을 최우선으로 여겼다. 건강 유지해서 본격적으로 돈을 버는 계획을 밝혔다. A는 쉼터에 들어와 안정을 찾아가고 있는 중이었다.
2회기	A는 자신이 원하는 모습을 별칭으로 짓는 과정에서 세상을 순수한 눈으로 바라보고 싶다며 사슴이라고 지었다. A는 남편이 폭력을 가할 때 자신을 죽일 것 같은 무서움이 있었고

회기	상담과정
	아이 또한 이러한 상황을 모두 지켜보았기에 불안한 정서를 가지고 있다며 걱정스런 마음을 표현했다. A는 의사소통에 있어 자신이 그동안 남편과 대화를 하지 않고 살아온 것을 깨닫고 남편이 술만 먹지 않는다면 다시 함께 살고 싶은 마음을 표현했다. 그리고 남편이 아이의 아버지이기 때문에 앞으로 잘 살았으면 하는 긍정적인 바람도 이야기하였다.
3회기	A는 2회기보다는 좀 더 구체적으로 남편의 폭력에 대해 언급하였다. A는 B의 이혼사유에 공감하였고 위자료를 받지 못하고 이혼한 것에 대해 자신의 처지와 동일시하였다.
4회기	A는 빈의자 기법을 통해 남편이 자신에게 한 행동에 대해 3회기 보다 좀 더 구체적으로 이야기하였다. 남편은 사업이 실패하고 부도로 집을 날린 뒤 친정에서 처가살이를 하면서 알코올 중독현상과 폭행이 심해졌다. A는 폭행을 당하면서도 차마 밖으로 말을 하지 못하는 경우가 많았고 또한 친정식구들에게 가는 피해에 대해서도 크게 마음이 쓰임으로 인해 이중고를 겪었다. 이번 사건이 처음 일어났을 때 조치를 취하지 않은 것에 대해 크게 후회하며 가슴 아파하였다.
5회기	A는 나의 소중함을 아는 시간을 가졌다. A는 자신을 바보라고 여겼으나 프로그램 후 자신이 소중하고 특별한 사람이라는 걸 알았고 앞으로 되고 싶은 자신의 모습에 대해서 뚜렷하게 표현하였다 상대방이 바라보는 A는 긍정적이고 씩씩했으며 항상 웃는 얼굴이라고 하였다 A는 칭찬해 주기를 통해 내가 다른 집단원들에게 어떻게 보이는가를 알게 됨으로써 자신에 대한 객관적 시각을 얻었다.
6회기	A는'우리○○는 어리니까 내가 더 보살펴 주어야한다','아이한테 많이 의지하게 되요. 아이마저 없었으면 어땠을까 하는 생각이 들어요'라는 말을 통해 자식에 대한 강한 애착이 형성되어 있음을 알 수 있다.
7회기	A는 과거에는 남편에게 하지 못했던 말들에 대해 지금은 편하게 할 수 있는 편이고 남편과의 대화가 편해졌다고 한다. 1~2년 정도 지켜보다가 합치고 싶다는 의사를 표현했다. 남편에 대해 긍정적인 반응을 보이고 있다.
8회기	A는'저는 아이아빠에게 바람이 있다면 아이 때문에라도 다시 합치고 싶어요'라고 하였다. 비록 지금은 이혼상태이나 앞으로 재결합할 의사가 보이므로 주변에서의 도움과 격려가 필요하다.
9회기	A는 자신의 감정을 남편에게 전달하는 데에 많이 미숙하고 남편의 행동에 대한 이해가 없었음을 인정하면서 다른 사람의 조언을 구하거나 심리치료를 받는 조치를 일찍 취하지 않음으로 일어난 결과에 대해 가슴 아파하였다. 의사소통과 심리치료에 대한 중요성이 인식되었으며 아들을 더욱 사랑하게 되었다고 했다.
10회기	A는 그 동안의 시간에 대해 감사했고 특히 돌아볼 수 있는 계기가 마련되었던 것에 대해 무척 뜻깊어했다. 이 시간을 통한 변화와 성장으로 A는 아름답고 밝은 세상을 보게 되었고 긍정적인 생활을 하게 되었다.

3) 위기개입모델 적용사례(청소년의 우울감)[3]

(1) 사례개요

① 연구 대상 및 환경

본 사례에 쉼터에서 미술치료에 참가하게 된 청소년은 부모의 상실, 이혼으로 인해 원 가족이 파괴된 경험이 있는 청소년이며, 또래와 어울리지 않으며 갑자기 난폭한 행동을 하거나 잘 먹지 않는 등의 우울감과 관련된 문제행동을 보여 담당자에 의해 집단 미술치료에 의뢰되었다.

(2) 개입계획

위기개입의 초기–중기–종결의 과정을 적용한 집단미술치료가 진행되었다.

〈표 16-2〉 위기개입전략

시기별/ 단계별 위기개입			
위기발생단계	응급처치단계/ 발생 후~24시간 내	단기사후관리/ 발생 후~4주	중장기사후관리/ 발생 후~6개월

개입수준/양식	개입영역	개입활동목표
학교 특별지원실 개인상담실	행동/인지 사고/감정 감각/종교 정신	의사소통 안전과 보완 정서적 문제

3) 본 사례는 이선혜(2009: 24-51)의 "쉼터 거주청소년의 우울감 감소를 위한 위기 개입적 집단미술치료 사례연구"에서 발췌하였다.

〈표 16-3〉 위기개입적용 집단미술치료프로그램(이선혜, 2009: 24-25)

단계	회기	프로그램명	위기개입의 원리	미술치료적용
초기 단계	1	1회기: 사전검사, 자기소개, 공통점 게임, 에어백 그리기	신속한 개입과 회피하려는 위기문제 파악과 충분한 감정 표현을 하도록 함	신속한 라포 형성과 그림 투사적 프로그램으로 시각적 표현의 기회를 제공하고 지지함.
	2	2회기: 난화이야기		
	3	3회기: 동그라미 가족화		
중기 단계 · I	4	자유화 두려움/분노에 대해 그리기	현재의 자기 감정 표현으로 위기상황 이후의 삶을 재구성	주제에 따라 삶의 변화를 지각하고 자기감정을 자발적으로 표현하는 기회를 가짐으로 그룹 안에서 안전하게 자신의 생각을 노출함
	5			
	6	내가 보는 나, 남이 보는 나	자아개념 회복으로 현재와 미래의 적응 대처 기술의 향상	
	7	상황 연출 과거·현재·미래		
중기 단계 II	8	꼴라쥬로 자신 표현하기	새로운 문제해결 사고방식과 내부 자원 찾기	자기이해와 촉감적 활동을 통한 자기에너지 찾기 프로그램
	9	자소상 만들기 clay종류		
	10	나무 만들기		
후기 단계	11	지원 막 만들기	자립, 자기신뢰, 자신감	위로와 지원의 메시지와 새로운 창조물을 통한 프로그램
	12	소망의 탑 쌓기		

(3) 결과

결론적으로 A는 전반적으로 심한 우울에서 우울상태로 감소하였는데 이중 동기적 증상이 가장 큰 폭으로 감소하였다. B는 전반적으로 심한 우울상태에서 우울하지 않은 상태로 감소하였는데 이중 정서적인 증상이 가장 큰 폭으로 감소하였다(이선혜, 2009: 77).

4) 정신분석적모델 적용사례(집단미술치료)[4]

(1) 정신분석미술치료의 이해

정신분석 미술치료에서는 자유연상법, 꿈의 해석, 저항과 전이의 분석과 해석 등의 기법을 사용한다. 특히 정신분석 미술치료에서는 클라이언트가 상상이나 자유연상에 의해 자유롭게 표현하고 즉흥적으로 표현하는 것을 중요하게 보고 있다. 그러므로 정신분석 미술치료에서는 자유연상이나 꿈의 내용을 전달하는 데 있어 그림을 포함한 미술활동으로 표현하도록 하는 방법을 사용한다. 정신분석 미술치료에서는 클라이언트가 그리는 그림은 모든 무의식의 고통이나 억압된 갈등을 나타낸다고 보고 있다. 정신분석 미술치료는 자유연상이나 꿈의 내용을 전달하는 데 클라이언트가 그리는 그림은 모든 무의식의 고통이나 억압된 갈등을 나타내며, 이미지를 자발적으로 미술로 표출하게 하는 것이 무의식을 의식화하는 것이라고 보고 있다(전영신, 2015: 35-38).

(2) 사례 아동의 집단미술치료 과정에서의 변화

클라이언트아동은 첫 시간에는 다소 어설펐다. 그러다가 시간이 흐르면서, 클라이언트아동은 적극적이고 활달한 모습을 보여주었다. 클라이언트아동은 집단미술치료를 하면서 자신의 내면을 편하게 표현하였고, 적극적이고 자신감이 증대되는 모습을 보여주었다. 집단미술치료는 클라이언트아동의 총체적 자아존중감을 증진하는 데 크게 도움이 된 것으로 보인다.

(3) 아동의 HTP검사 분석결과

집 그림 분석, 나무그림 분석, 사람 그림 분석, 문장완성검사 분석을 통해서, 아동은 사회적 자아존중감, 총체적 자아존중감이 크게 증진되었다.

---

4) 본 사례는 전영신(2015: 84-91)의 "정신분석집단미술치료가 취약아동의 자아존중감에 미치는 영향에 관한 연구"에서 발췌한 사례이다.

03 다양한 사회복지실천기법 적용사례

1) 미술활동을 활용한 집단상담 사회복지실천 사례[5)]

주 제	공감할 수 있는 나		
일 시	2015. 10.	진 행 조	○조
대 상	○○대학교 사회복지학과 3학년(심화과정)	지도교수	○○○

진행내용	
초기 준비 단계	• 조 편성하기 •"공감할 수 있는 나" 주제 설명 – 내담자와 내담자 간의 활발한 상호작용을 통하여 서로 이야기를 경청하고 나-메세지 전달방법을 사용하여 공감하기 • 주제 정하기: 1. 내가 20살로 돌아간다면? 2. 나에게 친구란? 3. 내가 가장 힘들거나 우울할 때 위로가 되는 것은? 중에서 1개 선택 • 조별로 준비물 배부하기
중간 단계	• 조별로 정해진 주제에 대해 이야기 나누며 의견을 수렴하고, 주제에 맞는 그림을 설정한다. • 정해진 주제를 가지고 어떻게 진행할지 수렴된 내용을 A4용지 크기 사포지에 서로 한 사람씩 그려서 그림을 4개의 면을 붙여서 완성하는 방법과 전체 A4용지 크기 사포지 4면을 모두 붙여서 전체 그림을 같이 그리는 방법들을 서로 협의하여 정해진 방법을 선택하여 진행을 한다. • 그림을 그리며 서로의 이야기를 들어주며 그리고, 내용에 대한 이야기를 나누며 서로의 그림이 하나의 내용이 되도록 구성을 도우며 대인관계를 향상시킬 수 있도록 지원한다. • 되도록 모든 조원들이 활동에 참여할 수 있도록 지원한다. • 활동에 필요한 재료가 부족하지 않게 지원한다.
종결 단계	• 서로 완성된 그림을 붙여서 하나의 그림으로 만들기 • 준비된 설문지 배부하여 개인별 작성하기 • 완성된 그림을 가지고 서로 공감나누기(조별발표) • 설문지 내용 서로 공유하기 (조별발표) • 전체 내용에 대한 교수 평가

5) 본 사례는 ○○대학교 사회복지과 3학년(심화과정) 수업중 발표물에서 발췌하였다.

결과 평가	
주 제	나에게 친구란?
평가 내용	• 주제를 정하기에 주저함 없이 서로 친구와 관련된 주제를 풀어가며 생각나는 것들을 나열하고 지금의 모습에서 친구의 정의를 내리고 공감하며 의견을 내고 그리기 작업을 하며 재미있는 그림을 완성하였다. 항상 친구는 사랑이고, 여행을 가면 함께 동행하고 비가 오면 우산을 함께 쓰듯 어렵고 힘든 일이 있을 때 힘이 되어주고 언제나 편하게 만나서 차를 마시는 여유 속에 수다로 힐링을 하는 모습을 재미있게 표현하였다.

〈그림 16-3〉 집단 작업 활동 및 결과 발표사진

2) 소시오드라마를 활용한 집단사회복지실천 프로그램

(1) 소시오드라마의 사회복지실천기술로서의 가치와 활용성

집단사회복지실천 기술로서의 소시오드라마는 집단 전체를 참여시켜 집단상담의 효과인 집단 카타르시스의 효과가 있으며, 집단의 문제, 공유된 중심 주제에 관심이 있다. 소시오드라마는 사회적 역할훈련과 실제적인 행동변화, 상호 이해의 증진, 집단의 상담 효과로서 집단의 변화를 구체적으로 실천할 수 있는 실천기술이다. 소시오드라마는 교육적 측면이 강하므로 사회복지수업의 집단활동 과정과 역할극에서 집단상담 교육을 목적으로 효과적으로 다룰 수 있다. 또한 마무리 과정이 시간적으로 여유가 있어서 집단상담이나 피드백, 재공연 등을 실천할 수 있어서 사회문제에 대한 집단상담을 활용하는 데 많이 활용된다(박정문, 2004: 12).

〈표 16-4〉 소시오드라마를 활용한 집단상담 교수-학습모형

<table>
<tr><th>수업
과정</th><th colspan="2">교수-학습 단계</th><th>교수-학습 활동</th><th>준비자료</th><th>주체</th></tr>
<tr><td>수 업
준 비</td><td colspan="2">집단상담 준비</td><td>• 사회문제 파악의 기법 항목화
• 집단상담의 기법 선정 및 준비</td><td>항목표</td><td>교수</td></tr>
<tr><td rowspan="8">수
업
진
행</td><td colspan="2">도 입</td><td>• 출석확인 • 전시학습 내용 확인
• 학습자 동기유발 • 학습목표 제시</td><td>동영상자료</td><td>교수</td></tr>
<tr><td rowspan="3">집단
상담
준비
과정</td><td>소시오드라마
소 개</td><td>• 소시오드라마의 개념, 원리, 절차 상세 설명
• 설명내용자료와 관련 지식 정보를 제시</td><td>프리젠테이션
과 인쇄물</td><td>교수</td></tr>
<tr><td>주제선정과
소집단조직</td><td>• 기사 자료 검색 후 사회문제의 주제 선정
• 주제에 대한 학생 관심에 따라 소집단 구성</td><td>인터넷검색</td><td>학생</td></tr>
<tr><td>질의 응답</td><td>• 소시오드라마와 즉흥연기에 대한 질문
• 학생은 의문사항을 질문을 통해 확인</td><td>OHP자료</td><td>교수
학생</td></tr>
<tr><td rowspan="4">집단
상담
적용
과정</td><td>소시오드라마
계획서 작성 및
역할분담</td><td>• 주제에 대한 구체적인 상황과 장면 설정
• 소시오드라마 활동 계획 수립
• 집단구성원 간의 역할 분담표 작성</td><td>역할분담표
활동계획서</td><td>학생</td></tr>
<tr><td>소시오드라마계
획서 발표 및 수정</td><td>• 집단별 소시오드라마 계획서 발표
• 계획서 수정 보완 제출</td><td>OHP자료</td><td>교수
학생</td></tr>
<tr><td>소시오드라마
연 습</td><td>• 집단별 소시오드라마 무대 배경 꾸미기
• 소집단별 소시오드라마 활동 행위 연습</td><td>무대꾸미기
준비물</td><td>교수
학생</td></tr>
<tr><td>소시오드라마
발표 및 평가</td><td>• 소시오드라마 행위화 결과 발표
-직접 시연하면서 디지털 카메라 촬영
• 토론과 평가 (상호, 자기, 교수)</td><td>비디오촬영
OHP자료
상호평가서</td><td>교수
학생</td></tr>
</table>

수업과정	교수-학습 단계		교수-학습 활동	준비자료	주체
	집단상담응용과정	역할교대로 즉흥연기 및 토론과 평가	• 소시오드라마 발표 후 학생들이 관객이 되어 무대에 올라가 역할교대(Role reversal)로 즉흥연기 • 즉흥연기 후 전체 학생들과의 토론과 평가(상호, 자기, 교수)	비디오촬영 OHP자료 상호평가서	교수 학생
	정 리		• 소시오드라마 기법 및 보완점 토의 • 즉흥연기에 대한 기법 정리 및 소감발표 • 사회문제의 복지적 접근방안 토의 • 소시오드라마의 복지적 활용방안 제시	인쇄물	교수 학생
수업 이후	결과물 및 의견 공유		• 결과물 공유 • 게시판과 메일을 통해 수업에 대한 질문과 의견 제시	자료실에 비디오결과물 대여	교수 학생

출처: 박정문(2004).“소시오드라마를 활용한 집단상담 교수·학습모형 개발 및 적용”. p.13.

(2) 소시오드라마 집단상담 사례

본 사례는 ○○대학교 사회복지학과에서 수업 중에 발표한 “소시오드라마를 통한 노인부양과 재혼문제에 대한 집단상담(2007)”과 “인형극을 활용한 소시오드라마집단상담의 사례(2008)”를 제시하고자 한다.

① 소시오드라마를 통한 노인부양과 재혼문제에 대한 집단상담(2007): 노인부양과 재혼 문제

〈시나리오〉

- 등장인물: 70대 최씨(문○○)/ 67세 이씨(문○○)/ 큰아들(이○○)/ 큰며느리(유○○)/ 사위(김○○)/둘째아들(조○○)/ 둘째며느리(박○○)/ 딸(박○○)/ 사위(박○○)/아들 친구(김○○)
- 해설: 강○○

제1막

해　　설 : 10년 전에 부인을 보내고 홀로 생활하는 최 씨(70세)는 약 30억대의 재력가이며, 동네

노인정에서 만난 이 씨 할머니(67세)와 3년 전 황혼 재혼을 한 후 자녀들과 재산분배 문제 등으로 다툼을 하게 된다.

해　설 : 큰아들이 친구와 함께 포장마차에서 술을 마시고 있다(장소: 포장마차)

친　구 : 정신 차려 임마! 네 아버지 재산, 그 할머니가 다 말아 먹기 전에!

큰 아 들 : 그럼 어떻게 허냐 임마! 아버지는 주실 생각이 없는데!

친　구 : 그러니까 네 형제들과 같이 아버지께 말씀드려봐!! 혹시 아냐 자식들이 떼로 몰려가 달라고 조르면 주실지….

큰 아 들: 내일은 동생들과 대책을 강구해야겠어!

제2막

해　설 : 큰아들 부부, 둘째 아들부부, 딸 부부가 큰 아들집에 모여 심각하게 대책을 논의한 후 담판을 짓기로 하고 아버지에게로 찾아가 재산을 분배하여 줄 것을 요청한다(장소: 최 씨네 거실)

큰 아 들 : 아버지의 연세도 계시고 상속분에 대하여 공평하게 미리 분배하여 주셨으면 합니다.

큰며느리 : 가지고 계신 현금은 생활비로 하시고 부동산만이라도 미리 나눠주세요, 나중에 다툼의 소지도 있고.

둘째아들 : 저희들은 아버지께서 분배하시는 대로 따르기로 합의를 보았습니다!

둘째며느리 : 아버님 그렇게 해주세요.

최　씨 : 나중에 생각해 보자

딸 : 할머니 때문인가요?

사　위 : 여보, 어머니께 무슨 말이 그래?

최　씨 : 뭐 할머니? 이런 버르장머리 없는 것들!

큰며느리 : 저희들 입장도 헤아려 주셔야죠. 왜 할머니만 감싸세요?

큰 아 들 : 아버지가 쓰실 돈을 달라는 것도 아니고 부동산만 자식들에게 미리 분배해 달라는데 도대체 왜 안 된다는 겁니까?

딸 : 할머니와 쓰실 돈이 없는 것도 아니잖아요?

둘째아들 : 할머니에게 다 주실 생각입니까?

이　씨 : 여보! 죽을 때 가져가는 것도 아니고, 그렇게 해요.

최　씨 : 아니 이런 한심한 자식들이 있나 네 놈들이 요지경인데 어림없는 소리하지도 말고 썩 나가거라. 꼴도 보기 싫다!!

큰 아 들 : 아버지 생각대로 아무 연관 없는 할머니에게 그냥 주도록 보고 있지 만은 않을 겁니다. 두고 보십시오.

해　설 : 자녀들이 물러간다. 모두들 나가고 노부부만 남는다.

최　씨 : 괘씸한 놈들! 그 놈의 땅이 어디로 없어지나 다 제 놈들 것이 될 텐데 그걸 못 참고….

이　씨 : 애들 말대로 합시다. 다 당신께서 차일피일 미룬 탓이에요.

최　씨 : 알았소. 좀 더 생각해봅시다.

제3막

해　설 : 아버지 집에서 돌아온 자녀들은 당초 의견대로 법원에 상속에 해당되는 재산 총액인 20억 원을 가압류하기로 결정하였으며, 이 결과는 곧 최 씨에게로 법원으로부터 통지된다. (장소 : 최 씨네 안방)

최　씨 : 이런 한심한 놈들 이런 짓이나 벌리고.

이　씨 : 그러지 말고 나눠줘요.

최　씨 : 안되겠소, 내가 죽고 나면 애들이 당신에게 할 일들이 걱정되는구려.

이　씨 : 그런 걱정 말고요.

최　씨 : 당신에게 일부를 증여하고 남은 재산을 사회에 기부하기로 마음먹었소. 보람도 있을 테고, 그동안 자식 놈들에게 줄만큼 줬소, 모두들 집 한 채씩 사주고….

이　씨 : 당신이 알아서 하세요.

해　설 : 그 후 최 씨는 자신들의 노년생활을 위한 일부의 재산만을 남긴 체 모든 재산을 사회복지 단체에 기부한다.

해　설 : 현대인은 의료기술의 발전과 생활수준의 향상으로 평균연령이 증가하면서 황혼재혼이 늘어나고 있으며, 이러한 현상은 또 다른 사회문제들을 양산하고 있다 이미 보도된 바와 같이 황혼재혼에 따른 자녀들의 재산 상속권에 대한 민감한 반응들이 그 대표적인 사례라 할 수 있을 것이다. 우리는 본 사례를 통하여 참다운 가족상이 무엇인가에 대하여 돌이켜 보고 내가 이런 경우라면 과연 어떠한 자세를 가질 것인가에 대하여 진솔하게 생각할 수 있는 계기가 되었으면 한다.

▷ 평가

- 소시오드라마를 처음 접하면서 나 자신이 실제 연기자가 되어 역할을 부여받고 무대에서 그 역할에 몰입했다는 자체가 큰 감동이었다. 연기자와 관객들이 함께 울어버린 감동의 드라마가 되었다. 처음에는 부담감을 가졌으나 집단활동을 하면서 짐을 줄일 수 있었고 연습을 통해서 집단구성원들과 상호작용을 하면서 서로를 이해하는 친교의 기회가 되었고 드라마를 직접 실연해 봄으로서 노인부양과 재혼문제를 다시 한 번 생각해보는 좋은 기회가 되었다. 발표한 자료를 비디오로 보면서 더 보람을 느꼈으며 각자의 역할에 충실한 우리 조에게 감사를 전하고 싶다.

3) 수화를 활용한 사회복지실천기술 프로그램

(1) 수화의 사회복지실천기술 프로그램으로서의 가치

수화란 청각장애인의 사회에서 사용되는 의사소통의 양식이며 그 나름의 독특한 표현양식과 문법적 구조를 지닌 하나의 완전한 언어이며, 수화는 학생의 사회복지전공에 대한 이해를 증진시키고 청각 장애인 이외에 수화를 이용할 수 있는 신체 및 정서 장애인들에 대한 의사소통 증진과 사회적 접근성을 증진시킨다. 수화는 사회복지 실천의 대상 집단인 청각 장애인과 와상노인을 캐어하는 현장에서 하나의 언어소통 수단이며 복지실천의 필수적인 도구라고 할 수 있다.

우리나라의 수화교육은 1980년대를 기점으로 체계화되었다. 수화교육에는 다양한 방법들이 사용되고 있으며, 수화교사와의 1:1 교수법, 수화교재를 활용한 독학, 그리고 청각장애인 기관, 종교기관에서 운영하는 수화교실 등이 있었다. 최근에는 TV, 컴퓨터 등의 첨단 매체를 이용한 자가 수화 학습자들도 늘어나고 있는 추세이다(김영중, 2007: 12).

수화의 사회복지실천기술적 가치를 살펴보면 ① 전공수화의 활동에 대한 필요성 증가, ② 수화의 표현기법 증대, ③ 수화활동의 내실화 향상, ④ 장애우에 대한 이해의 기회 제공, ⑤ 사회복지전공의 실천기술과 복지전공의 실무능력 함양, ⑥ 복지실천 영역을 확대하여 지역사회와의 연계가 가능, ⑦ 사회복지실천으로서의 수화홍보 활동 효과, ⑧ 전공의 자부심 증가, ⑨ 취업의 경쟁력 향상(박정문, 2009: 200-209).

(2) 수화배우기와 수화발표의 주요활동 과정

① 기초수화의 특강 및 교육활동

② 수화발표 팀 구성과 작품 제작 기획

③ 수화표현 방법 결정 및 팀별 연습

④ 수화 경연 대회 발표가 포함된다.

(3) 수화 적용 창작 공연 사례

수료증

2010년 ○○대학 사회복지과 수화공연

2011년 수화경연대회 참가

2013년 사회복지과 전공학술제

〈그림 16-4〉 수화 적용 창작 공연

4) 풍선아트를 활용한 사회복지실천기술(박정문, 2009: 218-220)

(1) 풍선아트의 사회복지실천기술 프로그램으로서의 가치

풍선아트 작품은 사회복지시설과 단체에서 개최하는 다양한 행사와 상황에 알맞게 동원될 수 있는 도구로서 저비용 고가치의 효과와 동시에 모든 이에게 기쁨과 즐거움을 주고 모양을 창출하는 예술적 승화작업의 치료효과를 주기 때문에 그 필요성이 증가되고 있다.

〈그림 16-5〉 풍선아트 작품만들기와 활용 사진

출처: ㅇㅇ대학교 사회복지과 2008년~2010년 사회복지실천기술 작품 전시회에서 발췌.

(2) 풍선아트의 사회복지실천현장의 적용성

풍선아트는 행사의 상황에 적절한 모양이나 장식을 만들 수 있고 사회복지현장에서 저비용의 고가치의 효과를 산출할 수 있는 프로그램으로 활용될 수 있다. 그러므로 사회복지현장에서 실천 프로그램의 한 방법으로 실천영역을 확대할 수 있다. 풍선아트로 하는 사회복지실천기술은 ① 집단 활동의 효과, ② 작업 치료적 효과, ③ 사회복지시설 및 기관의 행사 활용의 효과가 있다고 볼 수 있다.

5) 종이접기를 활용한 사회복지실천 프로그램(박정문, 2009: 224-226)

(1) 종이접기의 사회복지실천기술 프로그램으로서의 가치

종이접기는 순수종이접기, 생활종이접기, 교육용 종이접기로 분류되며 다양한 재활용 공예품을 활용한 창작 활동이다. 종이접기를 이용하여 사회복지 현장에서는 다양한 방법으로 손끝 신경의 발달과 주의력 집중력 수학적 기하학의 개념을 체험하게 하여 인지능력과 공간능력을 향상시킬 수 있는 활동이라고 볼 수 있다.

〈그림 16-6〉 종이접기 작품 활용 사진

출처: ㅇㅇ대학교 사회복지과 2008년~2010년 사회복지실천기술 작품 전시회에서 발췌.

(2) 종이접기의 사회복지실천현장의 적용성

종이접기는 사회복지 현장에서 미술치료 및 작업치료의 한 방법으로 활용될 수 있으며 작품의 완성을 통해서 성취감을 경험할 수 있어서 사회복지실천기법의 하나로 응용될 수 있다. 또한 종이접기는 간단한 재료로 시간과 공간의 구애 없이 누구나 할 수 있는 단순 작업이므로 소집단의 활동으로 가족적인 대화요소에 적합하다. 그리고 산만한 아동이나 공격적이고 흥분을 잘하는 아동 등의 정서 순화와 공격성 및 흥분성 완화의 효과가 있다. 그러므로 미술치료와 작업치료 등의 임상예술 치료기법의 활용으로 심리적 효과가 크다고 볼 수 있다(한국종이접기협회(2009).

6) 페이스페인팅을 적용한 사회복지실천 프로그램(박정문, 2009: 228)

(1) 풍선아트의 사회복지실천기술 프로그램으로서의 가치

페이스페인팅은 인체에 무해한 물감을 이용하여 인체에 그리는 창작활동이다. 사회복지실천현장에서는 페이스페인팅에 다양한 기법 및 디자인을 첨가하여 행사에 활용할 수 있다. 그림은 자신의 심상을 표현하는 것이므로 페이스페인팅을 통해서 자신의 욕구를 표현하고 대인관계를 원활히 할 수 있는 경험을 할 수 있다. 또한 페이스페인팅은 창작 활동의 기회를 제공하여 제작 능력 습득에 도움을 준다.

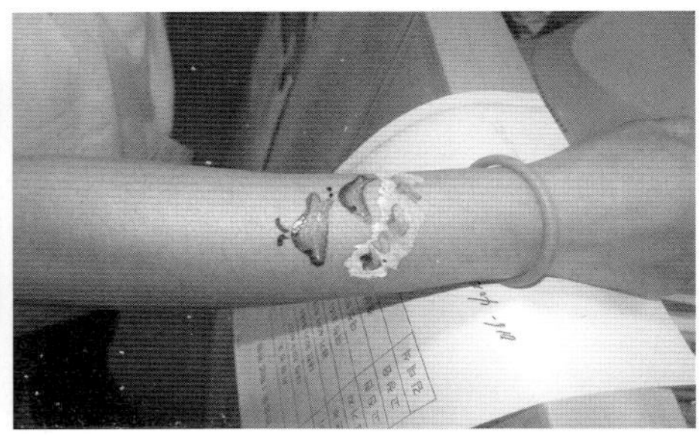

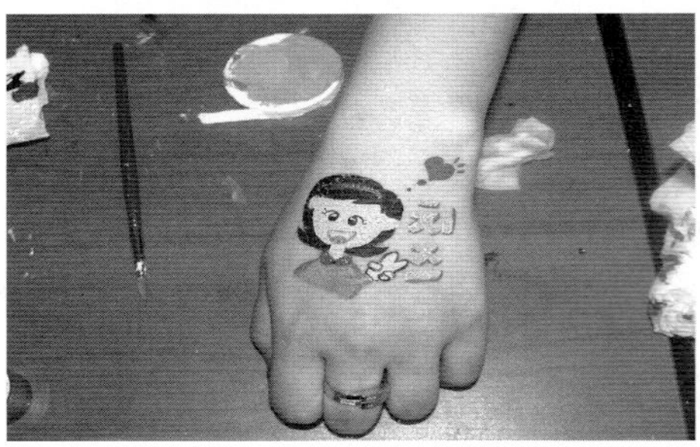

〈그림 16-7〉 페이스페인팅 작품 활용 사진

출처: ㅇㅇ대학교 사회복지과 2005년 학술제 작품전시회 자료에서 발췌.

(2) 풍선아트의 사회복지실천현장의 적용성

페이스페인팅은 사회복지현장에서 미술치료의 한 방법으로 또는 행사에 다양하게 활용할 수 있는 실천기법으로 창의적으로 활용할 수 있으며 ① 페이스페인팅을 통한 대인관계의 활성화, ② 페이스페인팅에 미술치료의 효과가 있다고 볼 수 있다.

참고문헌

강경미(2003). 위기상담의 효과적인 개입과 진행과정. 그리스도신학대학교 교수논문집.

강경호(2001). 위기에 대한 이론과 우발적 위기. 경기: 한사랑 가족상담연구소.

강숙정 외 8인(2007). 상담사례공부하기. 서울: 박영사.

강선경 · 김욱(2005). Elaine P. Congress. 사회복지가치와 윤리. 서울: 시그마프레스.

권오균 · 김지현 · 김충식 · 나용석 · 남화수 · 박종선 · 신상수 · 양시영 · 이경자 · 조상윤 · 최광수 · 황희숙(2011). 사회복지실천론. 경기: 공동체.

공계순(2005a). 아동학대 예방센터 상담원의 소진에 관한 연구. 한국가족복지학, 10(3). 83-103.

권향임 · 김상아 · 신민정 · 윤정혜 · 이기량 · 이남순 · 이채식 · 전영록(2015). 사회복지실천론. 서울: 창지사.

권중돈 · 김동배(2005). 인간행동과 사회환경. 서울: 학지사.

권중돈(2014). 인간행동과 사회환경. 서울: 학지사.

금기윤 · 김미연 · 김은희 · 류동수 · 이태희(2013). 사회복지실천기술론. 경기: 공동체.

김기석 역(1978). 정신분석치료의 이론과 실제. 고려대 출판부.

김기태(1993). 위기개입론. 서울: 대왕사.

______(1995). 위기개입론. 서울: 대왕사.

______(2008). 일상생활의 위기와 극복방법. 서울: 대왕사.

김기태 · 김수환 · 김영호 · 박지영(2002). 사회복지실천론. 서울: 대왕사.

김광희(2011). 지역사회복지론. 경기: 공동체.

김만두 역(1985). 위기개입론. 서울: 홍익제.

________(1992). 케이스워크 관계론. 서울: 홍익제.

________(1998). Biestek. 케이스웍 관계론. 서울: 홍익제.

김만두 · 한혜경(1993). 현대사회복지개론. 서울: 홍익제.

김말숙(2007). 새롭게 보는 미술치료. 서울: 교육과학사.

김미숙(2004). 사회복지인력의 소진이 이직의도에 미치는 영향. 한국사회복지행정학, 6(2). 27-58.

김민정(2011). 시트콤 <Friends>에 나타난 비언어적 의사소통 행위 연구. 蔚山大學校 教育大學院 영어영문학과 석사학위눈문.

김부숙(2008). 사회기술훈련프로그램이 중학생의 의사소통기술과 문제해결능력에 미치는 효과. 전남대학교 대학원 간호학과 석사학위논문.

김방한(1983). 일반언어학. 서울: 형설출판사.

김상균 · 오정수 · 유채영(2002). 사회복지윤리와 철학. 서울: 나남출판사.

김상인(2000). 상담심리용어사전. 생명의 샘가.

김선채(2008). 인지행동적 자존감 증진 프로그램 개발과 적용 효과, 인하대학교 대학원 사회복지학 석사 논문. 43.

김성이 · 김학래 · 노충래(2004). 청소년복지학. 서울: 집문당.

김승국(1993). 표준수화사전. 서울: 오성출판사.

김영애(2000). 의사소통기술 훈련프로그램. 서울: 김영애가족치료연구소.

김영중(2007). 수화 학습자를 위한 수화-한글 컴퓨터 사전의 효용성 연구. 단국대학교 대학원 특수교육학과 석사논문.

김용환 · 김승동 · 박성애 · 안외자 · 양정안 · 오정옥(2013). 사회복지실천기술론. 서울: 동문사.

김우룡 · 장소원(2004). 비언어적 커뮤니케이션론. 서울: 나남출판사.

김유순 · 이영분 역(1992). 가족분석가계도. 서울: 홍익재

김윤재 · 박남오 · 심영 · 염일열 · 이경재 · 임순길(2011). 사회복지실천기술론. 서울: 동문사.

김융일 · 조흥식 · 김연옥(1995). 사회복지실천론. 서울: 나남출판사.

____________________(2001). 사회복지실천론. 서울: 나남출판사.

김인숙 · 김용석(2002). 사회복지실처기술연습. Barry Coumoy 저 *The Social Work Skills Workbook* (3rd ed.). 나남출판사.

김정희 · 이창호 역(1992). 현대심리치료. 중앙적성출판사.

김종옥 · 권중돈(1993). 집단사회사업방법론. 서울: 홍익재.

김종일(2004). 지역사회복지론. 파주: 학현사.

김채연(2014). 미술치료사의 역전이 활용에 관한 현상학적 연구. 영남대학교 대학원 미술치료학과 박사학위논문.

김혜란 · 홍선미 · 공계순(2001). 사회복지실천기술론. 서울: 나남출판사.

____________________(2002). 사회복지실천기술론. 서울: 나남출판사..

____________________(2006). 사회복지실천기술론. 서울: 나남출판사..

김혜림(1994). 가출 부랑아의 초기적응을 위한 과제중심모델 적용 사례연구. 이화여자 대학교 대학원 석사학위논문.

김혜영 · 석말숙 · 최정숙 · 김성경(2010). 사회복지실천론. 파주: 공동체.

김혜영 · 석말숙 · 최정숙 · 김성경(2015). 사회복지실천론. 공동체.

김홍규 · 원애경(2007). 상담심리학. 경기: 양서원.

김현중 · 최경희(2009). 2010 1급 사회복지사. 시대고시기획.

고이치즈다, 죠지아이자와 저 이윤로 외 편저(2005). 사례로 배우는 사회복지실천. 서울: 창지사.

나동석 · 서혜석 · 채인석(2014). 사회복지실천론. 정민사.

나수연(2013). 인지행동치료 프로그램이 성폭력 피해 지적장애 청소년들의 자존감 향상과 불안의 감소에 미치는 효과. 전남대학교 대학원 교육학과 석사 논문.

남기룡(2013). 클라이언트 폭력이 사회복지사의 소진에 미치는 영향에 대한 연구. 연세대학교 행정대학원 사회복지전공 석사 학위논문.

남세진 · 조홍식 (1997). 집단지도방법론. 서울대학교 출판부.

_____________(1998). 집단지도방법론. 서울대학교 출판부.

나재영(2012). 인지행동치료프로그램이 우울증 환자의 자동적 사고, 우울 및 스트레스 대처에 미치는 과정. 전남대학교 대학원 간호학과. 24.

노충래(2009). 사회복지와 위험관리. 아산재단 연구총서. 서울: 집문당.

류종훈(2006). 사회복지실천기술론. 유풍출판사.

박정문(2004). 소시오드라마를 활용한 집단상담 교수학습모형 개발 및 적용, 제3회 전국 전문대학 교수·학습 연구대회 연구 보고서.

박정문(2009). 사회복지실천과 실천프로그램. 서울: 파란마음.

박경희(2003). 비자발적 치료집단의 집단과정에 대한 분석. 중앙대학교대학원 사회복지학과 석사학위 논문.

박미은(2006). 정신보건수련사회복지사가 경험한 클라이언트 폭력의 실태. 사회복지연구, 30. 159-183.

______(2007). 가정폭력, 성폭력 기관 여성종사자들의 클라이언트 폭력 경험. 한국가족복지학, 제20호. 137-162.

박병기(2003). 장이론의 발전과정 및 내용이 교육학에 던지는 도전적 과제들. 교육원리연구 8(1), 165-205.

박세정 · 손명희(2008). 사회복지실천론. 서울: 창지사.

박세정 · 정왕용 · 이동춘 · 박연희 · 이장희 · 정영일 · 손순용(2008). 사회복지실천기술론. 서울: 창지사.

박승택(2012). 사회복지사의 이직의도와 소진에 영향을 미치는 요인, 원광대학교 대학원 사회복지학과 박사학위논문. 83-84.

박애경(2003). 가정폭력 피해여성의 자아존중감과 우울에 대한 인지행동 모델 적용에 관한 연구, 한영신학대학교 대학원사회복지학 전공박사 학위논문.

박희석 · 임수진 (2000). 학교장면에서 소시오메트리와 소시오드라마를 이용한 집단 따돌림 예방프로그램 모형개발, *Korean Journal of Psychodrama*, 2000. vol.3. 59-80.

배은숙 · 문혜숙 · 김준환 · 이금옥 · 박주현(2014). 사회복지실천기술론. 서울: 창지사.

백은령 · 김선아 · 양숙미 · 엄미선(2008). 사회복지실천론. 서울: 대왕사.

사회복지사1급수험연구회 편저 (2008). 사회복지실천기술론. 교육개발연구원.

사회복지교육연구센터 편저(2010). 사회복지실천론. 서울: 나남출판사..

서정현(2015). 상담의 과정과 사례연구의 실제. 서울: 태영출판사.

손광훈(2012). 사회복지실천기술론. 경기: 공동체.

설진화(2006). 노인복지시설에서의 클라이언트폭력과 사회복지사의 인식에 관한 연구. 노인복지연구 34. 133-162.

서사현(2011). 노인의 의사소통 기술과 자아존중감과의 관계, 건국대학교 대학원 사회복지과 석사학위 논문.

서울복지재단(2005). 복지시설 종사자 위험관리 실태조사. 서울복지재단.

______(2006). 복지시설 종사자 위험관리 실태조사. 서울복지재단
______(2009). 사회복지관 프로그램 매뉴얼 지역사회보호사업: 사례관리실천 매뉴얼. 서울복지재단.
서정현(2015). 상담의 과정과 사례연구의 실제. 서울: 태영출판사.
서혜석(2007b). 지휘간부를 위한 상담교육 및 훈련. 예수대학교 정신건강상담연구소.
서혜석(2012). 저소득층여성 한부모의 의사소통 향상을 위한 집단프로그램 효과성에 관한 연구. V. Satir 성장모델이론을 중심으로. 사회과학연구, 38(3), 29-47.
성정현 · 여지영 · 우국희 · 최승희(2004). 가족복지론. 양서원.
송정애 · 정해은 공저(2012). 가족복지론. 양서원.
신성자 외 (2007). 사회복지실천기술론. 양서원.
양옥경 · 김정진 · 서미경 · 김미옥 · 김소희(2005). 사회복지실천론. 서울: 나남출판사..
______(2010). 사회복지실천론. 서울: 나남출판사..
______(2014). 사회복지실천론. 서울: 나남출판사..
양정남 · 최선령(2003). 사회복지실천론. 양서원. 248.
엄명용 · 김성천 · 오혜경 · 윤혜미(2005). 사회복지실천의 이해. 서울: 학지사.
______(2006). 사회복지실천의 이해. 서울: 학지사.
______(2007). 사회복지실천의 이해. 서울: 학지사.
엄명용 · 노충래 · 김용석(2008). 사회복지실천기술의 이해. 서울: 학지사.
엄명용 · 김성천 · 오혜경 · 윤혜미(2014). 사회복지실천의 이해. 서울: 학지사.
오미영 · 정인숙 (2005). 커뮤니케이션 핵심이론. 서울: 커뮤니케이션북스.
오봉옥 · 한주빈 · 전수미 · 이효순 · 성치상 · 최종복 · 최세명 · 전동일(2013). 사회복지실천기술론. 서울: 동문사.
오승진 · 류정미(2014). 미술심리진단평가. 서울: 동문사.
오정구재활네트워크(2001) 오정재활사업자료집.
오혜경(2005). 사회복지윤리와 철학. 서울: 창지사.
이근후 역(1992). 정신치료 어떻게 하는 것인가. 하나의학사.
이준우 · 최희철(2014). 사례관리론. 신정.
이종복 · 전남련(2005). 인간행동과 사회환경. 형설출판사.
이종복 · 전남련 · 김덕일(2006). 사회복지실천론. 파주: 학현사.
______(2007). 사회복지실천론. 파주: 학현사.
이종복 · 전남련(2012). 사회복지실천론. 파주: 학현사.
임연주(2008). 클라이언트 폭력을 경험한 사회복지사의 일반스트레스에 관한 연구. 호남대학교 대학원 사회복지학과 석사논문.
임은희(2005). 인간행동과 사회환경. 파주: 양서원.
임정현(2011). 바우처 도입에 따른 사회복지사와 클라이언트 관계 변화에 관한 연구 동향. 사회복지리

뷰, 제16집. 66-83.
이광자(1982). 위기조정. 서울: 신광출판사.
이미선 · 강우진 · 권향임(2009). 사회복지실천기술론. 서울: 창지사.
이은희(2008). 사회복지사의 소진에 영향을 미치는 요인에 관한 연구. 호남대학교 대학원 사회복지학과 석사학위 논문.
이삼연(1999). 인지행동치료의 우울증사정과 개입 전략. 한국가족복지학 제4호.
이선영 · 김한성(2007), 수퍼바이저와의 커뮤니케이션이 복지서비스 조직 구성원의 스트레스 소진 이직의사에 미치는 영향-미국사회복자사를 대상으로. 언론과학연구,7(2). 373.
이선혜(2009). 쉼터거주청소년의 우울감 감소를 위한 위기개입적 집단미술치료 사례연구. 동국대학교 문화예술대학원 미술치료전공 석사학위논문.
이소연(2009). 가출 청소년의 집단미술치료 사례 연구. 명지대학교 사회교육대학원 예술치료학 석사학위논문.
이애재(2006). 사회복지실천기술론. 파주: 양서원.
______(2008). 사회복지실천기술론. 파주: 양서원.
이윤로(2007). 사회복지실천기술론. 서울: 학지사.
______(2008). 사회복지실천기술론(2판). 서울: 학지사.
이윤로외 역. 고이치 츠다 죠지아이자와 편저(2005). 사례로 배우는 사회복지실천. 서울: 창지사.
이장호(2005), 상담심리학(4판). 서울: 박영사.
이주애 (2004). 한국 수화교육의 실태와 개선방안에 관한 연구. 미간행 석사학위청구논문. 나사렛대학교 재활복지대학원, 충남.
이준우 · 최희철(2014). 사례관리론. 신정,
이창덕 외(2006). 삶과 화법. 박이정.
이형득(1982). 인간관계 훈련의 실제. 서울: 중앙적성출판사.
______(1998). 집단상담의 실제. 중앙적성출판사.
이형득 편저(1992). 상담이론. 교육과학사.
이형득 · 김성희 · 설기문 · 김찬대 · 김정희(2007). 집단상담. 서울: 중앙적성출판사.
이필환 외 역(2001). 사회복지실천이론의 토대. 나눔의 집.
인천광역시사회복지관협회,사례관리연구회(2009). 인천광역시 사회복지관 사례관리 실천을 위한 매뉴얼 연구보고서.
임칠성(1995). 대인관계와 의사소통. 서울: 집문당.
______(2002). 국어선생님 듣기 수업 어떻게 하십니까. 역락출판.
이인정 · 최해경(2004). 인간행동과 사회환경. 서울: 나남출판사..
____________(2007). 인간행동과 사회환경(개정 2판). 서울: 나남출판사..
이무석(1995). 정신분석의 이해. 전남대학교 출판부.
이윤로(2007). 사회복지실천기술론. 서울: 학지사.

______(2008). 사회복지실천론. 서울: 학지사.
임상록 · 박주현 · 배은숙 · 오세숙 · 이명순 · 이영주 · 이혜자 · 최덕경(2010). 사회복지실천기술론. 서울: 파란마음.
이원숙(2008). 사회복지실천기술론. 서울: 학지사.
윤현숙 · 김기환 · 김성천 · 이영분 · 이은주 · 최현미 · 홍금자(2001). 사회복지실천기술론. 서울: 동인.
____(2002). 사회복지실천기술론. 서울: 동인.
인천광역시사회복지관협회, 사례관리연구회(2009). 인천광역시 사회복지관 사례관리 실천을 위한 매뉴얼 연구보고서.
장성화 외 11인 (2013). 집단 상담. 서울: 동문사.
장수미 · 최정숙 · 박형원 · 김주현 · 홍현미라 · 이혜경 · 이영선 · 한인영(2010). 사회복지실천기술론. 서울: 학지사.
전남련 · 김재환 · 이해배(2007). 아동행동연구 및 관찰평가. 서울: 창지사.
전남련 · 신재명 · 이권일 · 김상조(2008). 사회복지실천기술론. 파주: 학현사.
전남련 · 이재선 · 정명희 · 김치건 · 최홍성 · 오영식 · 홍성휘 · 김연옥(2011), 사회복지실천론. 서울: 오래.
전남련 · 박정란 · 윤기종 · 이효수(2012). 사회복지실천기술론. 서울: 정민사.
전미애(2012). 사례관리자가 인식하는 사회복지 기관환경이 사례관리 수행에 미치는 영향. 서울대학교 대학원 사회복지학과 박사학위논문.
전은주(1999). 말하기 듣기 교육론. 서울: 박이정.
전영신(2015). 정신분석집단미술치료가 취약아동의 자아존중감에 미치는 영향에 관한 연구. 대전대학교대학원 행정학과 공공사회복지전공 박사학위논문.
전재일 · 이성희(2004). 사회복지실천기술론. 서울: 형설출판사.
____________(2005). 집단실천기술론. 경북: 사회복지개발연구원출판부.
전재일 · 이종복 · 조운희 · 이준상 · 이애재 · 이성희(2002). 사회복지실천론. 서울: 형설출판사.
____(2004). 사회복지실천론. 서울: 형설출판사.
____(2006). 사회복지실천기술론. 서울: 형설출판사.
____(2007). 사회복지실천론. 서울: 형설출판사.
정순둘 · 고미영(2001), 재가노인을 위한 집중사례관리 서비스의 효과성 연구, 한국학술진흥재단의 지원에 의한 연구.
정순둘(2008). 사례관리실천의 이해. 서울: 학지사.
정원철(2005). 사회복지실천과 상담. 파주: 양서원.
정현희 (2011). 실제 적용 중심의 미술치료. 서울: 학지사.
조태순(2007). 의사소통 교육 프로그램이 초등학생의사회적 관계 증진에 미치는 효과. 대구교육대학교 교육대학원 유아 및 아동교육 전공 석사학위 논문.
조학래(2006). 집단사회복지실천. 침례신학대학교 출판부.
조홍식 · 김인숙 · 김혜란 · 신은주(2010). 가족복지학(4판). 서울: 학지사.

조현준 · 조현채 공역(1996). 심리상담과 치료의 이론과 실제. 서울: 시그마프레스.
조현진(2008). 학교에서의 청소년위기개입 고찰. 청소년복지 연구 제10권, 제1호.
조현춘 · 조현재 역(2004). Gerqld Corey 저. 심리상담과 치료의 이론과 실제. 서울: 시그마프레스..
조휘일 · 이윤로(1999). 사회복지실천론. 서울: 학지사.
중앙건강가정지원센터(2009). 2009 취약가족 역량강화사업 종사자 교육자료.
진재찬(2012). 사례관리담당 사회복지사의 역할수행 어려움이 소진에 미치는 영향. 숭실대학교 대학원 사회복지학과석사학위논문
최덕경 · 이서영 · 이무영 · 정혜선 · 박경애 · 김민경(2015). 사회복지실천론. 경기: 공동체.
최선화(2007). 풀어쓴 사회복지실천기술론. 경기: 공동체.
______(2013). 풀어쓴 사회복지실천기술. 경기: 공동체.
최성진(2006). 사회복지사의 소진에 영향을 미치는 요인에 대한 연구. 서강대학교 신학대학원 사회복지학과 석사학위청구논문.
최옥채(2000). 지역사회복지론. 서울: 아시아미디어리서치.
______(2001). 사회복지실천론. 파주: 양서원.
______(2003). 교정복지론 제4판. 서울: 학지사.
최인숙 · 김윤주 · 황혜숙(2006). 강점관점 해결중심 사례관리 매뉴얼. 보건복지부 · 솔루션센터.
최인숙 · 김윤주 · 황혜숙(2006). 강점관점 해결중심 사례관리 매뉴얼. 보건복지부 · 솔루션센터.
최일섭 · 류진석(1997). 지역사회복지론. 서울대학교출판부.
최정호(2014). 사례관리 수행과정 경험에 관한 연구. 영남대학교 대학원 지역사회복지행정학과 박사학위논문.
최해경(2009). 사회복지실천론. 서울: 학지사.
최희철 · 김형모 · 문영희 · 홍선미 · 조승철 · 성은미(2009). 무한돌봄센터 운영매뉴얼. 수원: 경기복지재단.
한국사례관리학회(2012). 사례관리론. 서울: 학지사. 19-20.
한국사회복지사협회(2012). 사회복지사의 클라이언트 폭력 피해 실태 및 안전방안 연구. 보건복지부.
한국종이접기(2009). 초급종이접기. 한국종이접기협회 출판사
홍선미 · 이연 · 안태숙 · 전재현(2010). 무한돌봄센터 자원개발 매뉴얼. 수원: 경기복지재단.
홍성원(2010). 팀 조직에서 신뢰와 불신의 선행요인 및 팀 성과에의 영향에 대한 연구. 명지대학교 대학원 경영학과 박사학위 논문.
황미경(1996). 가출청소년에 대한 효과적인 개입방안 연구. 이화여자대학교 대학원석사학위논문.
황미영(1995). 가출부랑아의 초기적응을 위한 과제중심모델 적용 사례연구, 이화여자대학교 대학원 사회사업학과 석사논문.
Agulera, D. C. & J. M. Messick(1982). *Crisis Intervention: Theory and Practice*. Saint Louis: Mosby.
Argyle. M. (1975). *Bodily Communication*. New York: International University Press.
________(1975). Social Interaction. *Atherton Press to the Study of Communication*. Haper & Row.

Austin, C. D.(1983). Case management in long-term care: Option and opportunities. *Health and Social Work, 8*(2), 16-30.

Aptekar, H, H.(1964). American Social Values and Their Influence on Social Welfare programs and Professional social work. *Journal of Social Work Process, 14*(19).

Anderson, R.E. & & Mandell, D.L.(1989). The Use of Self-disclosure by Professional Social Workers, *Social Case Work: The Journal of Contemporary Social Work*, May. 259-269.

Anderson, H., & Goolishian, H.(1992). *The Client is the expert: A not knowing approach to therapy*. In S. McNamee & K. J. Gergen(Eds.), *Therapy as social construvtion*. London: Sage

Anguilera, D. (1998). *Crisis intervention: Theory and methodology*(8th ed.). New York: Mosby.

Aptekar, H, H.(1964). American Social Values and Their Influence on Social Welfare programs and Professional social work. *Journal of Social Work Process, 14*(19).

Arlow, J. A.(1985). *Some technical problems of countertransference. Psychoanalytic Quarterly*. LIV: 164-174.

Bales, R. F.(1950). *Interaction Process Analysis: A Model for the Study of Small Groups*. Mass: Addison-Wesley.

Ballow, R., & Mink, G.(1996). *Case Management in Social Work (2nd Ed)*. The Charles C. Thomas, Publisher, Ltd.

Barber,B.(1983). *The Logic and Limits of Trust*. New Brunswick, Rutgers University Press.

Barbara K. (1968). Social Work Values: change in Values Commitments from Admission to MSW Graduation. *Journal of Education for Social Work, 4*, 67-85.

Barker, R. L.(1991). *The Social Work Dictionary*. Silver Spring, MD: National Association of Social Workers.

Barker, R. L.(1995). *The Social Work Dictionary, 3rd ed.*, Washinton, DC: NASW Press.

Bartlett, H. M.(1970). *The Common base of Social Welfare Practice*. Washington, D.C.: National Association of Social Workers Inc.

Beck, A. T.(1979). *Cognitive Therapy of depression*. New York: the Guilford Press.

Benjamin, A.(1987). *The helping interview with case illustration*. Boston: Houghton Mifflin.

Biestek, F. P.(1957). *The Casework Relationship*. Illinois: Loyola Univ. Press.

__________(1973). *The Casework Relationship*. London: Unwin University Book.

Bruce, & Fedric, P.(1997). Behavior and Cognitive Theories. *in Theory and Practices in Clinical Case Studies*. Harper & Row.

Brandell, J. R., & Perlman, F. T.(1997). Psychoanalytic theory. In Jerome, R. Brandell(ed), *Theory and Practice in Clinical Social Work*(38-80). New York NY: The Free Press.

Brandler, B. & Roman, C.(1999). *Group work: Skill and strategies for effective intervention* (2d ed.). Binghamton, New York: Haworth.

Brearly, J.(1991). *Counseling and Social Work, Buckingham*. Open University Press.

Brill, N., 장인협 · 문인숙 공역(1983). 사회복지원리와 방법. 서울: 집문당.

Brill, N, I. (1997). *Working with People: The Helping Process*(6th ed). New York: Longman.

Brodsky, S L. & Lightenstein, B. (1999). Don't Ask Question: A Psycho therapeutic Strategy for Treatment of Involuntary Client. *American Journal of Psych-therapy*, Vol. 53. 215-220.

Brown, L.& J. Levitt(1979), A Methodology for Problem : System Identification. *Social Casework*, 60.

Bond, G., Miller, L., Krumwied, R, & Ward, R.(1988) Assertive case management in three CMHCc: A controlled study. *Hospital and Community Psychiatry 39*. 411-418.

Bums, T.,Creed, F., Fahy, T., Thompson, S., Tyrer, P.,White, I.(1999). *The Lancet 353*(9179): 2185.

Caplan, G.(1964). *Principles of Preventive Psychiatry*, New York: Barin Book. 심호섭 역(1991). 한국임상목회대학원.

Carkhuff, R. R. & Anthony,W. A.(1979). *The skills of Helping. Amherst*, MA: Human Resource Development.

Clinebell, H. J. (1991). *How to be a People Helper* (박근원 역) 현대목회상담. 서울: 대한기독교출판사.

Corey, G.(1995). *Theory and Practice of Group Counseling* (4th ed.), Pacfic grove, CA: Brooks/Cole Publishing Company.

Compton, B. R. & B. Galaway(1994). *Social Work Process* (5th ed.), Belmont: wadsworth. Congress, E(1999). *Social Work values and ethics: Identifying and Resolving Professional Dilemmas*. Wadsworth: Thomson Learning.

Cournoyer, B.(1996) *The social work skill workbook*(2th ed). Pacific Grove. CA: Books/Cole.

__________(2000). *The social work skill workbook*(3th ed). Belmont. CA: Brooks/Cole.

Compton, B. R. & Galaway, B.(1994). *Social Work process.*(6th ed). Pacific Grove, CA: Books/ Cole Publishing Company.

Cournoyer, B.(2002) 사회복지실천기술 연습(김인숙 · 김용석 공역). 서울: 나남출판.

Collins, D., Jordan, C., & Coleman, H. (2009). *An Introduction to Family Social Work*. F. E. Peacock Publisher. Inc.

____________________________(2010). *An introduction to family social work(3rd ed)*. Belmont, CA: Brooks/Cole.

Collins, G. (1987). *How to be a People Helper* (전동섭 역) 훌륭한 상담자. 서울: 생명의 말씀사.

Corey, G.(1991), *Theory and Practice of Counseling and Psychology* (4th ed). Pacific Grove. CA: Brooks/Cole. 조현춘 · 조현재 공역(1996). 심리상담과 치료의 이론과 실제. 서울: 시그마프레스..

_______(1995). *Theory and Practice of Group Counseling* (4th ed). Pacfic grove, CA: Brooks/Cole Publishing Company.

Deacon, R. E & Firebaugh, F. M (1981). *Family resource management*(2nd ed). Boston: Allyn and Bacon Inc.

Dodd. C. H. (1982). *Dynamic of Intercultural Communication*. C. Brown Company Publisher.

Duvall, E. M.(1977). *Marriage and a family development*. Philadelphia: J. B.Lippincott.

Ellis, A.(1982). *Rational-Emotive Theory and Cognitive Behavior Therapy*. NY: Springer.

Encandela, J.A., Korr, W., Lidz, C.W., & Mulvey, E.P. (1999). Discretionary use of involuntary commitment by case managers of mental health clients: a case study of divergent views. *Clinical Social Work Journal, Vol. 27*. 397-411.

Epstein, L.& Brown, L. B.(2002). *Brief Treatment and a New Look at the Task Centered Approach(4th ed)*. New York: Macmillian.

Epstein, L(1992). *Brief Treatment and a New Look at the Task-Centered Approach*. Macmillian Publish Company.

Elaine P. Congress, 강선경 · 김욱 역(2004). 사회복지가치와 윤리, 서울: 시그마프레스..

Evans, D. R.(1998). *Essential Interviewing: A Programmed Approach to Effective Communication*(5th ed). Pacfic Grove, CA: Brooks/Cole. 성숙진 역(2000). 상담의 필수기술: 효과적인 의사소통을 위한 사례중심 접근법. 나남출판.

Freud, A(1923). *The ego and the Id*. London: Hogarth press.

Freud, S.(1912). *Recommendation to Physicians Practicing Psychoannalysis. S.E.,12,* 111-120. London: Horgarth Press.

Fromn, E.(1956). *The Art of Loving*. NY: Harper & Row.

Gambrill. E.(1997). *Social Work Practice: A Clinical thinker's guide*. New York: Columbia University Press.

Gilliland, B. E.(1982). *Steps in Crisis counseling*. Memphis: Memphis State University, Department of Counseling and Personnel Services.

Gilliand, B. E. & James, K. R.(1997). *Crisis Intervention Strategies*. Brooks/Cole.

Golan, N.(1978). *Treatment in Crisis Intervention Strategies*. Brooks/Cole.

Goldhaber. L. A. (1983). *Organizational Communication*. C. Brown Company Publishers.

Granvold, D. K.(ed). (1994). *Cognitive and Behavioral Treatment: Methods and Applications*. Pacific Grove, CA: Brooks/Cole Pub.

Glasser, W.(1965). *Reality therapy: A new approach to psychiatry*. New York: Haper and Row.

Hamilton, Gordon(1940). *Theories and Practice of Social Casework*. New York:Columbia University Press.

Hardcastel, David, S. Wenocur, and P.(1997). *Community Practice : Theories and Skills for Social Jersey*. Prentice-Hall.

Hepworth, D. H. & Larsen, J. A.(1986). *Direct Social Work Practice: Theory and Skills*, Chicago: Dorsey.

__________(1990). *Direct Social Work Practice: Theory and Skills(3rd ed.)*, Belmont: Wadsworth Publishing Company.

__________(1993). *Direct Social Work Practice: Theory and Skills* (4th ed.).Pacific Grove, C.A.: Brooks/Cole Publishing Company.

Hepworth, D. H., Rooney, R. H., Larsen, J. A. (1997). *Direct Social Work Practice: Theory and Skills*(5th ed.). Brooks/Cole Publishing Company.

Hepworth, D. H., Rooney, R. H.,Rooney,G.D., Strom-Gottfried, K.(2010). *Direct Social Work Practice: Theory and Skills*(8th ed.). Pacific Grove, CA: Brooks/Cole Pub.

Hill,C.E., & O'Brien, K.E.(2001) *Helping Skills*. 주은선 역(2001). 상담의 기술. 서울: 학지사.

Holt, B, J.(2000). *The Practice of Generalist Case Management*, Allyn and Bacon: Needham Heights, M.A.

James & Gilliland, R.(2006). 위기개입(개정판). 한인영 · 장수미 · 최정숙 · 박형원 · 이소래 · 이혜경 역(2008).나남출판사.(원저는 2006년 출판)

Janosik, E. H.(1984). *Crisis counseling: A contemporary approach*. Monterey, CA :Wads-worth Health Sciences Division.

Johnson, P. & Rubin, A.(1983). Case Management in Mental Health: A Social Work Domain? *Social Research 36*(1): 61-90

Johnson, L. C(1989). *The Social Work Practice*. (3rd ed.), Massachusetts: Allyn and Bacon.

___________(1995). *The Social Work Practice: a generalist approach*. Boston: Allen & Bacon.

Johnson, L.C., & Yanca, S.J.(2007) *Social work practice: A generalist approach* (9th ed.) Boston: Allyn & Bacon.

Johnson, L.C., & Yanca, S.J.(2010). *Social work practice: A generalist approach* (10th ed.) Boston: Allyn & Bacon.

Kadushin, A.,(1990). *The Social Work Interview(3th ed)*. New York, N.Y.: Columbia University Press.

Kagle, J.D.(1991). *Social Work Records(2nd ed)*. Presoect Heights: Waveland press.

________(1997). *Social Work Records*. 홍순혜 · 한인영 역. 사회사업 기록: 이론과 실제. 학문사.

Kane, R. A.(1990). Assessing the Elderly Client. In A. Monk (Ed.), *Handbook of Gerontological Services*. Columbia University Press: New York. 55-89.

Kirst-Ashman & Hull(1993). *Understanding Generalist Practice*. Chicago: Nelson-hall Publishers.

_________________(1999). *Understanding Generalist Practice(3rd eds.)*. Chicago: Nelson-hall Publishers.

_________________(2009). *Understanding Generalist Practice(5rd eds.)*. Chicago: Nelson-hall Publishers.

Knapp. M. L. (1980). *Essential of Nonverbal Communication*. Holt Rinehart and Winston.

Kramer, E. (1993). *Art as therapy with children* (2nd ed.). Chicago: Maganolia street Publishers. Inc.

__________(1983). *Social group Work: A helping process(3rd ed.)*. Englewoodd Cliffs, NJ: Prentice-Hall.

Klein, A.(1972). *Effective group work*. New York: Assocication Press.

Kottler, J. A.(2001). *Learning group leadership: An experiertial approach*. Boston, MA: Allyn and Bacon.

Levy, C.(1973). The Value Base of Social Work. *Journal of Education for Social Work. 9*. 34-42.

______(1973b). The ethic of supervision. *Social Work. 18*(3). 14-21.

______(1976). *Social Work ethics*. New York: Human Science Press.

______(1979).The ethic of management. *Administration in Social Work 3*(3). 227-289.

______(1983) *Guide to ethical decisions and action for social service administratinors: A Handbook for managerial personnel*. New York: Haworth Press.

Lindemann, E. (1944). *Symptomatology and management of acute grief American Psychiatry, 101*(4).

Lishman, J.(1994). *Communication in Social Work*. Basingstoke: Macmillan/BASW.

Loewenberg, F. M & Dolgoff, R.(1971). *Ethical decesion for social work practice*. 5th ed., Itasca, IL: F. E. Peacock Publishers, Inc.

______________________(1988). *Ethical Decisions for Social Work Practice*. Itasca: F.E. Peacock.

______________________(1996). *Ethical Decisions for Social Work Practice*(5th ed.). Itasca, IL: F.E. Peacock.

Lowenberg,F. & Dolgoff, R. & Harrington, D.(2000). *Ethical decision for social work Practice*. Thomson Brooks Cole.

Luepker, E.& Norton,L.(2002). *Record Keeping in psychotherapy and counseling: Protecting confidentiality and the professional relationship*. New York: Brunner-Rouledge.

Malchiodi, C. A.(2006). *Art Therapy with children from Violent Homes*. (이재연·홍은주·이지현 공역.) 학대받는 아동을 위한 미술치료. 서울: 학지사.

McGoldrick, M.& Gerson,R.(1995). *Genograms in Assessment*. New York & Company.

Nichol, M. P., & Schwartz, R. C. (2007). *Family therapy: concepts and methods(8th ed.)*. Boston: Allyn & Bacon.

Middleman, R. R., & Goldberg, G.(1990). *Skills for direct practice in social work*. New York: Columbia University Press.

Miley, K. O., Melia, M., & DuBois, B.(1995). *Generalist Social Work Practic: An Empowering Approach*. Boston: Allyn and Bacon.

Moral, A., & Sheafor, B. A.(1987) *Social Work(4th ed.)*. Allyn and Bacon.

Moore, S.(1990). A social work practice model of case management : The case management gird, *Social Work, 35*(5). 한국사례관리학회(2012). 사례관리론. 서울: 학지사. 83-84 재인용.

Moxley, D. P.(1989). *The practice of case management*. Sage Publication, Inc.

NASW(1995). *Encyclopedia of Social Work*. 조홍식 외 역(1997). 가족복지학. 서울: 학지사.

______(1995). *Encylopedia of social Work*. Maryland: NASW.

Newhill, C. E. (2003). *Client Violence in Social Work*. New York: The Guilford Press.

Nichol, M. P., & Schwartz, R. C. (2007). *Family therapy: concepts and methods(8th ed.)*. Boston: Allyn & Bacon.

Natiello, P.(1987). The person-centered approach: From theory to practice. *person-centered Review, 202*). 203-216.

O'Connor, G.(1988). *Case management system and practice, social Casework, 69*(2). 97-106

Parad.H.J.(1977). *Crisis Intervention*. in J. B, Turneretal.(eds), *Encylopedia of Social Work Seventeenth Edition*, Vol.I (New York : National Association of Social Workers. 228-237.

Papell, C. P. & Rothman, B.(1980) Social Group Model: Pression and Heritage. In A. Alissi(Ed.). *Perspective on Social Group Work practice*. 116-132. New York. The Free press.

Payne, M.(1991). *Modern social work theory: A critical introduction*. London: Macmillan.

________(1977). 현대사회복지 실천이론. 서진환 · 이선혜 · 정수경 역(2001). 나남출판사.

Patterson, J., Williams, L., Grauf-Ground, C., & Chamow, L.(1998). *Essential Skills in Family therapy: From the First to Termination*. New York: Guilford.

Peabody, S. A., & Gelso, C. J.(1982). Countertreasference and empathy: The complex-relationship between two divergent concepts in counseling, *Journal of Counseling Psychology, 29(3)*. 240-245.

Peter, D. J. & Insoo, K.B. (2001). Co-Construction Cooperation with Mandated Clients. *Social Work, Vol. 46*. 362-374.

Perlman, H. H.(1957). *Social Casework: A Problem-Solving Process*. Chicago : The University of Chicago Press.

Perlman, H. H.(1979). *Relationship :The heart of helping people*. Chicago: University of Chicago Press.

Proctor, E. K.(1982). Defining the worker-client relationship. *Journal of Social Work, 27(5)*. 430-435.

Rapoport,L.(1970), "Crisis intervention as a mode of brief treatment", in R. W. Roberts & R.H. Nee(eds.), *Theories of Social Casework*, Chicago: University of Chcago Press.

Reamer, F. G.(2003). *Social Work malpractice and liability: Strategies for prevention (2nd ed.)*. New York: Columbia University Press.

Reich, A.(1951). On counter-transference. *International Journal of Psychoanalysis, 32*. 5-31.

Reid, W. J. (1992). *Task Stragies: An Empirical Approach to Clinical Social Work*. NY: Columbi

Robert, A. R.(2005). *Crisis Intervention handbook: Assessment, and research(3rd ed)*. New York: Oxford University Press.

Robert L. Leary & Stephen J. Holland. *Treatment plans and interventions for depression*. 박경애 외 5인(2008). 우울과 불안장애의 치료계획과 개입방법. 서울: 시그마프레스.. 155.

Rothman, J. & Sager, J. S.,(1998). *Case Management: Integrating Individual and Community Practice*. Allyn and Bacon: Needham Heights, M.A.

Ross(1995). *Community Organization theory and principles*. New York: Harper and Brother.

Ritchie, M. H. (1986). Counseling the Involuntary Client. *Jounal of Counseling and Development, Vol. 64*. 516-518.

Rubin, H. J. & Rubin, I. S.(2001). *Community Organization and Development*. Boston: Allyn & Bacon.

Shulman, L.(1984). *The Skills of Belping: Individuals, Families, and Groups (3rd ed.)*. Itasca, IL: F. E. Peacock

Sheafor, Bradford, W. Horejsi, Charles, R. & Horejsi Gloria, A.(1991). *Technique and Guideline for Social Work Practice* (2nd ed.) Boston: Allyn and Bacon.

Sheafor, Bradford, W. Horejsi, Charles, R. & Horejsi Gloria,A.(1997). *Techniques an Guideline for Social Work Practice*(4th ed). Boston. MA: Allyn and Bacon. 서울대사회복지연구회 역 (1998). 사회복지 실천기법과 지침. 나남출판사.

Sheafor, B., & Horejsi, C. (1991). *Social Work Practice*. Boston: Allyn & Bacon.

Strean, H.(1996) Chapter22: Psychoanalytic theory and social work treatment. In F. Song. K. (2005),

Prevalence of Client Violence toward Child & Family Social Workers and Its Effects on Burnout, Organizational Commitment, and Turnover Intention: A Structural Equation Modeling Approach, Unpublished Doctoral Dissertation, Columbia University.

Timms, Noel(1983). *Social Work Values: An Enquiry.* London: Routledge and Kegan Paul.

Toseland, R. W. & Rivas, R. F.(1995). *An Introduction to Group Work Practice (2nd ed)*. New York: Macmillan.

______________________(2001). *An Introduction to Group Work Practice (4th ed)*. Needhan Heights. MA: Allyn and Bacon.

Trecker, H.(1972). *Social group Work: Principles and practices*. New York: Associaition Press.

Tracy, E. & Whittaker, J. (1990). The Social Network Map: Assessing Social Clinical Practice. *Families in Society, 71*. 461-470

Trevithich, P.(2000). *Social Work Skills: A Practice Handbook*. Philadelphia, PA: Open Univ. Press.

Trevithich, P.(2003). Effecive relationship-based practice: a theoretical exploration. *Journal of Social Work Practice 17*(2). 163-176.

Trotter, C. (1999). *Working with Involuntary Clients*. Allen & Unwin.

Van Wagoner, S. L., Gelso, C. J., Hayes, J. A., & Diemer, R.A.(1991). Countertransference and the reputedly excellent therapist. *Psychotherapy, 28*. 411-421.

Varly, Barbara K.(1968). Social Work Values: change in Values Commitments from Admission to MSW Graduation. *Journal of Education for Social Work, 4*. 67-85.

Weinger, S. (2001). *Security Risk: Preventing Client Violence Against Social Workers*. Washington DC: NASW Press.

Wilson,S.J.,(1976). *Recording: Guildeline for social Work*. New York: The Free Press.

Woods, M. E.& Hollis, F.,(1990). *Case work: A psychosocial theory*. New York: McGraw-Hill.

Woods, M. E. & Robinson(1996). Chapter 23; Psychosocial theory and Social Work Treatment, in F.. Turner(ed). *Social Work Treatment(4th ed)*. New York: The Free Press.

Zastrow, C.(1987). *Social Work with Groups*. Chicago: Nelson-Hall.

_________(1989). *The Practice of Social Work*. Chicago: The Dorsey Press.

_________(1993). *Social Work with Groups*. Chicago: nelson-Hall Pub.

_________(1995). *The Practice of Social Work*. Brooks/Cole.

_________(1999). *The Practice of Social Work(6th ed)*. Pacific Grove: Brooks/Cole Publishing Company.

박정문

이화여자대학교 사회과학대학 사회사업학과(학사)

이화여자대학교 대학원 사회사업학과(석사)

서울여자대학교 대학원 사회사업학과(박사)

현) 대덕대학교 사회복지과 교수

사회복지실천기술론

초판 1쇄 발행 2015년 12월 5일
초판 2쇄 발행 2018년 3월 9일

지은이 | 박정문
펴낸이 | 김기섭
편집인 | 구자성
펴낸곳 | 창지사 www.changjisa.com
08589 서울시 금천구 가산디지털 1로 83 파트너스타워 1차 9층
전화 (02) 719-2211~3
팩스 (02) 701-9386
등 록 | 1977년 4월 28일 · 제1-421호

ISBN 978-89-426-2309-9 (93330)

값 20,000원

이 도서의 국립중앙도서관 출판예정도서목록(CIP)은 서지정보유통지원시스템 홈페이지(http://seoji.nl.go.kr)와 국가자료공동목록시스템(http://www.nl.go.kr/kolisnet)에서 이용하실 수 있습니다.(CIP제어번호: CIP2016000133)